Dortmunder Beiträge zur Zeitungsforschung
Band 32

Herausgegeben von Hans Bohrmann,
Institut für Zeitungsforschung der Stadt Dortmund

Stadtteilzeitung und lokale Kommunikation

Herausgegeben von Otfried Jarren

K·G·Saur München·NewYork·London·Paris 1980

Otfried Jarren, Jg. 1953, studierte in Münster Publizistik, Politikwissenschaft, Volkskunde und Soziologie. Nach viersemestriger Tätigkeit als Tutor am Institut für Publizistik war er studentische bzw. wissenschaftliche Hilfskraft am Institut für Öffentliches Recht und Politik der WWU Münster. Seit Oktober 1979 arbeitet er als wissenschaftlicher Mitarbeiter am Institut für Publizistik und Dokumentationswissenschaft der Freien Universität Berlin.

CIP-Kurztitelaufnahme der Deutschen Bibliothek

Stadtteilzeitung und lokale Kommunikation / hrsg. von Otfried Jarren. – München, New York, London, Paris : Saur, 1980.
(Dortmunder Beiträge zur Zeitungsforschung Bd. 32)
ISBN 3-598-21282-8

NE: Jarren, Otfried [Hrsg.]

Druck/Binden: Hain-Druck KG, Meisenheim/Glan
Printed in the Federal Republic of Germany
ISBN 3-598-21282-8

Vorwort

In den vergangenen Jahren ist über die lokale Kommunikation und deren Medien in der Fachöffentlichkeit von Kommunikationswissenschaftlern wie Journalisten viel geredet, weniger gestritten worden. Das gilt sogar für die Alternative Videokommunikation, die von Medienläden vor allem in Großstädten angeboten wird. Auch das Ziel einer verbesserten Journalistenausbildung, gerade für die Lokalredaktion, kann als fast allgemein akzeptiert angesehen werden. So ist die Frage legitim, ob unser Thema Stadtteilzeitung und lokale Kommunikation in seiner Eingrenzung auf das Medium Druck überhaupt aktuell ist. Gegen diesen Einwand spricht allerdings die zu beobachtende Differenz zwischen Tagungsrethorik und kommunikativer Wirklichkeit. In der lokalen Kommunikation liegt auf dem Lokalteil der etablierten Zeitungen häufig die ganze Last von Nachrichtenangebot und Meinungsaustausch, obwohl die Anzahl der noch vorhandenen Lokalteile sicher nicht die vorhandenen lokalen Kommunikationsräume abdeckt, von der gelobten Vielfalt durch Konkurrenz ganz zu schweigen. Defizite können aber durch die Stadtteilzeitungen, die Orts- und Gebietszeitungen preisgünstig und mit geringem technischen Aufwand überwunden werden. Mut zur Gründung solch lokaler Pressemedien kann aber nur wachsen, wenn in einer genauen Vorklärung die Chancen abgeschätzt, wenn Erfahrungen aufgearbeitet und in erster Annäherung verallgemeinert werden. Erfahrung ist hier nicht im organisatorischen oder technischen Sinne gemeint, dazu liegen bereits Handbücher vor, (1) sondern es soll die Frage gestellt werden, ob sich die Nutzung der neuen lokalen Druckmedien für die Herstellung von Öffentlichkeit lohnt.

Stadtteil-, Orts- und Gebietszeitungen sind sicher ein preiswertes und zielgruppengerechtes Instrument. Sie werden von Parteien und Initiativgruppen gleichermaßen genutzt, aber sie sind schon wegen ihrer geringen Erscheinungshäufigkeit und weil sie bislang in der Regel völlig unzureichend versorgte Räume bzw. unterrepräsentierte Auffassungen und unbekannte Sachverhalte angehen, nicht einfach mit der Tages- und Wochenpresse zu verrechnen. Sie stellen ein eigenes Medium dar, das andere Bedürfnisse erfüllt und anderen Zwecken dient, als die etablierten Periodika. Deshalb scheint mir auch die im Medienbericht der Bundesregierung (2) genährte Hoffnung, Stadtteilzeitungen könnten das Kommunikationsdefizit aufheben, das die Pressekonzentration hinterließ, bis zum Beweis des Gegenteils fraglich. Solche Behauptungen scheinen mir auch durch ein bisher

1) Vgl. den Beitrag von Franz R. Stuke in diesem Band. S. 118–141
2) Bericht der Bundesregierung über die Lage von Presse und Rundfunk in der Bundesrepublik Deutschland (1978) – Medienbericht – Drucksache 8/2264 des Deutschen Bundestages, 8. Wahlperiode vom 9. November 1978, S. 23 ff.

lediglich auszugsweise veröffentlichtes Gutachten „Zur Lage der lokalen Pressemedien unterhalb der traditionellen Lokalzeitung" (3) zu wenig belegt, zumal dessen Fragestellung weit eher die erste Sichtung einer Vielfalt möglicher lokaler Pressemedien umfaßte, als eine Untersuchung über deren sozialen Umfang.

Hans Bohrmann

3) Petra E. Dorsch: Zur Lage der lokalen Pressemedien unterhalb der traditionellen Lokalzeitung (Kurzfassung), in: Walter J. Schütz (Hrsg.): Kommunikationspolitische und kommunikationswissenschaftliche Forschungsprojekte der Bundesregierung (1974–1978) Bonn: Presse- und Informationsamt der Bundesregierung 1978, S. 169–177 (Dort finden sich auch anmerkungsweise die bibliographischen Angaben weiterer Teilveröffentlichungen).

I. Lokale Kommunikation: Einige theoretische Anmerkungen

Claus Eurich

Gegen- oder Komplementär-Medien ? Zu Gegenstand, Funktion und Ursache „Alternativer" Kommunikation

Otfried Jarren

Lokale Parteizeitungen: Keine Alternative, aber eine Ergänzung

II. Orts- und Stadtteilzeitungen: Empirische Forschungsergebnisse

Günter Reisbeck

Stadtteilzeitungen in München Eine Inhalts- und Strukturanalyse zur Funktionsbestimmung von Stadtteilzeitungen

I. Lokale Kommunikation: Einige theoretische Anmerkungen

Claus Eurich

Gegen- oder Komplementär-Medien?

Zu Gegenstand, Funktion und Ursache „Alternativer" Kommunikation

1. Vorbemerkung

Eine Auseinandersetzung mit den aus der Verfassung ableitbaren idealtypischen Funktionen der Massenmedien in der Bundesrepublik und der Wahrnehmung dieser Funktionen in der Realität (1) deckt Schwächen in der Kommunikationsstruktur unseres Landes auf, die eine Weiterentwicklung und Veränderung des Kommunikationssystems fordern. Und zwar Veränderungen im Hinblick auf Ansprüche der Rezipienten.

Viele Praktiker im Journalismus, Kommunikationspolitiker, Medientheoretiker und Kommunikationsforscher, die sich in den vergangenen Jahren an der Diskussion über unser Kommunikationssystem beteiligt haben, sind in ihren Beiträgen nicht konsequent genug von der einzig relevanten Frage ausgegangen: Für wen sind die Medien da? Sie haben durch die weitgehende Ausklammerung dieser Frage, durch die Behandlung des Massenkommunikationssystems als eigenständigem gesellschaftlichen Bereich, der seine Existenzberechtigung quasi allein aus seiner bloßen Existenz zieht und — daraus folgend — durch die Fokussierung auf rein institutionelle Aspekte, die den ausreichenden Bezug zum gesellschaftlichen Umfeld vermissen lassen, die Verselbständigung der Massenkommunikation mit vorangetrieben. Daß die öffentliche Aufgabe der Medien jedoch nicht autonom, souverän und selbstherrlich wahrgenommen werden kann und darf, hat das Bundesverfassungsgericht deutlich zu verstehen gegeben (2).

Es ist keine Frage, daß dort, wo die Massenmedien ihrer Aufgabe nicht oder nur ungenügend gerecht werden, wo die Ansprüche des Publikums auf der Strecke bleiben, Korrekturen vorgenommen werden müssen. Das Spektrum einzelner denkbarer, die Organisationsform der Medien betreffender Strukturmaßnahmen, die ergriffen werden könnten, ist dabei breit. Es reicht von kartellrechtlichen Maßnahmen im Pressesektor und grundlegenden Eingriffen in die private Verfügungsgewalt von Medieneignern bis hin zu einer Modifizierung des Kontrollsystems in den öffentlich-rechtlichen Anstalten. Solche Veränderungen sind möglich, auch wenn sie, bezogen auf die gegenwärtigen kommunikationspolitischen Diskussionen, als schwer realisierbar, ja utopisch erscheinen.

Genauso wichtig, wenn auch ohne strukturelle Änderungen in dem die Organisationsform betreffenden Bereich kaum zu realisieren, sind Modifikationen, die auf die Produktionsweise der Medien und den Charakter der Präsentation ihrer

Produkte abzielen. Hier ist die – natürlich *auch,* aber im Gegensatz zur Auffassung vieler Kommunikatoren nicht *ausschließlich* – technisch verursachte Eigenheit der Massenkommunikation als „Kontrollkommunikation ohne Rückäußerung" (3) gemeint, die Kommunikationsbarriere zwischen Sendern und Empfängern, die neben ihrer technischen Bedingtheit vor allem auch auf den Umstand zurückzuführen ist, daß zwischen vermittelter und unvermittelter Kommunikation keine kommunikative Beziehung hergestellt wird. Diese fehlende kommunikative Beziehung schließt nicht nur aus, daß Massenkommunikation einen Grad von Vergesellschaftung erreichen kann, der garantiert, daß Beziehungen zwischen gesellschaftlichen Einheiten, vom Individuum und der Gruppe bis zur Organisation, als Massenkommunikation organisiert werden, sondern sie führt dazu, daß Massenkommunikation immer zugleich Beeinflussungskommunikation ist, daß das Verhältnis zwischen Medium und Rezipient ein Beeinflussungsverhältnis ist. Um dies zu ändern, ist zu allererst zweierlei nötig. Einmal müssen Formen, in denen Massenkommunikation sich anbietet, stärker mit zwischenmenschlichen Kommunikationsformen verbunden werden, und zum anderen muß zwischen Medien und Rezipienten der gegenseitige Grad des Wissens übereinander verbessert werden: „Kommunikation kommt nur zustande und ist nur dann etwas anderes als bloße Distribution, wenn die Partner sich aufeinander einstellen, wenn der eine auf das Verhalten des anderen bewußt reagiert. Die Kommunikationspartner müssen also einander kennen." (4) (5) Das heißt für die Medien zuerst einmal, für Transparenz der Produktionsvorgänge zu sorgen, Besitz- und Machtverhältnisse offenzulegen, sich damit regelmäßig auch selbst zu kritisieren. (6)

Die Herstellung der Verbindung von massenkommunikativen und zwischenmenschlichen Kommunikationsformen, der Aufbau basisnäherer Produktionsbedingungen, vor allem in Hörfunk und Fernsehen, ist nicht nur davon abhängig, daß in diesen Medien die Themenselektion (anhand eines präzise formulierten Programmauftrags) nach Publikumsbedürfnissen vorgenommen wird; vielmehr ist von grundsätzlicher Bedeutung, in welchem Umfang es gelingt, das Publikum stärker als bisher an der Produktion selber zu beteiligen, es direkt in den Programmablauf miteinzubeziehen.

Der Feedback-Gedanke in den Massenmedien greift im Prinzip diese Forderung auf. Das Publikum erhält die Möglichkeit, sich durch Leserbriefe, Anrufe, Wunschsendungen, Teilnahme an bestimmten Veranstaltungen (vor allem Quiz- und andere Unterhaltungssendungen), Gespräche mit Programmverantwortlichen etc. in irgendeiner Weise zu artikulieren. Dies ist wichtig, tragen doch diese Formen der Meinungsäußerung mit dazu bei, Hemmungen gegenüber den Medien abzubauen, und die Distanz zwischen Publikum und Medien zu verringern. Die äußerst geringe Zahl entsprechender Sendungen und die Vorliebe von Journalisten, sich aufgrund öffentlicher Wirkung eher an professioneller Kritik zu orientieren, hat zu einer Benachteiligung dieser Art der Publikumsbeteiligung geführt. Es ist nicht zu übersehen, daß in Sendungen mit auch produktiver Beteiligung von Vertretern des Publikums eher eine Anpassung der Beteiligten an die sie umgebende Produktionsrealität stattfindet als der Versuch, Kritik zu üben und sich zu emanzipieren. Böckelmann begründet diesen Tatbestand, indem er darauf hinweist, daß Zuschauer und Zuhörer, die in Sendungen auftreten, dies eben als Rezipienten, als Publikum und damit als Angehörige des Massenkommunikationssystems tun und nicht als Privatleute. (7)

Es soll nicht unberücksichtigt bleiben, daß es Ansätze im Fernsehen gibt, diesen Regelkreis zu durchbrechen und das Medium in den Dienst zielgerichteten, auf spezifischen Bedürfnissen von Bürgern basierenden Handelns zu stellen. Sendungen wie „direkt" oder „Vor-Ort" mögen dafür als Beispiele dienen. Hier ist versucht worden, aus dem besagten Kreis zu treten. Die Beteiligten werden nicht als Rezipienten in die Produktion einbezogen, sondern als Bürger mit bestimmten Erwartungen und Problemen. Und das Fernsehen im Dienst dieser Bürger paßt sich in seiner Produktionsweise diesen an und belegt damit eigentlich, daß auch der etablierte Massenkommunikationsapparat flexibel genug für bürgerorientierte Programmproduktionen ist. Allerdings stellen Sendungen wie die Angesprochenen im Gesamtprogramm spärliche Ausnahmen dar. Ausnahmen zudem, die ständiger politischer Einschüchterung und Reglementierung unterliegen. Ihr Alibicharakter ist offensichtlich, ja sie können nicht unwesentlich dazu beitragen, zu verschleiern, wie wenig Kommunikatoren sich ansonsten an der gesellschaftlichen Interessenpluralität ausrichten. Sie befreien damit auch nicht von der Notwendigkeit, grundsätzliche Alternativen zum existierenden Angebot an Massenkommunikationen, vor allem im Hinblick auf den überschaubaren lokalen Raum, zu entwickeln und zu erproben.

Ansätze dafür sind abseits der großen publizistischen Bühne seit einigen Jahren mehr oder weniger deutlich zu erkennen. Sie firmieren gemeinhin unter dem wenig aussageträchtigen Etikett „alternative Kommunikation".

2. Formen „alternativer" Kommunikation

Die Verkrustung und Starrheit unseres Kommunikationssystems; die mangelnde Fähigkeit der Medien, insbesondere im lokalen Raum so etwas wie demokratische Öffentlichkeit herzustellen und damit die notwendige Voraussetzung der für eine funktionierende Demokratie lebensnotwendigen breiten Mitarbeit der Bevölkerung an der Problembewältigung in Kommunen zu schaffen; die verkrampften und allenfalls halbherzig wirkenden Versuche (insbesondere der Funk-Medien), diesem spät erkannten Mißstand durch Rezipientenbeteiligungsbonbons zumindest optisch abzuhelfen; die proportional zur Komplexität der Lebensbedingungen wachsende Anonymität und Undurchschaubarkeit der bürokratischen Apparate; deren fortschreitende Verselbständigung; die damit zusammenhängende ständig zu registrierende Arroganz der Behörden gegenüber dem Interesse und den Schwierigkeiten der Bevölkerung; die phrasenhafte Unverbindlichkeit der politisch Verantwortlichen und die Übernahme dieser Form der politischen Auseinandersetzung (auch im elitären Sprachgebaren) durch die Medien; die parallel zu dieser Entwicklung gewachsene Sensibilität vor allem der jüngeren Generationen für politische, insbesondere auch die im Zusammenhang mit dem lokalen Leben stehenden Probleme . . . all dies ist – vorerst lediglich plakativ aufgeführt – mitverantwortlich für das Auftauchen bestimmter Phänomene, die als „alternative" Kommunikation kategorisiert werden. Sie zeigen, daß lokale Kommunikation auch anders aussehen kann.

Ihre Inhalte beziehen sich schwerpunktmäßig auf folgende Bereiche:
„Betrieb und Gewerkschaften, Streik, Entlassungen, Arbeitssituation, Stadtteilsitutation, Mieten, Sanierung, soziale Einrichtungen; Frauensituation im Betrieb, zuhause, im Stadtteil; Situation der Jugendlichen in der Schule, in der Freizeit, im Betrieb, als Arbeitslose; Parteien, Verbände: Programm und Wirklichkeit; Ausländersituation; Nationales und Internationales in Verbindung mit der regionalen und lokalen Situation, Umwelt, Kampf gegen Kernkraftwerke; kulturelle Aktivitäten: Musik und Theatergruppen, Straßenfeste, Filmveranstaltungen; Situation im Gefängnis Berufsverbote; juristische Tips Geschichte, die nicht in Museen oder Geschichtsbüchern zu finden ist." (8)

Diese Phänomene erscheinen in der Bundesrepublik als
- Bürgerinitiativzeitungen (Volksblätter, Initiativzeitungen),
- Lokale Parteizeitungen,
- vom jeweiligen Werk unabhängige Betriebszeitungen,
- kirchliche Gemeindezeitungen,
- Fotografie (stadtteilbezogen, arbeitsweltbezogen),
- Video und Film
- und schließlich Vorstellungen, die im Zusammenhang mit der Entwicklung und der Erprobung von Kabeltechnologien aufgestellt worden sind. Überlegungen, die sich auf eine kommunikative Aktivierung der Bevölkerung über „lokales Bürgerfernsehen" und „offene Kanäle" konzentrieren.

Ich werde mich zunächst auf die Darstellung der für den lokalen Raum wichtigsten dieser Phänomene beschränken, nämlich die Volksblätter bzw. Initiativzeitungen, die lokalen Parteizeitungen und die Videogruppen. Auf die im Zusammenhang mit der geplanten Einführung des Kabelfernsehens stehenden Konzepte für ein lokales Bürgerfernsehen kann an dieser Stelle nicht eingegangen werden. Darüberhinausgehend soll jedoch auch etwas ausführlicher interessieren, worin die Ursachen für das Aufkommen und den Erfolg dieser Kommunikationsformen zu sehen sind und was das Besondere, das Alternative der „alternativen Medien" ausmacht.

Volksblätter / Initiativzeitungen

Herr Keuner begegnete Herrn Wirr, dem Kämpfer gegen die Zeitungen. „Ich bin ein großer Gegner der Zeitungen", sagte Herr Wirr, „ich will keine Zeitungen." Herr Keuner sagte: „Ich bin ein größerer Gegner der Zeitungen: ich will andere Zeitungen."
(Bertold Brecht, Geschichten vom Herrn Keuner. Frankfurt 1978[8], S. 78)

Es lassen sich gegenwärtig ca. 60 Initiativzeitungen innerhalb der Bundesrepublik registrieren (9). Zentrum ihrer Herstellung und Verbreitung sind die großstädtischen Ballungsräume, insbesondere die an Rhein und Ruhr. Im Unterschied bspw. zur amerikanischen Untergrundpresse, deren Ausgangs- und verbindlicher Bezugspunkt die Pop- und Protestkultur war (10), üben sich die deutschen Laienredakteure in Bürgernähe. Zum großen Teil aus Bürgerinitiativen hervorgegangen, stellen sie für diese und für andere von den etablierten Medien mißachtete Bürgergruppen ein wichtiges Artikulationsforum dar. Mitarbeiter des Datteln-Waltroper „Der Pottkieker": „Wir wollten eine Gegenöffentlichkeit schaffen, da wir in einer Gegend leben, wo die Presse völlig gleichgeschaltet ist und fast nur Hofberichterstattung macht. Kritische Journalisten sind gefeuert worden. Wir hielten es für wichtig, den vielen kleinen Initiativen auch ein Forum zu bieten, wo sie ihre Meinung zur Diskussion stellen können und mit Bürgern darüber ins Gespräch kommen können. Gerade die Anti-Atomkraftwerkgruppen, Frauengruppen, Elterninitiativen usw. haben fast gar keine Möglichkeit, in der ‚freien Presse' zu erscheinen." (11)

Das die Tagespresse anzielende Gleichschaltungsargument und damit der Bezug auf die ständig fortschreitende Pressekonzentration, ist von großer Bedeutung für den Entstehungszusammenhang zahlreicher Initiativzeitungen. Das bekannteste Beispiel dürfte in diesem Zusammenhang wohl das Oberhausener „Ruhr Volksblatt" darstellen, das kurz nach der Übernahme der „Westfälischen Rundschau" durch den WAZ-Giganten aus der Taufe gehoben wurde. Taufpate war zusammen mit örtlichen Bergmannsinitiativen der Zukunftsforscher Robert Jungk. (12)

In der Eigencharakterisierung der „Pottkieker"-Mitarbeiter steht wie bei den meisten anderen Initiativblättern – falls sie öffentlich über sich selbst reflektiert haben – auch, die Schaffung einer „Gegenöffentlichkeit" an dominierender Stelle. Akzeptieren wir diesen Begriff als die hervorstechendste Eigenschaft, als das quasi Leitprinzip dieser Publikationen, so ist dessen Ableitung und Definition allein aus den inhaltlichen Defiziten der etablierten Presse, wie das der Begriff vielleicht nahelegen mag, unzureichend. Bei Zugrundelegung einer Unterscheidung in 1. inhaltliche Zielvorstellungen und 2. produktbezogene äußere Charakterika, Arbeitsweisen und Organisationsformen, meint „Gegenöffentlichkeit" auf der ersten Ebene:

– Insbesondere Themen, die in der Lokalpresse keine Berücksichtigung finden, die nur unbefriedigend behandelt werden, die nur aus der Sicht der jeweils Herrschenden dargestellt werden, für die gegebenenfalls auch einfach der Platz fehlt, werden in das Zentrum der Berichterstattung gerückt und genießen *kontinuierliche* Beachtung. Mit dieser Schwerpunktsetzung geht zwangsläufig die Orientierung auf spezifische Zielgruppen einher, lokale Minderheiten, Randgruppen und sozial Benachteiligte, wobei bei entsprechender lokaler Eingrenzung der Berichterstattung, wie bspw. auf Arbeitersiedlungen im Ruhrgebiet oder bestimmte Großstadtwohngebiete (13), diese Benachteiligten natürlich auch die – lokal betrachtet – Mehrheit der Bevölkerung vorstellen können.

- Aus den publizierten Themen und Nachrichten soll deren Relevanz für das Alltagsleben der Angesprochenen deutlich hervorgehen. Einzelne Ereignisse, inhaltliche Fragen und Probleme sind dabei in einem Gesamtzusammenhang zu stellen, aus dem der lokale und gesellschaftliche Bezug deutlich hervorgeht.(14) In diesem Kontext kommt dem Versuch, lokalpolitische Vorgänge und Entscheidungen transparent zu machen, besondere Bedeutung zu.
- Über ihre Sprachrohr-Funktion für bestimmte Personen und Gruppen hinausgehend, will die Initiativpresse als „Anwalt der Leute von nebenan" (15), dienen, ergreift sie Partei „für die von den negativen Auswirkungen staatlicher Planung und von der Verschlechterung der Lebensbedingungen bedrohten Bevölkerungsteile". (16) (Autorengruppe „märkische viertel zeitung" 1974, S. 168)
- Ereignisse und Vorgänge werden nicht nur verständlich geschildert, eingeordnet und kommentiert, sondern das weitergehende Ziel ist, praktikable Alternativen aufzuweisen und für diese Alternativen Identifikationsmöglichkeiten anzubieten.
- Schließlich wird versucht, im Sinne der Alternativen Handlungsmotivationen bei den Betroffenen (Lesern) zu wecken. Dies streben die Initiativblätter-Macher vor allem dadurch an, daß sie sich selbst an politischen Aktionen beteiligen und/oder diese organisieren. Nicht immer muß dies so markante Spuren im Selbstbild hinterlassen, wie bei der Autorengruppe „märkische viertel zeitung", die ihre Zeitung als „Motor der Kämpfe" (17) im Stadtteil versteht: „Nur wenn die Stadtteilzeitung mit einer praktischen Politik verbunden ist, kann sie die Position des kritisch klagenden Mäklers oder des aufgebrachten Verneiners überwinden." (18) Eine Aussage von Mitarbeitern der Münchner Alternativ-Zeitung „Blatt" läßt erkennen, welch mühsames Geschäft das Initiieren von Aktionen sein kann. „Eine wesentliche Funktion von uns ist auch, daß wir Aktionen von Leuten, mit denen wir gar nichts zu tun haben, initiieren. Zum Beispiel: Kernkraftwerk. Wir schreiben was relativ gründliches über Kernkraftwerke, die Leute lesen das, die Leute wissen, daß sie bei uns selber wieder schreiben können. Sie lesen das, sie bilden eine Gruppe, sie bilden noch eine Gruppe, unabhängig voneinander, keiner weiß voneinander, alle drei Gruppen berichten bei uns darüber, daß sie nun Gruppen gebildet haben, die tun sich zusammen, mehr Leute, die daran interessiert sind, kommen dazu – und schon ist eine ganz neue Aktion wieder initiiert." (19)

Auf der zweiten Ebene (produktbezogene äußere Charakteristika, Arbeitsweisen und Organisationsformen) läßt sich „Gegenöffentlichkeit" wie folgt skizzieren:

- Die Bürgernähe, die enge Orientierung an Bedürfnissen und Problemen von Betroffenen, läßt sich nur erreichen, wenn die Redakteure selber aus dem Kreis von Leuten kommen, für die sie schreiben. Dieser Grundsatz hat sich in zahlreichen Initiativblättern bewährt, auch wenn seine Realisierung aus nahe-

liegenden Gründen nicht immer ohne Schwierigkeiten zu bewerkstelligen ist. Die Mitarbeiter des „Pottkieker": „Es ist wichtig, daß in der Redaktion Leute vertreten sind, die ‚aus dem Volk' kommen, d.h.: es darf keine Zeitung der ‚Szene' sein, die sprachlich als auch von den Problemen her über die Köpfe der Leute hinweggeht. Wir haben gute Erfahrungen damit gemacht, daß wir Redaktionsmitglieder haben, die als Lehrlinge auf der Zeche sind, in der Gewerkschaft verankert sind – oder Eltern, die in der Schulpflegschaft engagiert sind –; insofern ist man darüber näher an den Problemen des ‚Normalbürgers'". (20)
Eng verknüpft mit der „Volksverbundenheit" der mehr oder weniger festen Redaktionsmitglieder ist das Prinzip, möglichst regelmäßig Betroffene selbst zu Wort kommen zu lassen, es ihnen zu ermöglichen, als Autoren eigener Beiträge zu fungieren. Öffentliche Redaktionssitzungen erleichtern aus diesem Grunde für interessierte Bürger den Zugang; ein rotierendes System der redaktionellen Arbeitsteilung (jeder sollte jede anfallende Tätigkeit durchführen können und dies auch periodisch tun) soll der Entwicklung von Hierarchien und damit den Zugang erschwerenden formalen Barrieren entgegenwirken. Über diese Transparenz ihrer Tätigkeit und die ständig gewährte Chance für jeden Interessierten, aus seiner Sicht zu publizieren, hinaus, verfolgen die Macher von Initiativzeitungen zugleich das Ziel, das eingefahrene Rollenverständnis von Kommunikatoren und Rezipienten zu überwinden.

– Die hinsichtlich der inhaltlichen Ebene von „Gegenöffentlichkeit" festgestellte Parteilichkeit der Volksblätter in Bezug auf die Probleme bestimmter Bevölkerungsteile, schlägt sich im organisatorisch-finanziellen Bereich zwangsläufig als strikte *Parteiunabhängigkeit* nieder.
Die Münchner „Blatt"-Redakteure begründen diese Parteiunabhängigkeit folgendermaßen:
„Wichtig für uns ist, daß wir keiner Partei angehören und auch größten Wert darauf legen. Wir werden von keiner Partei unterstützt, auch von keiner Interessengruppe, wir arbeiten wirklich auch ökonomisch und inhaltlich absolut selbständig . . . Der Vorteil ist eben, daß wir tatsächlich auf die jeweiligen Gegebenheiten, auf die jeweiligen Realitäten hin uns anpassen können, uns daraus eine eigene Taktik entwickeln können, und auch gegebenenfalls verschiedene Bündnisse eingehen können, mit verschiedenen Gruppen . . . und eventuell auch neue, originelle, phantasievolle Methoden und Taktiken . . . entwickeln" können. (21) Die Finanzierung fast aller Initiativzeitungen regelt sich (mit jeweils unterschiedlichen Anteilen) überwiegend durch: Erlöse aus Abonnements, Spenden, Straßenverkauf (22), Verkauf auf Wochenmärkten, Anzeigen vorwiegend nicht-kommerzieller Einrichtungen.

– Das Bestreben, die angesprochenen Nachrichten, Ereignisse und Vorgänge in einem übergeordneten Zusammenhang zu stellen, zwingt zum Verzicht auf eine strenge ressortspezifische Untergliederung. Stattdessen lassen sich (in von Fall zu Fall unterschiedlicher Stärke) drei Sparten voneinander abgrenzen:

1. Problembezogene Artikel, Nachrichten, Reportagen etc.
2. Veranstaltungshinweise, Literaturangaben, Kontaktadressen
3. Anzeigen

– Zur Darstellung bestimmter Ereignisse, Vorgänge und Probleme bedienen sich die Initiativzeitungen auch – im Vergleich zur etablierten Lokalpresse – neuer Präsentationsformen, insbesondere im graphischen Bereich. Zu denken ist in diesem Zusammenhang in erster Linie an die Fotografie, die weniger zur Ablichtung von Honoratioren als vielmehr zur Dokumentation von Ereignissen und von Umweltprozessen eingesetzt wird. (23) (24) Wichtig ist jedoch auch die Andersartigkeit (anders durch Natürlichkeit) der verwendeten Sprache. Abgedruckte „O-Ton"-Aussagen von Betroffenen verhelfen den Artikeln zu einem hohen Grad an Rezeptionsfreundlichkeit. Für Bubenik sind umgangssprachlich formulierte Beschreibungen denn auch „konkreter, sinnlicher und nicht so distanziert von oben herab – wie bei Berichterstattern, die im Vorübergehen Informationen sammeln zu einem Thema, das sie selber nicht berührt". (25)

Beide unterschiedenen Ebenen von „Gegenöffentlichkeit" bedingen sich gegenseitig. Inhaltliche Vorstellungen wie die angesprochenen lassen sich ohne adäquate Produktions- und Distributionsformen sicher nicht realisieren; andererseits sind diese Formen der Herstellung und Verbreitung von Zeitungen entscheidend von den zu transportierenden Inhalten abhängig.

Ohne daß sie mit dieser in direkte Konkurrenz treten wollen, stellen Initiativzeitungen heute eine wichtige Ergänzung im Feld der lokalen Öffentlichkeit dar. Ihre Vorteile haben wir unter dem Stichwort „Gegenöffentlichkeit" genannt. Sie machen die Initiativpresse – einmal unabhängig davon betrachtet, inwieweit sich die hier aufgeführten Vorteile immer in gedruckte Realität umsetzen lassen – zu einem, wenn auch noch relativ unbedeutenden Teil der lokalpolitischen Auseinandersetzung. Daß sie sich im Interesse der Bürger als Teil dieser Auseinandersetzung auch selbst versteht und jede unehrliche und vorgeschobene Distanz zu politischen Vorgängen nicht nur ablehnt, sondern versucht, das Gegenteil zu praktizieren, ist vielleicht ihr wichtigstes Kennzeichen. Dem stehen zahlreiche und nicht unerhebliche Probleme und Gefahren gegenüber; insbesondere was Fragen der Finanzierung, der Organisation und der Rekrutierung (unbezahlter) redaktioneller (Freizeit-) Mitarbeiter betrifft. Die Vergangenheit hat gezeigt, daß diese Schwierigkeiten schon so manches Volksblatt zur Aufgabe gezwungen haben. Wollen sie nicht ihre notwendige Beweglichkeit verlieren, werden die Initiativzeitungen vorerst allerdings mit diesem Risiko weiterleben müssen. Die Alternative, sich an etablierte Kommunikationsformen wieder anzunähern, ist nämlich nicht minder gefährlich. Sie führt, einmal abgesehen von dem damit einhergehenden Identitätsverlust, in einen ungleichen Wettbewerb mit der Lokalpresse, der gleichfalls mit dem vorzeitigen Verlust der Existenzgrundlage enden muß.

Lokale Parteizeitungen

Neben den Volksblättern werden auch die lokalen Parteizeitungen (26) unter dem Oberbegriff „Alternativpresse" geführt.

Unzufriedenheit mit der Darstellung von Parteistandpunkten und Parteibeschlüssen in den Massenmedien und die insbesondere für die Sozialdemokratische Partei negativen Auswirkungen der Pressekonzentration sind die wohl entscheidenden Gründe für das Aufkommen und die Existenz dieser Zeitungen. Eine wichtige Rolle hat zudem der kontinuierliche Niedergang der Parteienpresse gespielt, dessen Folge vor allem ist, daß die wenigen verbliebenen parteigebundenen Medien sich auf die begrenzte Öffentlichkeit von Mitgliedern und Mandatsträgern ausrichten und damit in erster Linie Organe parteiinterner Informations- und Diskussionsprozesse verkörpern. (27)

Lokale Parteizeitungen verstehen sich demgegenüber stärker bürger- und nachbarschaftsorientiert, sie wollen über den Abbau von Informationsdefiziten und das transparent machen lokalpolitischer Vorgänge mehr Partizipation des Bürgers an lokalen Meinungs- und Willensbildungsprozessen ermöglichen und fördern. De facto dienen sie jedoch primär der Öffentlichkeitsarbeit der Parteien, bieten sie sowohl den Raum für die vollständige Wiedergabe von Informationen, die in der Lokalpresse aus politischen oder redaktionellen Gründen nicht oder nur bruchstückhaft berücksichtigt worden sind, als auch Gelegenheit zur ausführlichen Auseinandersetzung mit dem politischen Gegner (28) Profilierung und Selbstdarstellung rangiert vor dem informatorischen und aufklärerischen Ziel.

Über die Anzahl der in der Regel 3–4 mal jährlich erscheinenden lokalen Parteizeitungen liegen nur Schätzwerte vor, die sich um eine Zahl von 2.450, mit einer Gesamtauflage von ca. 5 Millionen Exemplaren pro Vierteljahr bewegen. (29) Von dieser Gesamtzahl entfallen auf die FDP etwa 50, die CDU/CSU ca. 700, die DKP ca. 950 und die SPD ca. 1380 Titel. Wie stark die Anzahl der sich auf dem „Markt" befindenden Parteizeitungen schwankt, läßt sich am Beispiel der SPD belegen. Der „Service für Betriebs-, Orts- und Stadtteilzeitungen" beim Parteivorstand der SPD hatte im Juni 1977 790 lokale Parteizeitungen erfaßt. Bis zum Mai 1978 stieg diese Zahl auf 1200 Ausgaben an. Insbesondere anstehende Wahlen sind für diese erheblichen Differenzen verantwortlich zu machen, im genannten Falle warfen die Landtagswahlen in Niedersachsen, Hessen und Baden-Württemberg ihre Schatten voraus. (30) Bei der Sozialdemokratischen Partei geht man davon aus, daß es sich bei der Zahl von 790 Ausgaben um den „harten Kern" handelt, der regelmäßig, unbeeinflußt von Land- oder Bundestagswahlen, produziert und vertrieben wird.

Es steht zu erwarten, daß im Zuge mit der ansteigenden „Parteiverdrossenheit" bundesdeutscher Bürger, die etablierten Parteien ihre Bemühungen im Hinblick auf einen Ausbau der lokalen Kommunikationsstruktur durch lokale Parteizeitungen intensivieren werden. Bis zur, vor allem von den Sozialdemokraten durch ihre Öffentlichkeitsarbeit angestrebten, realen aktiven Beteiligung des

Bürgers am lokalpolitischen Geschehen ist jedoch noch ein sehr weiter Weg, auf dem so manche Profilneurose kommunaler Mandatsträger überwunden werden muß.

Hier wird auch der Faktor eine gewichtige Rolle spielen, ob sich die Partei am jeweiligen Ort der Publikation ihrer Zeitungen in der „Verantwortung" oder der Opposition befindet. Insbesondere bei Stadtteilzeitungen der SPD, die in von Sozialdemokraten regierten Städten erscheinen, ist das Schwanken zwischen Bürgernähe und Parteiinteressen (die nicht immer deckungsgleich sind) derzeit nicht zu übersehen und führt in einzelnen Fällen zu einem Trend der Verselbständigung dieser Publikationen, zumindest zu nur selten konfliktfrei aufgenommenen kritischen Auseinandersetzungen mit der Politik der eigenen Partei. Wenn die lokalen Parteizeitungen dem Anspruch Bürgerinteressen zu vertreten, gerecht werden wollen, dürfen sie diese Konflikte nicht scheuen und müssen sie *diesen* Interessen Priorität einräumen.

Videogruppen

Als Kritik, Alternative aber auch Ergänzung zu dem, was private Presseunternehmen, vor allem jedoch die öffentlich-rechtlichen Rundfunkanstalten an Massenkommunikation produzieren und verbreiten, sehen sich Initiativen, deren äußerliche Gemeinsamkeit in der Arbeit mit und dem Einsatz von Video besteht.

„Video – das heißt anders produzieren – in kleinen, unhierarchisch organisierten und überschaubaren Gruppen, jeder ist Kameramann, Regisseur, bestimmt die Inhalte und Form der Darstellung über die eigenen Interessen und Probleme, die der näheren Umgebung. Korrektur, Reaktion, Kritik jedes Einzelnen am Entstehungsprozeß Beteiligten ist möglich." (31) Um hinreichend zu verdeutlichen, worin die wesentlichen Unterschiede der Video-Arbeit im Vergleich zur professionellen Fernseharbeit liegen, beschränke ich mich auf das Anwendungsfeld, in dem der alternative Anspruch („Bürgermedium') die Arbeitskonzepte und das Handeln am markantesten prägt, nämlich die Tätigkeit der sogenannten „freien Video-Gruppen". Im Gegensatz zu den USA und Canada, wo durch den erheblichen technologischen Vorsprung und das auf dezentralisierte Fernsehkommunikation angelegte kommerzielle Fernsehsystem die Video-Bewegung bereits in den sechziger Jahren einsetzte, lassen sich entsprechende Aktivitäten in der Bundesrepublik – auch aufgrund einer „hard-ware-Verzögerung" – erst seit Anfang der siebziger Jahre feststellen. Auf vorrangig politischen und künstlerischen Motivationen basierend, lag deren Ursprung hierbei an Universitäten, Pädagogischen Hochschulen und Kunsthochschulen. (32)

Das Betätigungsfeld für freie Videogruppen in der Bundesrepublik ist vielfältiger Natur. Grundsätzlich in allen gesellschaftlichen Lebensbereichen möglich, liegen die Schwerpunkte eindeutig auf der Zusammenarbeit mit und Unterstützung von lokalen Minderheiten und Randgruppen (arbeitslosen Jugendlichen, Gastarbeitern, Sonderschülern, Homosexuellen etc.), Bürgerinitiativen, Vereinen und der Gruppe, die man als ‚schweigende Mehrheit' bezeichnen kann und deren gemeinsames Kennzeichen ‚Betroffenheit' (von staatlichen und administrativen Maßnahmen, lokalen bzw. regionalen Lebensbedingungen, Arbeitsbedingungen etc.) ist. In Bezug auf diese Bereiche kommt Video primär im Stadtteil zur Anwendung. Leitvorstellung ist dabei die Idee, mit den Betroffenen eng zusammenzuarbeiten, mit ihnen Probleme zu bearbeiten und sie darüber und über bestimmte Interessen, Aktionen und Entscheidungen selbst berichten zu lassen.

Da ‚Betroffenheit' in Konfliktsituationen am klarsten erkennbar wird, sich dann auch am besten verdeutlichen läßt und am ehesten das für Videoproduktionen so wichtige direkte Feedback, die Miteinbeziehung der Reaktionen Betroffener in den Produktionsprozeß, hervorrufen kann, spielt Video in der Unterstützung bestimmter von Gruppen getragener Auseinandersetzungen (Mitstreiks, Tarifauseinandersetzungen, Demonstrationen gegen Kernkraftwerke etc.) durch seine informatorische, dokumentarische und prozeßbegleitende Funktion eine besondere Rolle. Darüberhinausgehend können durch diesen Einsatz allerdings auch weitere Aktionen stimuliert werden, bzw. bestimmte Aktivitäten erst initiiert werden. (33) Orte der Vorführung von Video-Produkten und der Diskussion darüber sind neben Kneipen, öffentlichen Einrichtungen und Kirchen auch Straßen und Parks. (34)

Die Mitglieder der freien Videogruppen arbeiten überwiegend nebenberuflich in ihrer Freizeit und sichern ihre Existenz vor allem durch private Mittel der Gruppenangehörigen, Vorträge, Veröffentlichungen, Videokurse, Geräteverleih, den Verkauf und das Verleihen von Bändern, Gerätestiftungen, Geldspenden und selten durch institutionelle Unterstützung. Sie befinden sich so gesehen in einer durch Existenzschwierigkeiten gekennzeichneten Pioniersituation und haben neben der mangelhaften Innovationsbereitschaft öffentlicher Einrichtungen vor allem mit Schwierigkeiten und Vorurteilen zu kämpfen, wenn sie sich um den Verkauf ihrer Produkte bei den Fernsehanstalten bemühen.

Eine operationalisierbare, handlungseinheitliche Zielperspektive können die vereinzelt arbeitenden freien Videogruppen nicht vorweisen. Die nicht selten verschwommene und nebulös anmutende Reflexion über das eigene Video-Tun gewinnt auch nicht an klärender Schärfe durch die auf bestimmte Gruppen bezogene Unterscheidung in informativen und kommunikativen oder in unterstützenden und initiierenden Videoeinsatz, wie das bspw. Zacharias-Langhans tut. (35) Diese Differenzierung ist vor allem deshalb unbrauchbar, weil die „Gegensätze" (36) sich zu einem bestimmten Grad aus sich selbst heraus entwickeln und einzeln betrachtet und analysiert sinnlos sind, weil nicht existent. Bei dem gegenwärtigen Stand der Entwicklung und Diskussion lassen sich die vorhandenen Zielvorstellungen allenfalls in *einzelaktionsbezogene kurz- und mittelfristige Ziele* und *langfristig gesellschaftliche Ziele* unterscheiden. In diesem Sinne fallen unter die erstgenannte Kategorie:

– Verbesserung des Informationsstandes vor allem von nachbarschaftlichen Gruppen, lokalen und regionalen Rand- bzw. anderen Zielgruppen;

– den lokalen und regionalen Raum betreffende Entscheidungen und Verhaltensweisen von Einzelpersonen transparent, Vorgänge sichtbar und nachvollziehbar machen;
– die alltäglichen Interaktionsformen verständlich machen und auf eine Sensibilisierung diesbezüglicher Wahrnehmung hinwirken;
– Relativierung des subjektiv gewonnenen Ich-Bildes und -Bewußtseins und „Erkennen seiner Stellung in einem sozialen und politischen Gefüge". (37)
– selbständige Verarbeitung und Vermittlung konkreter Erfahrung durch kollektive Produktion und Rezeption;
– Entwicklung und Diskussion alternativer Lösungsmöglichkeiten zu (vor allem zentralistischen) Planungen und Entscheidungen;
– Erwerb bzw. Steigerung von Handlungs- Sprach- und kommunikativer Kompetenz;
– nachbarschaftliche Gruppen, lokale und regionale Rand- bzw. andere Zielgruppen zu Wort und ins Bild kommen lassen und ihnen zur Artikulation ihrer Interessen verhelfen.

Der zweitgenannten Kategorie sind Zielvorstellungen zuzuordnen, die im Zusammenhang mit weiterreichenden gesellschaftlichen Entwicklungen zu sehen sind, dem Bestreben, die Isolation von Menschen zu durchbrechen, alternative, natürliche Lebensformen zu entwickeln, auf Dezentralisierung unseres Gesellschaftssystems hinzuwirken und schließlich eine Demokratisierung von unten durch verstärkte Teilnahme am Gemeinwesenprozeß in die Wege zu leiten:
– als optische Fortsetzung des Telefons dient Video neben seiner Sprachrohrfunktion für die von den Medien ausgeschlossenen Gruppen unseres Landes vor allem dazu, kommunikativ unterversorgte oder abgeschnittene Gebiete mit Kommunikation zu versorgen und Interaktion zwischen Einzelindividuen und Gruppen in lokalen und regionalen Lebensbereichen zu fördern;
– durch die mit der Verbreitung von Video einhergehende Entmystifizierung des Fernsehens soll selbsterfahrene Realität an die Stelle der durch die Medien vermittelten „Realitätsfiktion" gesetzt werden;(38)
– die wahren gesellschaftlichen Strukturen sollen dadurch besser kommunizierbar gemacht und Probleme von grundsätzlicher Natur entprivatisiert werden;
– Video soll durch den Aufbau „horizontaler Kommunikations- und Aktionsgemeinschaften" (39) solidarisches Handeln breiter Bevölkerungskreise ermöglichen und generell zu einer Politisierung der Alltagsverhältnisse beitragen;
– die menschliche Phantasie, vor allem was alternative Lebensformen betrifft, soll angeregt und erweitert werden.

Diese Zielvorstellungen, die skizzenhaft den Anspruch der Videobewegung widerspiegeln, setzen zweifellos sehr hoch an. Da sie nicht im Kontext einer umfassenden Gesellschaftsanalyse entstanden und artikuliert worden sind, lassen sie den Eindruck nicht unbegründet erscheinen, daß hier eine Veränderung von Menschen, eine Veränderung von gesellschaftlichen Zuständen allein durch eine Technologie erreicht werden soll, weil diese nun einmal da ist. Der in der Videobewegung latent vorhandene Hang zur Psychologisierung und zur Problemlösung auf Gruppenebene birgt zugleich die Gefahr in sich, aus den Augen zu verlieren, wie grundsätzlich man sich ihnen zuwenden muß. Das ‚Avantgarde-Gehabe', das manche ‚Videofreaks' in Bezug auf ihr neues Medium an den Tag legen,(40) ist sicher keine Alternative zu dieser Erkenntnis. Es erschwert allenfalls den sowieso nicht im Handstreich zu bewältigenden Prozeß der bereits angesprochenen Entmystifizierung der Massenmedien, einem der wichtigsten und meiner Einschätzung nach am ehesten erreichbaren langfristigen Ziele. Es wird im Hinblick auf dieses Ziel allerdings zu berücksichtigen sein, was Joachim Peach wie folgt ausgedrückt hat: „Gerade weil die Organisation politischer Erfahrung durch Videoarbeit nur von den Betroffenen selbst ausgehen kann, die ihrerseits aber auch ganz wesentlich Betroffene der öffentlichen Fernsehkommunikation sind, kann die Organisation politischer Interessen auch nicht neben, sondern nur in der Auseinandersetzung mit der bürgerlichen Öffentlichkeit und ihren Medien stattfinden." (41) Diese Auseinandersetzung dürfte dabei nicht schwerfallen, liegt doch das eigentlich Alternative im Ursprung der Videobewegung im radikalen Bruch mit den Klischees der Fernsehanstalten (Multilinearität kontra Unilinearität; Laienproduktion von Betroffenen für ihresgleichen kontra Professionalität; Vermittlung nachvollziehbarer, erfahrener Realität kontra Scheinrealität; Zusammenbringen von Menschen kontra Vereinzelung; Aktivierung kontra Passivierung).

Die Videoarbeit kann zukünftig eine gewichtige Rolle in der lokalen und regionalen Kultur- und Sozialarbeit spielen. Das setzt jedoch voraus, daß sie ernst genommen wird und entsprechende, vor allem materielle Unterstützung erhält. Es ist eine kultur- und sozialpolitische Farce, wenn man die minimalen Zuwendungen, die wenige Kommunen wenigen Videogruppen zukommen lassen, den öffentlichen Geldern der Rundfunk- und Fernsehanstalten gegenüberstellt und dabei das für den lokalen und regionalen Bereich erschreckend geringe Output dieser Anstalten mitberücksichtigt. Ein erster Schritt in die richtige Richtung wäre zu machen, indem man die in zahlreichen Schulen und sonstigen Bildungseinrichtungen ungenutzt herumstehenden Videoanlagen öffentlich zugänglich macht und sie ggf. auch freien Gruppen, die im öffentlichen Interesse arbeiten, zur Verfügung stellt.

In der sich anschließenden Zusammenstellung sind stichwortartig die wichtigsten Charakteristika alternativer Kommunikation (alternative Presse und Video) und der Massenkommunikation vergleichend gegenübergestellt. Es handelt sich bei diesen genannten *gegenwartsorientierten* Charakteristika um die markantesten Kennzeichen, die im Einzelfall nicht immer oder nur partiell zutreffen mögen.

Massenkommunikation und „Alternative Kommunikation": Unterscheidungsmerkmale

	MASSENMEDIEN	ALTERNATIVE MEDIEN
ZIEL UND ZWECK DER PRODUKT-ERSTELLUNG	Profiterzielung / Vertikale Kommunikation / Orientierung / Information / Meinungsbildung / Aktualität / Unterhaltung	Ergänzung lokaler Öffentlichkeit / Informationsdefizite abbauen / Orientierung / Einzelereignisse in historischen und gesellschaftlichen Zusammenhang stellen / horizontale Kommunikation ermöglichen / Bürgerforum / Alltagsprobleme entprivatisieren / Alternativen aufzeigen / Aktionen initiieren / Partei ergreifen / praktische Politik betreiben / Kontakte des Lesers vergrößern
ZIELGRUPPE / REICHWEITE	allgemeine Öffentlichkeit	(überwiegend lokale) Randgruppen, Minderheiten, Betroffene
GEBRAUCHSWERT	Information / Orientierung / Meinungsbildung / Unterhaltung / Kommunikation anregen	Information / Orientierung / Meinungsbildung / direkte Umsetzbarkeit von Information / Kommunikation anregen
TECHNISCHE PRODUKTIONS-MITTEL	nur von ausgebildeten Spezialisten zu bedienen / professionel	relativ leicht handhabbar / semi-professionell
PRODUZENTEN	Professionelle Journalisten / Trennung Kommunikator-Rezipient	Laienpublizisten / Basisnähe der „Redakteure" / versuchte Aufhebung der Trennung in Kommunikator und Rezipient
FINANZIERUNG / WIRTSCHAFT-LICHKEIT	Verkauf (Gebühren) / Werbung / Markt- und Profitorientierung	Verkauf / Eigenmittel / Spenden / Kostendeckungsprinzip
ORGANISATION	betriebswirtschaftlich organisiert	Improvisation / Organisations-probleme
PRODUKTIONS-PROZESS / ABLAUF	festgeschriebene Arbeitsteilung durch individuelle Spezialisierung / individuelle Verantwortlichkeit	Kollektive Produktion und Verantwortlichkeit / rotierendes System der Arbeitsteilung
VERTRIEB	Abonnement / direkter Verkauf / Regelmäßigkeit	überwiegend direkte Distribution (mit Kontakten verbunden) / situationsabhängig
GESTALTUNGSMITTEL:		
– RESSORTS	traditionell	keine ressortspezifische Aufteilung
– SPRACHE	elaboriert / Fachsprachen (ressortspezifisch)	umgangssprachlich / gruppen-spezifisch
– AUFMACHUNG	aufwendig / konsumorientiert	kostensparend / zweckmäßig einfach
ZUGANG	eingeschränkt / bedingt möglich	offen

	MASSENMEDIEN	ALTERNATIVE MEDIEN
DURCHSCHAU-BARKEIT	nur bedingt angestrebt / nur bedingt gegeben	gegeben /immanent / angestrebt
FEEDBACK / LESER-ZUSCHAUER-EINFLUSS / KONTROLLE	nur bedingt (vor allem als Alibifunktion) / indirekt	direkt / Eigenbeiträge / Teilhaber, nicht Teile des Programms / Einwirkungsmöglichkeit durch Diskussionsforum / Kontrolle durch Möglichkeit zur Teilnahme am Produktionsprozeß
ERSCHEINUNGS-WEISE	kurzfristig / regelmäßig	nur bedingt regelmäßig in längeren Abständen
INHALTE	abstrahierend / aktuell / universell / Ungewöhnlichkeit (Sensationsbezogenheit) / herrschaftsorientiert / Personalisierung (Honoratiorenorientierung) / Legitimation	konkret / alltagsbezogen / problembezogen / lebensraumbezogen (Wohnblock- und Stadtteilprobleme) / Bedürfnis- und Interessenartikulation / Betroffenenorientierung / Kritik / Alternativen / „konkrete Utopie"
ABHÄNGIGKEITEN VON DRITTER SEITE / FREMD-BESTIMMUNG	Marktabhängigkeit / werbetreibende Wirtschaft / Verwaltung / Institutionen / Parteien	dysfunktional

3. Ursachen und Funktionen „Alternativer" Kommunikation

Die Frage nach den Entstehungsgründen und der gesellschaftlichen Funktion alternativer Kommunikationsformen, dem Drang mancher Bürger nach einer stärkeren Beteiligung an gesellschaftlichen Kommunikationsprozessen, muß gründlicher beantwortet werden als mit dem Verweis auf erkannte Unzulänglichkeiten der professionellen Massenkommunikation. Hier gilt es, wie das in der Einleitung dieses Kapitels bereits angedeutet wurde, den umfassenderen politischen Zusammenhang zu sehen und eine Einordnung des Phänomens ‚alternative Kommunikation' in diesen Zusammenhang vorzunehmen. (42)

Versuche der Selbstorganisation und Eigeninitiativen von Bürgern im nicht-institutionalisierten und außerparlamentarischen Raum sind in demokratischen Gesellschaften nichts außergewöhnliches, ja die Geschichte der Demokratie zeigt, daß der Versuch, unerträglich verfestigte, autoritäre und illegitime Herrschaftsformen zu überwinden, ihr immanent ist. So sind denn Demokratisierungsforderungen in Deutschland auch nicht etwa eine Entdeckung der Studentenbewegung in den 60er Jahren unseres Jahrhunderts, sondern Teil der demokratischen Bewegung von Anfang an. (43) Allerdings brechen diese Forderungen an markanten Punkten im Prozeß der Erstarrung von politischen Systemen und der Akkumulation politischer und ökonomischer Krisen besonders nachhaltig hervor.

Einer dieser Schnittpunkte lag zweifellos in den sechziger Jahren und läßt sich mit den Schlagworten Studentenbewegung und später auch Bürgerinitiativbewegung auf den Begriff bringen. Als Reaktion auf die Folgeprobleme der Restaurationsperiode nach 1945 und das ungezügelte Wachstum artikulierte sich der Widerstand gegen grundlegende Versäumnisse, gegen bereits getroffene und gegen geplante Entscheidungen von legislativer und exekutiver Seite, in der Gründung von Bürgerinitiativen unüberhörbar. Er war dabei zum Teil eine direkte Folge der Studentenbewegung und bezog deren Erfahrungen aus der zweiten Hälfte der sechziger Jahre mit ein. Gegenüber dem studentischen Protest kennzeichnete allerdings diese Initiativen, daß sie sich nicht aus einer Gruppe politisch schwer einzuordnender Aktivisten zusammensetzten, sondern aus Bürgern jeglicher Interessenrichtungen und Couleur, wenn auch vor allem Angehörige „mittelständisch-bildungsbürgerlicher" Bevölkerungsteile – in erster Linie Akademiker – das Bild bestimmten. (44)

Das Konflikt- und Problemfeld einzugrenzen, auf das sich der Bürgerprotest konzentrierte und zunehmend weiter konzentriert heißt, neben der Bestimmung konkreter politischer Vorgänge auch allgemeine Folgen industriegesellschaftlicher Entwicklung zu berücksichtigen. Hilf nennt drei wesentliche Punkte, die zur Konfliktursache im Zivilisationsprozeß werden können:

„1. Da sind einmal die Folgen des ungesteuerten Fortschritts, der zu einem unauflösbaren Aggregat von Mitteln, Einrichtungen und Maßnahmen führt, die ein hohes Maß an ‚Umweltkomplexität' bedingen: Wir überschauen unsere Welt nicht mehr.
2. Die Rationalität, mit der die zunehmende Arbeitsteilung organisiert werden muß, erzeugt ein hohes Maß an Abstraktheit: Wir erleben unsere Welt nicht mehr.
3. Der Einzelne (oder auch Gruppen wie die Familie) wird immer abhängiger von Leistungen und Zusammenhängen, die seinen unmittelbaren Erfahrungshorizont überschreiten. Der ‚effektive Lebensraum' ist weit größer als der ‚beherrschte Lebensraum'." (45)

Wesentlicher politisch-organisatorischer Faktor des Verlusts an Umwelt-Transparenz und -Beherrschung ist der besonders in den städtischen Ballungsräumen deutlich zu Tage tretende Prozeß der Zentralisierung, der Rückgang gemeindespezifischer Autonomie in politischen, ökonomischen und kulturellen Fragen. Er bewirkt letztlich zunehmende Staatseingriffe und damit statt Problemlösungen nur weitere Probleme. Im Gleichschritt mit der mangelnden Fähigkeit und wohl auch Möglichkeit der herrschenden Parteien, den aus diesen Problemen erwachsenden Bürgerinteressen und -bedürfnissen gerecht zu werden (denn das hieße unter anderem weitgehende Abkehr von der innerparteilichen Zentralisierung und stärkere personalpolitische Flexibilität), schreitet so fort, was Jungk als „Erosion und Verschmutzung unserer Demokratie-Umwelt" bezeichnet hat. (46)

Ein weiterer Faktor ist in dem Bedeutungsverlust zu sehen, der Informationen aus einem überschaubaren Lebensraum für in diesem sich befindenden Gruppen zukommt, dem Umstand, daß der gesellschaftliche Kommunikations- und Informationsprozeß mit in den Sog der allgemeinen Zentralisierung und bürgerfernen politischen Prozesse geraten ist. All dies bewirkt, daß breitgestreute politische Beteiligung von Bürgern an der Gestaltung unserer Umwelt nahezu unmöglich geworden ist. Zahlreiche Bürger haben das gespürt und Protest, Widerstand, Forderung eben nach mehr Beteiligung an die Stelle von Apathie gesetzt: Eine Wiederbelebung der Vernunft hat zu verstärktem Überdenken der Kosten des Fortschritts geführt; die Sensibilität gegenüber der erfahrbaren, überschaubaren und damit beherrschbaren Umwelt ist gestiegen; es findet eine Rückbesinnung auf gewachsene Kontakte im sozialen, aber auch natur- und landschaftsbezogenen Bereich statt. Zentrum und Zielpunkt ist die Region, der lokale Raum.

In der politischen und wissenschaftlichen Diskussion firmieren diese Initiativen von Bürgern und Bürgergruppen, die sich nicht mehr mit den institutionellen Formen politischer Mitarbeit wie Wahlen, Arbeit in den etablierten Parteien und Verbänden begnügen wollen und darüberhinaus bzw. stattdessen die Wahrnehmung mehr plebiszitärer Elemente im politischen Prozeß fordern und anstreben, unter dem Begriff der Partizipation. (47) Unabhängig von spezifischen interessengebundenen Auslegungen, auf die anschließend noch kurz einzugehen sein wird, meint der Partizipationsbegriff in qualitativer Hinsicht:
Die sachbewußte aktive Teilnahme und Einflußnahme von Betroffenen am gesellschaftlichen Lebensprozeß und damit auch dem politischen Willensbildungs- und Entscheidungsprozeß.

Diese Bestimmung der Partizipation setzt einen konkreten und inhaltlichen Bezug notwendig voraus und steht zudem immer im Zusammenhang mit der (kollektiven) Verwirklichung bestimmbarer Ziele. Von dieser Definition der Teilhabe an politischen Entscheidungsprozessen aller Art und Formen, inklusive dem der Entscheidung vorgelagerten Willensbildungsprozeß, sind Personen, die qua Amt oder Funktion dem Entscheidungsprozeß zugehörig sind, genauso ausgenommen wie die „Beteiligung an Nicht-Entscheidungsprozessen (an Maßnahmen, reine Mitgliedschaft in Vereinigungen usw.) und Einflußnahme durch Nicht-Beteiligung bzw. durch Nicht-Handeln". (48)

Je nach dem dahinterstehenden unterschiedlichen wissenschaftlichen und/oder politischen Interesse ist der Partizipationsbegriff erheblich voneinander abweichenden Deutungen unterworfen. In Anlehnung an von Alemann (49) lassen sich sechs Grundpositionen unterscheiden, die von einer Ablehnung der Partizipation als anarchisch und systemsprengend (konservativ/nationalistische Position), einer Ablehnung der Partizipation als freiheitseinschränkend (altliberale Position) (50), einer Bejahung der Partizipation als Effizienz der Planung sicherendes und somit funktional wirkendes Instrument (pluralistische Position) über eine Bejahung von Partizipation als Realisierung politischer Gleichheitsrechte (linksliberale Position) und als Herstellung eines demokratischen Sozialismus (radikaldemokratischesozialistische Position) bis zur bedingten Ablehnung und Bekämpfung der Partizipation als illusionäre, revisionistische Schein-Beteiligung (marxistische Position) reicht.

In Bezug auf die oben angesprochene Begründung der Forderung vieler Bürger nach mehr Beteiligung an gesellschaftlichen Entscheidungsprozessen sind die Vorstellungen der radikaldemokratisch-sozialistischen Position die naheliegendsten. Die tendentiell systemkritische Qualität, die in dieser Position zum Ausdruck kommt, manifestiert sich bereits in deren Demokratiebegriff. So ist nach Vilmar, einem Vertreter dieses Ansatzes, Demokratisierung:
„. . . die Verwirklichung demokratischer Grundsätze in allen Bereichen der Gesellschaft — Demokratie als gesamtgesellschaftlicher Prozeß. Demokratisierung ist also der Inbegriff aller Aktivitäten, deren Ziel es ist, autoritäre Herrschaftsstrukturen zu ersetzen durch Formen der Herrschaftskontrolle von ‚unten', der gesellschaftlichen Mitbestimmung, Kooperation und — wo immer möglich — durch freie Selbstbestimmung." (51)

Das Partizipationspotential, das die Beteiligung am demokratischen Prozeß und die Herrschaftskontrolle von unten sicherstellen soll, sieht Vilmar nicht etwa in den Randgruppen, Minderheiten und den Kreisen der Ausgeflippten, sondern im „normalen" Milieu, das zunehmend von unerträglichen Zuständen in allen Lebensbereichen betroffen ist. (52) „Je nach der demokratischen Legitimation und Funktionalität von Führungsgruppen sowie praktisch-politisch je nach der Durchsetzungsfähigkeit" (53) ist Partizipation (als synonymer Begriff zu ‚Demokratisierung') in drei Abstufungen denkbar.

1. unverbindliche Partizipation („*Teilhabe* am Entscheidungsprozeß der Dirigierenden durch *Informations-, Beratungs- und Mitwirkungsrechte* oder *demonstrative Proteste*");
2. verbindliche Partizipation („*Einschränkung* der Entscheidungsvollmacht der Dirigierenden durch paritätische *Mitbestimmung* oder kollektive *Gehorsamsverweigerung* der Betroffenen");
3. Selbstverwaltung („*Aufhebung* der Entscheidungsvollmacht der Dirigierenden durch legalen *Machtwechsel* oder Subsystembesetzung und Selbstorganisation der Betroffenen bzw. *Vergesellschaftung der Entscheidungsbildung*") (54)

Ausgangspunkt und zentrale Bedingung breiter politischer Partizipation ist neben den Faktoren Konflikt und Betroffenheit vor allem auch der Faktor Informiertheit und damit die Funktionstüchtigkeit des gesellschaftlichen Kommunikations- und Informationssystems. Erst durch Informiertheit können Interessen und Konflikte bewußt und konkret gemacht werden, ist es dem einzelnen Bürger möglich, den Grad seiner Betroffenheit und die Beschaffenheit des Konflikts erkennen zu können. Da Informiertheit jedoch nur über kommunikative Partizipation, nur in einer partizipativen Öffentlichkeit zu gewährleisten ist, stellt kommunikative Partizipation die zwangsläufige Voraussetzung für eine allgemeine politische Partizipation in den unterschiedlichsten Bereichen menschlicher Lebens- und Umweltgestaltung dar. Ohne eine demokratische, und das heißt partizipative Öffentlichkeit, ist eine partizipative Demokratie nicht vorstellbar.

Partizipative Öffentlichkeit schließt allerdings mehr ein als die Gewährleistung der Möglichkeit zur wirklich freien Information des Bürgers. Daneben geht es um die Chance zur offenen und vielfältigen Meinungsäußerung, zur „unmittelbaren, ungeprobten und unter keinerlei medialen Produktions- und Zeitzwängen stehenden Aussprache" (55) und um die Gelegenheit, Möglichkeiten strategischer und diskursiver Kommunikation erkennen und erlernen zu können. Nur alle Momente partizipativer Kommunikation zusammen können eine eigenständige Vertretung von Interessen durch die Bürger und eine selbstverantwortliche Mitarbeit an der Gestaltung der staatlichen Gemeinschaft sicherstellen.

Unter Einbeziehung der bislang an der etablierten Massenkommunikation geübten Kritik, verweist im kommunikativen Bereich die Partizipationsforderung zweifelsfrei auf alternative Medienarbeit. (56) In ihr ist der auf Selbstorganisation und Eigeninitiative beruhende erste Versuch der Bürgerschaft zu sichern, indem vor allem die für die Massenkommunikation typische rigide Rollentrennung in Kommunikator und Rezipient, wenn auch nicht vollkommen aufgegeben, so doch zumindest in Frage gestellt und in Ansätzen überwunden wird. Das Bemühen um alternative Kommunikationsformen muß demnach als existentieller Teil eines Strebens um allgemeine politische Partizipation, aber auch einer auf alternative Lebensformen hinwirkenden weiterreichenden Bewegung bewertet werden, wenn man sich auch davor hüten sollte, das derzeit vorhandene Partizipationspotential im Bereich der alternativen Medienarbeit im Hinblick auf umfassendere Partizipationsprozesse überzubewerten. (57) Daß alternative Kommunikationsformen, daß Strategien zur Demokratisierung der Öffentlichkeit bislang auf den aktiven und passiven Widerstand der Institutionen gestoßen sind, die gegenwärtig die herrschende Öffentlichkeit repräsentieren bzw. diese absichern, wurzelt in einer verfassungsrechtlich nicht zu begründenden Verabsolutierung der herrschenden Zustände. Denn genausowenig wie den Parteien als verfassungsmäßige Institutionen das *Monopol* im Prozeß der Willensbildung des Volkes zusteht (auch wenn sie dies gerne hätten), stellen die etablierten Massenmedien als ebenfalls von der Verfassung legitimierte Institutionen *das* Forum für Meinungsäußerungen innerhalb der Gesellschaft dar. Der Versuch, einen Alleinvertretungsanspruch für die Veröffentlichung von Meinungsäußerungen zu begründen und zu verfolgen, führt vielmehr lediglich dazu, „bestehende Einrichtungen zu verfestigen, egalitäre Tendenzen demokratischer Kommunikation zu reglementieren, professionelle Informationsvermittlung verfassungsrechtlich zu privilegieren und damit die Selbstorganisation von Interessen und Bedürfnissen zu erschweren." (58) Stattdessen verbürgt und garantiert „Art. 5 Abs. 1 GG im Zusammenhang mit den Staatszielbestimmungen der Demokratie und der Sozialstaatlichkeit . . . die ‚öffentliche Meinungsfreiheit' schlechthin und umfaßt damit jede auch nur potentiell politisch relevante Kommunikation." (59) Einmal davon abgesehen, als wie demokratisch die Unilinearität massenmedialer Kommunikationsprozesse eingeschätzt werden muß, sind somit auch jegliche Formen alternativer Kommunikation in die, eine Einlösung des Grundrechts auf Meinungsbildung und Informationsfreiheit einerseits sowie Meinungsäußerungsfreiheit und Meinungsaustausch andererseits erst realisierende, sozialstaatliche Gewährungsverpflichtung miteinbezogen. Daß dies bis heute allenfalls Verfassungsanspruch und nicht generell praktiziertes Recht ist, konfrontiert den Staat mit dem Vorwurf, nicht das für das Recht der Bürger getan zu haben, was notwendig für eine demokratische und sozialstaatliche Organisation aller Lebensbereiche gewesen wäre.

4. Schlußbemerkung

Daß es teilweise vielversprechende Ansätze alternativer Medienarbeit in der Bundesrepublik Deutschland gibt, sollte dennoch nicht über deren gegenwärtig geringe Bedeutung hinwegtäuschen. Das Engagement der überwiegend jungen Bürger, von dem diese Bewegung lebt, ist allein noch kein Garant für die Konsolidierung der bereits existierenden Projekte, geschweige denn für eine breitere und intensivere Verankerung innerhalb unserer Gesellschaft. Neben den Schwierigkeiten, die wir medienspezifisch bereits genannt haben, sind es hochgradig auch Probleme mit sich selbst und mit dem Verhältnis zur eigenen produktiven Fähigkeit, die erhebliche Hemmnisse auf dem Weg zur Expansion darstellen. So erscheint bei einem Teil von Machern alternativer Medienproduktionen weitgehend ungeklärt, welche Arbeitsziele konkret verfolgt werden sollen und welchen gesellschaftlichen Stellenwert das eigene kommunikative Tun besitzt. Diese Unfähigkeit zur Selbstreflexion, die in der Vergangenheit deutlich zu Tage getreten ist, wenn sich Beteiligte an alternativen Medienprojekten der Diskussion gestellt haben, bewirkt, daß viele Aktionen kopflos erscheinen, ohne den Bezug auf einen notwendigen inhaltlichen Überbau. Vor allem bei Video-Projekten führt diese inhaltliche Kopflosigkeit nicht selten zu einer bewußtseinsmäßigen Verselbständigung des technischen *Hilfsmittels* Medium, durch dessen Existenz und Einsatz schon allein man glaubt, Probleme angehen und lösen zu können. Die Münchener Studiengruppe für lokale und regionale Medien „Medien vor Ort" hat diesen Hilfsmittelcharakter des Mediums Video zu Recht hervorgehoben und darauf hingewiesen, daß an der Notwendigkeit, sich in Probleme intensiv einzuarbeiten und in Bezug auf diese Probleme Kontinuität in der Medienarbeit sicherzustellen, kein Weg vorbei führt. (60) Nur ein intensives Nachdenken über die eigene Ausgangslage, das Bemühen, in Zusammenarbeit mit kooperativen Wissenschaftlern Konzepte zu entwickeln, die in die Zukunft weisen und die zu erwartenden Notwendigkeiten entgegenkommen, wird bewirken können, daß das überholte, platte Selbstverständnis von den reinen Gegen-Medien, die letztlich nichts anderes tun, als Informationen gegen Informationen zu setzen, genauso an Relevanz verliert, wie die in narzißtischer Selbstbestätigung zugleich betriebene Beschimpfung der Herrschenden. Bürgernähe zu praktizieren und Kommunikation herzustellen wird schließlich auch bedeuten müssen, daß manche Gruppen ihr „revolutionäres" Vorhut-Verständnis aufgeben und „normalisiertes" Auftreten an die Stelle elitären und bevormundenden Verhaltens setzen. Aus den negativen Erfahrungen, die in diesem Punkt die Herausgeber der „Märkischen Viertel Zeitung" gemacht haben, kann man nur lernen. (61)

Im folgenden soll die obige gegenwartsorientierte Gegenüberstellung von Kennzeichen alternativer und massenmedialer Kommunikation hinsichtlich der alternativen Medien um einige Merkmale ergänzt werden, die als bedarfsorientiert bezeichnet werden können:

Charakteristika Alternativer Kommunikation

	BESTAND	BEDARF
ZIEL UND ZWECK DER PRODUKTIONSSTELLUNG	Ergänzung lokaler Öffentlichkeit / Informationsdefizite abbauen / Orientierung / Einzelereignisse in historischen und gesellschaftlichen Zusammenhang stellen / horizontale Kommunikation ermöglichen / Bürgerforum / Alltagsprobleme entprivatisieren / Alternativen aufzeigen / Aktionen initiieren / Partei ergreifen / praktische Politik betreiben / Kontakte des Lesers vergrößern	wechselseitige Erschließung voneinander isolierender Lebensbereiche sicherstellen / Vermittlung zwischen Regierenden und Rezipienten, zwischen Staat und Bürger / horizontale Kommunikation zwischen Bürgern und Verwaltung / demokratische Institutionen auf Partizipationschancen hin durchleuchten / Solidarisierungsprozesse herbeiführen / Abbau Stadt-Land-Gefälle / Emanzipation
ZIELGRUPPE / REICHWEITE	(überwiegend lokale) Randgruppen, Minderheiten, Betroffene	Breite Bevölkerungskreise (Sympathiewerkung)
GEBRAUCHSWERT	Information / Orientierung / Meinungsbildung / direkte Umsetzbarkeit von Informationen / Kommunikation anregen	Lebenshilfe / Selbsthilfe / Verfügbarkeit über praktikable Alternativen / Aneignung von gesellschaftlicher Realität
TECHNISCHE PRODUKTIONSMITTEL	relativ leicht handhabbar / semiprofessionell	⟶
PRODUZENTEN	Laienpublizisten / Basisnähe der „Redakteure" / versuchte Aufhebung der Trennung in Kommunikator und Rezipient	Idealzustand: Redaktion Spiegelbilde der lokalen sozialen Verhältnisse / Einnahme mehr inhaltlicher und gestalterischer Kompetenz (ohne daß dies in Spezialistentum ausartet).
FINANZIERUNG / WIRTSCHAFTLICHKEIT	Verkauf / Eigenmittel / Spenden / Kostendeckungsprinzip	⟶
ORGANISATION	Improvisation / Organisationsprobleme	Projektbezogen kombinierter Einsatz verschiedener Medien / Kooperation mit anderen Gruppen und inhaltlich verwandten Organisationen
PRODUKTIONSPROZESS / ABLAUF	Kollektive Produktion und Verantwortlichkeit / rotierendes System der Arbeitsteilung	⟶

	BESTAND	BEDARF
VERTRIEB	überwiegend direkte Distribution (mit Kontakten verbunden) / situationsabhängig	⟶
GESTALTUNGSMITTEL:		
– RESSORTS	keine ressortspezifische Aufteilung	Konzept für Produktaufbau entwickeln
– SPRACHE	umgangssprachlich / gruppenspezifisch	Abkehr von politischer Schlagwortargumentation
– AUFMACHUNG	Kostensparend / zweckmäßig / einfach	
ZUGANG	offen	⟶
DURCHSCHAUBARKEIT	gegeben / immanent / angestrebt	⟶
FEEDBACK / LESER-ZUSCHAUER-EINFLUSS / KONTROLLE	direkt / Eigenbeiträge / Teilhaber, nicht Teile des Programms / Einwirkungsmöglichkeit durch Diskussionsforum / Kontrolle durch Möglichkeit zur Teilnahme am Produktionsprozeß	Rückkopplung intensivieren
ERSCHEINUNGSWEISE	nur bedingt regelmäßig in längeren Abständen	Kontinuität sicherstellen (Vertrauen des Publikums durch Gewöhnungseffekt)
INHALTE	Konkret / alltagsbezogen / problembezogen / lebensraumbezogen (Wohnblock- und Stadtteilprobleme) / Bedürfnis- und Interessenartikulation / Betroffenenorientierung / Kritik / Alternativen / „Konkrete Utopie"	Verknüpfung von Theorie und Praxis / Kontinuität im Problembezug / Verbindung von Vergangenheit–Gegenwart–Zukunft / Zusammenhang Sozialverhalten–politische Kultur / Strukturen des Alltags verdeutlichen / konkrete, abgrenzbare Probleme in Angriff nehmen / auf praktische Alternativen konzentrieren / Vielfalt an Lösungsmöglichkeiten und Auffassungen berücksichtigen / Selbsthilfevorschläge / Verbindung zur überregionalen Massenkommunikation herstellen
ABHÄNGIGKEITEN VON DRITTER SEITE / FREMDBESTIMMUNG	dysfunktional	⟶

Zweifellos stellt dieser Bedarfskatalog noch kein systematisches, an den kommunikativen Bedürfnissen der Bevölkerung orientiertes Konzept für alternative Medienarbeit dar. Dieses gilt es vielmehr erst zu entwickeln. Dazu ist umfangreiche Forschung notwendig, die sich in *Kooperation* zwischen Wissenschaftlern, betroffenen Bürgern und den Produzenten alternativer Kommunikation entwickeln muß. Die Kommunikationswissenschaft und ihre Nachbardisziplinen haben es bislang versäumt, dies zu tun und damit auch eine Chance wahrzunehmen, die in dem Umstand begründet liegt, daß manche Projekte alternativer Medienarbeit bereits durch ihre Praxis den wissenschaftlichen Schreibtisch-Entwürfen von gesellschaftlichen Kommunikationsprozessen voraus sind.

Anmerkungen

1) Vgl. Claus Eurich: Partizipative Kommunikationsforschung. Theorie und Empirie eines handlungsorientierten Ansatzes, Münster 1979, S. 135–168 (Manuskript)
2) Vgl. BVerfG vom 27.7.1971
3) Vgl. Oskar Negt/Alexander Kluge: Öffentlichkeit und Erfahrung. Frankfurt 1976[4], S. 178
4) Wolfgang R. Langenbucher: Kritik an der Feedback-Phobie der Fernsehmacher, in: Dieter Prokop (Hrsg.): Massenkommunikationsforschung 2: Konsumtion, Frankfurt 1975[2], S. 434
5) Mit der Forderung nach kritischen und progressiven Inhalten ist es also nicht getan, denn dadurch wird der Charakter der Massenmedien als Instrumente zur Erzielung von Wirkungen nicht berührt; es bleibt die Distanz zwischen Medium und Empfänger.
6) Vgl. Hans-Geert Falkenberg: Die Kritik des Fernsehens durch das Fernsehen, in: Bernward Frank (Hrsg.): Fernsehen von morgen. Ende eines Monopolbewußtseins, Mainz 1972, S. 86
7) Vgl. Frank Böckelmann: Theorie der Massenkommunikation, Frankfurt 1975, S. 282 f.
8) Anton Bubenik: Alternative Zeitungen. Neue Wege der lokalen und regionalen Pressearbeit (Manuskript einer Hörfunksendung des NDR (3. Programm) vom 19.9.1976, 15 Uhr), S. 1
9) Vgl. Otfried Jarren: Entstehung, Entwicklung und Funktion lokaler Laienpublizistik dargestellt am Beispiel sozialdemokratischer Orts-, Stadtteil- und Gebietszeitungen, Münster 1978, S. 13 (Hausarbeit zur Erlangung des Magistergrades an der Universität Münster)
10) Vgl. Heiko Flottau: Gesellschaft mit beschränkter Hoffnung, in: Medium, Jg. 6, Heft 10, 1076, S. 14
11) Diese Aussage ist einem Fragebogen entnommen, der dem „Pottkieker" im Zusammenhang eines Seminars („Kommunikationspolitische Alternativen"), das ich im SS 1978 an der PH Ruhr in Dortmund durchgeführt habe, zugesandt worden ist. Die Frage lautete: „Aus welchem Anlaß habt Ihr Euch entschlossen, an einem Volksblatt mitzuarbeiten?"
12) Vgl. Der Spiegel vom 12.4.1976, S. 76
13) Vgl. Autorengruppe „Märkische Viertel Zeitung": Stadtteilzeitung. Dokumente und Analysen zur Stadtteilarbeit, Reinbek bei Hamburg 1974
14) Vgl. ebenda, S. 172
15) Der Spiegel vom 12.4.1976, S. 67
16) Autorengruppe . . . , a.a.O., S. 168
17) Ebenda
18) Ebenda
19) zit. nach Anton Bubenik: So wie es ist wird es nicht bleiben. Beispiele einer Medienarbeit von unten, Reithofen 1978, S. 37
20) Vgl. Fußnote 11
21) zit. nach Anton Bubenik: Sie wie . . . , a.a.O., S. 34 f.
22) Ungewöhnlich ist hierbei der Vertrieb über Kioske, der bspw. beim Kölner Volksblatt wesentlicher Garant für regelmäßigen Absatz der Auflage ist.

23) So ist im „Kölner Volksblatt" regelmäßig eine ganze Fotoseite enthalten, die einem bestimmten Thema gewidmet ist. Doch auch andere Initiativzeitungen, wie bspw. der Münsteraner „Knipperdolling" oder das „Ruhr-Volksblatt" bedienen sich dieses Stilmittels.
24) Neben eigenen Recherchen dienen zahlreichen Initiativblättern, insbesondere für überregionale und internationale Themen, der nicht mehr erscheinende „Berliner Extra Dienst" und der in Frankfurt erscheinende „Informations-Dienst zur Verbreitung unterbliebener Nachrichten" als wichtige Informationsquelle.
25) Anton Bubenik: Alternative ..., a.a.O., S. 9
26) Da sich mit den lokalen Parteizeitungen noch andere Beiträge in diesem Reader beschäftigen werden, mögen hier wenige Anmerkungen ausreichen.
27) Vgl. Otfried Jarren, a.a.O., S. 63 ff.
28) Vgl. ebenda, S. 19 ff.
29) Vgl. ebenda, S. 13; vgl. auch Michael Wolf Thomas: Politik ins Dorf tragen, in: Medium, Jg. 6, Heft 10, 1976, S. 17
30) Vgl. Werner Herminghaus: Wider die gedruckten Denkmäler, in: Die Neue Gesellschaft, Jg. 25, Heft 5, 1978, S. 400 f.
31) Lokales Fernsehen. Modell zur Sammlung von Daten für die Einrichtung lokaler Fernsehstudios. Graz 1977, S. 10
32) Vgl. Medien vor Ort (Hrsg.) Videoarbeit im Vergleich. Marl/München 1978, S. 81
33) Vgl. Regina Hennecke/Beate Mühl: Arbeitskampf in Erwitte, in: Video-Praxis, Projektberichte aus dem Institut für Publizistik Münster, Münster 1976, S. 20–25
34) Vgl. Gerd Conradt / Christian Scholz / Erika Wagner: Es gibt was anderes, und das andere können wir selbst machen, in: Medium Jg. 5, Heft 9, 1975, S. 33
35) Vgl. Garleff Zacharias-Langhans: Bürgermedium Video, Berlin 1977, S. 60 ff.
36) Ebenda, S. 60
37) Lokales Fernsehen, a.a.O., S. 7
38) Vgl. Garleff Zacharias-Langhans, a.a.O., S. 68
39) Lokales Fernsehen, a.a.O., S. 7
40) Vgl. Erlanger Videotage, in: Medium, Jg. 6, Heft 4, 1976, S. 34
41) Joachim Paech (Hrsg.): Schülerfernsehen – Schüler machen Filme, Stuttgart 1977, S. 12 (im Original kursiv)
42) Einen ersten Versuch, alternative Kommunikation in einen übergreifenden Theoriezusammenhang zu stellen versucht Hochwald in Weiterentwicklung systemtheoretischer Ansätze. Vgl. Karl-Heinz Hochwald: Lokale Kommunikation – ein Sinnproblem, Münster 1978 (Manuskript)
43) Vgl. Ulrich von Alemann: Partizipation – Überlegungen zur normativen Diskussion und zur empirischen Forschung, in: Hans Matthöfer (Hrsg.) Bürgerbeteiligung und Bürgerinitiativen, Villingen – Schwenningen 1977, S. 256
44) Bernd Armbruster: Bürgerbeteiligung in verschiedenen Beteiligungsfeldern, in: Hans Matthöfer (Hrsg.), a.a.O., S. 322
45) Willibald Hilf: Regionalität als Programmauftrag. Wiederkehr des Regionalen, in: Media Perspektiven, Heft 10, 1977, S. 550
46) Robert Jungk: Die allzu bekannten Kandidaten und die unbekannten Wähler, in: Medium, Jg. 6, Heft 10, 1976, S. 23
47) Von seinem Ursprung her bedeutet der Partizipationsbegriff (pars – Teil; capere – nehmen, empfangen) das Teilhaben an einem Ganzen, „an dem es Anteil zu nehmen gilt ... auf teilbare Grundbedürfnisse und Interessen des Menschen hin". Ulrich von Alemann, a.a.O., S. 248; vgl. auch Gisela Zimpel: Politische Beteiligung, in: Axel Görlitz (Hrsg.): Handlexikon zur Politikwissenschaft. Band 2, Reinbek bei Hamburg 1973, S. 330 f.
48) Ulrich von Alemann, a.a.O., S. 247
49) Vgl. ebenda, S. 249–256

50) Es ist dabei für diese beiden Partizipation ablehnenden Positionen kennzeichnend, daß sie den Faktor „politische Apathie" bewußt an die Stelle von Partizipation setzen.

51) Fritz Vilmar: Strategien der Demokratisierung. Band I, Darmstadt und Neuwied 1973, S. 21

52) Fritz Vilmar: Elemente einer integralen Theorie der Partizipation, in: Hans Matthöfer (Hrsg.) a.a.O., S. 301

53) Fritz Vilmar: Strategien . . . , a.a.O., S. 162

54) Ebenda, S. 162 f. (Unterstreichungen von mir, C. E., im Original kursiv)

55) Robert Jungk, a.a.O., S. 23

56) Übertragen wir die von Vilmar vorgeschlagene Partizipationshierarchie auf das Problemfeld kommunikative Partizipation, so sind sicherlich noch ausbaufähige Realisierungsansätze bezüglich der beiden ersten Stufen auch innerhalb der etablierten Massenkommunikation festzustellen: unverbindliche Partizipation (mitmachen) durch Sendungen wie „Pro und Kontra", Hallo Ü-Wagen" etc.; verbindliche Partizipation (Möglichkeit zur Selbstdarstellung, weitgehende mitverantwortliche inhaltliche Gestaltung) durch Sendungen wie „direkt". Selbstverwaltung schließlich (eigenverantwortliche, selbstorganisierte und selbstgestaltete Produktionen) ist bislang nur im Zusammenhang mit alternativer Medienarbeit anzutreffen.

57) Vgl. Hans Heinz Fabris: Kommunikative Partizipation, in: Manfred Kötterheinrich u.a. (Hrsg.): Rundfunkpolitische Kontroversen, Frankfurt/Köln 1976, S. 438
Und neuerdings auch: Hans Heinz Fabris: Journalismus und bürgernahe Medienarbeit, Salzburg 1979

58) Hans Brinckmann/Eberhard Heyse: Kommunikation und Information im Leistungsbereich des Grundrechts der Meinungsfreiheit, in: Klaus Lenk (Hrsg.): Informationsrechte und Kommunikationspolitik, Darmstadt 1976, S. 90

59) Ebenda, S. 90 f.

60) Vgl. Medien vor Ort, a.a.O., S. 78

61) Vgl. Autorengruppe . . . , a.a.O., S. 170 ff.

Otfried Jarren

Lokale Parteizeitungen:

Keine Alternative, aber eine Ergänzung

Parteizeitungen haben es in der Bundesrepublik vergleichsweise schwer gehabt: Ihre Anzahl ist im Verlauf der ersten dreißig Jahre dieser Republik beträchtlich zurückgegangen und ihre Auflagenzahlen sind ständig gesunken. Die „überpartilich-unabhängigen" Zeitungen beherrschen den Markt. (1)

Seit Beginn der 70er Jahre ist, wenngleich nur im Bereich des lokalen Medienmarkts, eine Veränderung festzustellen: „Volksblätter", kirchengebundene Gemeindezeitungen, regionale Betriebszeitschriften, unabhängige Jugend- und eben lokale Parteizeitungen tragen dazu bei, daß die – vielerorts eingeschränkten – Informationsmöglichkeiten für Bürger verbessert wurden. (2)

All diese Druckmedien werden von „Gesinnungsgruppen", von engagierten Bürgern für ihre Nachbarn, von Bürgern für Bürger, gemacht. Die Redakteure dieser Blätter betreiben bewußt eine parteiliche und engagierte Berichterstattung und wollen sich damit vom Generalanzeigerstil der etabliert-kommerziellen Lokalpresse absetzen.

Diese Entwicklung, begünstigt durch preiswerte Vervielfältigungstechniken, hat auch der Parteipresse neuen Aufschwung gegeben. Derzeit werden über 3.000 lokale Parteizeitungen in der Bundesrepublik herausgegeben.

Pressekonzentration und Informationslücken

Die Pressekonzentration führte auf den lokalen Zeitungsmärkten zu einschneidenden Veränderungen: Immer weniger Lokalzeitungen mit einer ständig steigenden Auflage versorgen immer mehr Leser. Vergrößerte Verbreitungsgebiete führen zu immer höheren Auflagen und – bedingt durch den damit verbundenen Anstieg des Anzeigenaufkommens –, zu erhöhten Zeitungsumfängen, wobei der Anzeigenteil stärker zunimmt als der redaktionelle Teil.

Dieser ‚Zwang zur hohen Auflage' beinhaltet die Gefahr einer quantitativen publizistischen Unterversorgung: Lokale und sublokale Räume (Stadtteile, Stadtbezirke, Umlandgemeinden, aber auch kleinere Landgemeinden) werden nur noch in geringen Maßen redaktionell betreut. (3) Hinzu kommt, daß die Berichterstattung im Lokalteil vor allem an den Interessen der lokalen Entscheidungsträger und lokalen Honoratioren ausgerichtet ist. Bestimmte Themenbereiche werden aufgrund dieser Abhängigkeit nur in sehr geringem Umfang (z.B. lokale Wirtschaft und Arbeitswelt) berücksichtigt und die Meinungen von Randgruppen, sozialen Minderheiten und politischen oder sozialen Initiativgruppen werden häufig sogar ganz verschwiegen. In den Lokalteilen findet Politik, was durch empirische Untersuchungen belegt ist, nur am Rande statt. Oftmals begnügt man sich mit der Wiedergabe von Ratsbeschlüssen oder Pressemitteilungen von Vereinen, Verbänden und den kommunalen Verwaltungsorganen. Schon die lokalen Parteiorganisationen haben es schwer, zumal dann, wenn sie in der Minderheitsposition sind, sich Gehör zu verschaffen.

So ist es nicht verwunderlich, daß die Bürger über die in den parlamentarischen Gremien wie auch im vorparlamentarischen Raum ablaufenden Meinungs- und Willensbildungsprozesse wenig informiert sind. Über die unterschiedlichen kommunalen Vorstellungen der Parteien wissen oftmals nur wenige, die politisch engagierten Bürger zumeist, Bescheid.

Konflikt, Betroffenheit und Information

Ende der 60er Jahre kam es aufgrund erkennbarer Fehlentscheidungen sozial- und umweltpolitischer Art und einer allgemeinen Unzufriedenheit mit der kommunalpolitischen Praxis – wie zum Beispiel wegen der Art und Weise der Durchführung der kommunalen Neugliederung – zur Bildung von lokalen Initiativgruppen (Bürgerinitiativen). Die Bürger fühlten sich mit Recht von „denen da oben" übergangen und wollten fortan rechtzeitig informiert und an den Planungsprozessen beteiligt werden. Die Bereitschaft der Bürger, sich in Initiativgruppen – und somit vorbei an den lokalen Parteiorganisationen – zu organisieren, ist seitdem stetig gestiegen. Den politischen Parteien wird vermehrt die Kompetenz und die Fähigkeit abgesprochen, anstehende kommunale Probleme zukunftsgerecht zu lösen.

Nur gut drei Prozent der potentiellen Wähler sind Mitglieder politischer Parteien und innerhalb der Parteien sind wiederum maximal zehn Prozent zu den aktiven Mitgliedern zu rechnen: Also fällt das, was man den Parteiorganisationen im Parteienstaat Bundesrepublik Deutschland an Einfluß- und Kontrollmöglichkeiten zusprechen kann, einer Gruppe von allenfalls 0,3 Prozent aller Wahlbürger zu.

Die Bereitschaft zur Partizipation ist jedoch vorhanden: Bereits 1973 ermittelte INFAS, daß drei Prozent der Bürger schon bei einer Bürgerinitiative mitgearbeitet hätten oder noch mitarbeiteten. 30 Prozent erklärten sich zu einer tatkräftigen Mitarbeit bereit. Und daran hat sich, wie jüngste Untersuchungen zeigen, nicht viel geändert. (4)

Nicht nur die Parteien, die für die Fehlentwicklungen im kommunalen Raum mitverantwortlich sind, sondern auch die Lokalzeitungen reagierten starr und unflexibel auf dieses Partizipationsverlangen der Bürger. Die engen Beziehungen zwischen Redakteuren und den kommunalen Entscheidungsträgern waren Ursache dafür, daß ein großer Teil der von namenlosen Bürgern vorgebrachten Proteste und Wünsche sich nicht auf den Seiten der sich gerne als lokale Foren verstehenden Heimat- und Lokalzeitungen wiederfanden. Die Parteien betrachteten Initiativgruppen oftmals als lästige Gegner und die Medien verwehrten ihnen den gewünschten Zugang.

Die mittelschicht-orientierten Bürgerinitiativen waren gezwungen, in der Öffentlichkeitsarbeit eigene Wege zu gehen, das heißt, sich eigene Medien zu schaffen. Denn will eine Initiative erfolgreich sein, muß sie Öffentlichkeit für sich und ihr Problem herstellen. (5)

Informationen sind, neben Konflikt und Betroffenheit als Ausgangs- und Bezugspunkt jeder politischen Beteiligung, eine Voraussetzung für Bürgeraktivitäten. Der Bürger muß erkennen können, „daß der Konflikt besteht, wie er beschaffen ist, daß und in welchem Ausmaß er von diesem betroffen ist und welche Beteiligungsmöglichkeiten (. . .) bestehen". (6) Und hier setzt das Bemühen der Initiativgruppen an: Anstehende Maßnahmen müssen sowohl in der Gruppe als auch mit allen Interessen (Gruppe der auch betroffenen, aber *noch* nicht aktiven Bürger) sowie den verantwortlichen Politikern oder Planern diskutiert werden.

Medien sind bei zunehmender Größe der Initiativgruppe und einer hohen Komplexität des Problems unerläßlich, um
- eine effektive Diskussion innerhalb der Gruppe / der Gruppen zu gewährleisten,
- Öffentlichkeit für die Gruppe (und somit auch für das Problem) herzustellen,
- auf diese Weise neue Mitglieder zu werben.

Der Medieneinsatz ist hier vorrangig ein Mittel zur Erreichung eines bestimmten Ziels. Verschiedene Medien werden, je nach Bedarf, primär unter strategischen Gesichtspunkten eingesetzt („strategische Kommunikation"). (7)

Zeitungen, also Medien mit gleichbleibendem Titel, mehr oder minder festen Rubriken und einer kontinuierlichen Erscheinungsweise werden – man betrachte die Entwicklung der „Volksblätter" – recht spät herausgegeben. Und wenn, dann häufig von mehreren Initiativgruppen: Die Zeitungen haben Forumscharakter, das heißt sie spielen im Rahmen der Binnenkommunikation eben dieser Gruppen eine wichtige Rolle. (8)

Lokale Parteizeitungen als Öffentlichkeitsarbeit?

Kennzeichnend für die parteipolitisch motivierte Medienarbeit hingegen ist, daß es den Parteiorganisationen vorrangig darum geht, über die eigene Organisation positiv zu berichten und auf die Arbeit aufmerksam zu machen. Das „Zeitung machen" ist Teil der Öffentlichkeitsarbeit und die Einbahn-Straße der Kommunikation wird nicht prinzipiell in Frage gestellt. Vorrangig geht es um die zielgruppenspezifische Ansprache von Bürgern, die man sonst überhaupt nicht oder nur mit erheblichem Aufwand erreichen würde.

Stadtteil-, Orts- und Gebietszeitungen der SPD

In den Jahren der kommunalpolitischen Konflikte wurden innerhalb der SPD viele Orts- und Stadtteilzeitungen gegründet — allerdings mit unterschiedlichen und zum Teil gegensätzlichen Zielsetzungen. (9) Zwei Gruppen lassen sich ausmachen:

Ein Teil dieser Orts- und Stadtteilzeitungen wurde von basis-demokratisch orientierten Gruppierungen innerhalb der SPD, die vor allem bei den Jungsozialisten zu finden waren, mit dem Ziel herausgegeben, für die eigenen politischen Vorstellungen zu werben und die Bürger zu konkretem politischen Handeln aufzufordern. Diese Zeitungen, oftmals gemeinsam mit Initiativgruppen konzipiert und gestaltet, prangerten Mißstände an und die Redaktionen wollten mit Hilfe ihres Mediums „Gegenöffentlichkeit" herstellen.

Die zweite Gruppe von lokalen Parteizeitungen entstand hingegen aus der Absicht, den vermehr auftretenden Initiativgruppen etwas entgegenzusetzen und aufkeimende Unzufriedenheit zu kanalisieren. In diesen Medien wurde vor allem der Versuch gemacht, für Entscheidungen zu werben oder bereits getroffene Entscheidungen zu legitimieren. Stadtteilzeitung als Mittel der Öffentlichkeitsarbeit also.

Trotz aller Unterschiedlichkeit in der Zielsetzung waren sich die Redakteure beider Zeitungstypen einig in der Ablehnung der etabliert-kommerziellen Lokalzeitung, die ‚vor Ort' — im Stadtteil — nicht präsent ist und sich zugleich nicht als politisches Diskussionsorgan, in dem Probleme gründlich und umfassend dargestellt werden können, eignet.

Die Bundesorganisation der SPD erkannte, nachdem in Schleswig-Holstein ein „Projekt Parteizeitung" 1974 erfolgreich abgeschlossen werden konnte, rasch die Möglichkeiten dieses lokalen Mediums.

Der Verlust an parteieigenen Tages- und Wochenzeitungen und die latente Unzufriedenheit mit den bundesdeutschen Tageszeitungen führten innerhalb der SPD seit 1966 immer wieder zu Überlegungen, auf welchen Wegen man fortan die Bürger schnell, direkt und unverkürzt über die politischen Absichten und Leistungen informieren könne. Diese Diskussion gewann mit der Übernahme der Regierungsverantwortung 1969 an Bedeutung, da — so wurde argumentiert — eine Reformpolitik nur mit (über Massenmedien) informierten Bürgern möglich sei. Die deutsche Presse würde im ‚Generalanzeigerstil' gemacht, so daß eine umfassende und engagierte Berichterstattung durch diese Medien nicht zu erwarten sei. Zudem behandle die mehrheitlich konservativ ausgerichtete Presse die Sozialdemokratie nicht fair; vielerorts sähe sich die SPD einer fast unüberwindlichen „Medienbarriere" ausgesetzt.

1975 wurde, durch Gründung des „Service für Betriebs-, Orts- und Stadtteilzeitungen", damit begonnen, die Herausgabe von lokalen Parteizeitungen zu fördern. Neben individueller Hilfe und Beratung für die einzelnen Redaktionen organisierte der „Service" Seminare für Redakteure, gab ein zweibändiges Hand-

SPD-Information

für
Bad Bramstedt,
Bimöhlen,
Hitzhusen,
Weddelbrook
und Mönkloh

RUND UM DEN ROLAND

In eigener Sache:

Lange Zeit haben Sie auf diesen „Rund um den Roland“ warten müssen. Der Grund ist - offen gesagt - ein sehr banaler; der Kommunalwahlkampf hat ein großes Loch in die Kasse unseres Ortsvereins gerissen und wir mußten erst einmal wieder Geld sammeln, um den Druck finanzieren zu können.

Wir meinen jedoch, daß der Einsatz im Wahlkampf sich gelohnt hat. Seit dem 5. März sitzt die SPD mit sechs gegenüber vorher fünf Stadtverordneten im Schloßsaal. Beinahe wäre es sogar gelungen, die Mehrheit der CDU zu brechen. Nach der Stimmenzahl, die die Wähler abgaben, bekamen SPD und F.D.P. zusammen sogar mehr als die CDU, aber das Auszählverfahren begünstigte die Christdemokraten, so daß sie mit einem blauen Auge davonkamen.

Doch genug von diesen gelegten Eiern. Die lange Zwischenzeit haben wir überbrückt, indem wir verstärkt über die örtliche Presse und öffentliche Veranstaltungen an Sie herangetreten sind. Damit Sie sich an den Festtagen ein wenig über die Vorstellungen der Sozialdemokraten informieren können, präsentieren wir diese Ausgabe von „Rund um den Roland“. Wir wünschen Ihnen angenehmes Lesen, ein fröhliches Weihnachtsfest und einen guten Rutsch in das neue Jahr.

Ihre Redaktion

Bürgerzeitung der SPD Nr.3 3.Jahrgang 1978

Höhere Steuern für Bramstedt

Bad Bramstedt. Über mehrere Wochen berichteten die „Bramstedter Nachrichten und der „Donnerstags-Anzeiger“ über die Aktivitäten der SPD bezüglich einer Anhebung der Steuerhebesätze in Bad Bramstedt. Doch in dem Charakter dieser Veröffentlichungen liegt es, daß nicht alles das, was die SPD bewegt hat, in dieser (zweifellos unpopulären - siehe auch Kommentar) Richtung aktiv zu werden, zu lesen war. Darum bringt „Rund um den Roland“ die Zahlen und Fakten, die für die SPD maßgebend waren.

Erster Beweggrund für die Sozialdemokraten war, daß Bramstedts Finanzspielraum immer geringer wird. Die sogenannte freie Finanzspitze, d.h. der Investitionsspielraum der Stadt, ist in den Jahren 1962 - 76 um jährlich 9,5 % gefallen. Wenn diese Entwicklung anhält (und alles spricht dafür, daß sie es tut), werden in absehbarer Zukunft kaum noch Investitionen möglich sein. Sportplätze und -hallen, Fremdenverkehrsentwicklung, Schulbaumaßnahmen und vieles mehr würden Wunschträume bleiben.

Zweitens wird Bad Bramstedt seit Jahren für seine niedrigen Steuerhebesätze vom Verteilungsschlüssel des Landes bestraft. Das Land berechnet uns Sätze von 200,225 und 300 % (Grundsteuer A, B und Gewerbesteuer) während wir nur 180,200 und 275 % erheben. Das allein bedeutet schon weit mehr als 100.000 Mark weniger in der Kasse. Hinzu kommt, daß unsere Investitionen nicht im möglichen Maße bezuschußt werden: allein beim Hauptschulneubau ist das ein Ausfall von rund 200.000 Mark.

Um jedoch nicht aus der hohlen Hand heraus zu argumentieren, analysierten die Sozialdemokraten die Haushalte der Stadt von 15 aufeinanderfolgenden Jahren. Dabei ergaben sich interessante Zahlen: Bramstedts Bevölkerung wächst jährlich um 2,4 %, die Ausgaben steigen um 8,5 % per anno, die Steuereinnahmen um 11,7 % und die Zuweisungen (nur) um 5.2 %.

Als gewichtige Zahl kommt zum einen die Entwicklung des Finanzspielraums hinzu (-9,2 % vgl. oben) und zum anderen der Aufwand für Schuldzinsen, der alljährlich um 8 % gewachsen ist. Zusammengefaßt heißt das, daß Bramstedt bei immer weniger frei verfügbaren Mitteln immer stärker verschuldet wird (Die 10-Millionen-Grenze dürfte schon bald überschritten sein).

Als weiteres Hilfsmittel zogen die Sozialdemokraten die nebenstehende Vergleichstabellen heran, die ihr Vorsitzender Gerhard Binzus zusammenstellte. Aus der Tabelle 1 geht eindeutig hervor, daß Bad Bramstedt weit hinter vergleichbaren Orten und auch dem Landes- und Bundesdurchschnitt herhängt. Die Konsequenz: Die Stadt verfügt jährlich über rund 1.300.000 DM weniger als Orte vergleichbarer Größe (nach Bereinigung um einige weitere Daten sind es immer noch 700.000 DM).

Fortsetzung auf Seite 3

Tabelle 1

Vergleich der Realsteuereinnahmen und Hebesätze 1974

DM/EW = DM je Einwohner HS = Hebesätze

Steuerart	Bad Bramstedt DM/EW	Bad Bramstedt HS	Orte gleicher Größe DM/EW	Orte gleicher Größe HS	Schleswig-Holstein DM/EW	Schleswig-Holstein HS	Bundesrepublik DM/EW	Bundesrepublik HS
Grundsteuer A	2.54	180 %	9.53	250 %	10.98	212 %	6.58	230 %
Grundsteuer B	32.60	200 %	42.82	270 %	39.96	265 %	50.10	263 %
Grundsteuer	178.06	275 %	279.16	334 %	217.08	297 %	293.33	309 %
Gemeindeanteil an der Eink.-Steuer	186.73	---	196.27	---	208.72	---	223.58	---
Gesamt-Einnahme	399.93		527.78		476.74		573.59	
Mehreinnahme 10.000 EW	--		1.278.500 DM		768.100 DM		1.736.600 DM	

Im Gespräch:

Adolf Isokeit

45 Jahre, Kaufmann
Landtagskandidat der SPD
im Wahlkreis Segeberg/West

RudR: Als Sie am 9. Mai 1978 in Großenaspe von den Delegierten zum Direktkandidaten für unseren Wahlkreis gewählt wurden, war Ihnen damals eigentlich schon voll bewußt, was bis zum Wahlsonntag, 29.4.1979, alles auf Sie zukommen würde?

Isokeit: Obwohl ich mich für diese Kandidatur zum ersten Mal beworben habe, war die Ausgangslage klar: ich mußte versuchen, mit allen 19 Ortsvereinen in diesem Wahlkreis ein Konzept zu entwickeln, daß eingeordnet in das landespolitische Schwerpunktprogramm der SPD den besonderen Erfordernissen der 32 politischen Gemeinden im Wahlkreis Rechnung trägt. Diese Abstimmung ist zwischenzeitlich erfolgt; natürlich auch mit Bad Bramstedt.

RudR: Sicherlich kam Ihnen dabei Ihre langjährige kommunalpolitische Erfahrung zugute? Sie sind Gemeindevertreter in Henstedt-Ulzburg seit 1966.

Isokeit: Durch meine ständige Mitgliedschaft

buch mit dem Titel „Zeitung machen" heraus und begann Oktober 1975 mit der Versendung eines monatlich erscheinenden Artikeldienstes mit druckfertigen Vorlagen.

Ergebnis dieser systematischen Aufbauarbeit: Im Herbst 1976, also zur Bundestagswahlzeit, erschienen über 1.200 Stadtteil- und Ortszeitungen. Diese Anzahl ist – trotz der feststellbaren Fluktuation – über die letzten Jahre konstant geblieben.

Seit 1976: CDU fördert Zeitungsgründungen

Die organisierten und konzeptionellen Vorsprünge der SPD in der Presse- und Öffentlichkeitsarbeit versucht die Christlich Demokratische Union im Bundestagswahljahr 1976 durch die Herausgabe sogenannter „Regiebücher" für ihre Untergliederungen wettzumachen. Im „Regiebuch Pressearbeit" heißt es bezogen auf lokale Parteizeitungen: „Immer mehr Verbände der CDU geben eigene Zeitungen heraus. Dies kann als zusätzliche Maßnahme oft ein vorzügliches Mittel sein, die Bürger über die Politik der CDU zu informieren. Voraussetzung ist allerdings, daß eine solche Zeitung von der Aufmachung wie vom Inhalt her so gestaltet wird, daß sie bei den Lesern auch Interesse weckt und nicht gleich im Papierkorb landet."(10) Zur Unterstützung der Kreis und Ortsverbände bei der Herausgabe eigener Zeitungen gab die CDU 1977 als „Regiebuch Nr. 10" die Broschüre „CDU-Zeitung" heraus. Die von der CDU-Bundesgeschäftsstelle darin angeführten Gründe für die Notwendigkeit der Herausgabe eigener Zeitungen unterscheiden sich von denen der SPD nicht wesentlich. Diese Zeitungen, so heißt es, seien nicht nur ein hervorragendes Mittel im Wahlkampf, sondern auch wichtig,

„– Weil es kaum ein besseres Mittel gibt, die Menschen unserer Umgebung direkt über die CDU zu informieren.
– Weil wir hier selbst bestimmen können, was veröffentlicht wird.
– Weil wir in der CDU-Zeitung die Politik und die Ziele der CDU unverfälscht und ohne Einschränkungen darstellen können."(11)

Und der CDU-Hauptabteilungsleiter Peter Radunski schrieb 1978: „Die CDU-Zeitungen sind inzwischen Legion geworden. Man kann ohne Übertreibung sagen, daß ein ‚politischer Freizeitjournalismus' entstanden ist, der beachtliche publizistische Erzeugnisse hervorbringt, bürgernah und mit interessanten lokalen Informationen". (12) Die lokale Parteizeitung würde in der politischen Überzeugungsarbeit eine wichtige Lücke schließen und der Erkenntnis gerecht, „daß die zwischenmenschliche Kommunikation neben der Massenkommunikation große Bedeutung hat"(13) – im Hinblick auf die Wahlkampfführung. Über Anzahl und Auflage der Zeitungen gibt die CDU keine Informationen. 1976, so wurde geschätzt, dürfte es zirka 300 Zeitungen gegeben haben.

In der parteieigenen Kommunikationsstudie heißt es vage: „In rd. 50% aller Kreisverbände gibt es Gemeindeverbände mit eigener Zeitung bzw. Info-Dienst . . . Etwa ein Fünftel (dieser Dienste, d. Verf.) soll alle Haushalte bzw. Bürger erreichen . . .". (14)

NACHRICHTEN für den Stadtbezirk

Weil die SPD nicht spurt, wählt Bochum diesmal Kurt.

Bernd Schulte
Bochumer Bürger

7/76 – Sept. 2. JG CDU-Stadtteilzeitung für Politik und Kultur Gesamtauflage 140 000

Helmut Kohl an die Bürger unserer Stadt

Liebe Bochumer!

Die Bilanz der SPD/FDP-Regierung ist eindeutig negativ – vor allem, wenn man bedenkt, was die Regierungen unter Brandt und Schmidt vorgefunden haben: geordnete Staatsfinanzen, Vollbeschäftigung, blühende Wirtschaft, also beste Voraussetzungen für eine gute Politik. Doch was jetzt nach 7 Jahren Mißwirtschaft – es sind die 7 mageren Jahre der Bundesrepublik Deutschland – übriggeblieben ist, spiegelt die Unfähigkeit der Regierung Schmidt wider, mit der Sozialen Marktwirtschaft richtig umzugehen.

Die finanziellen und wirtschaftlichen Fundamente der Bundesrepublik sind erheblich erschüttert. Viele große Wahlversprechen der SPD sind wie Seifenblasen zerplatzt. Und jetzt überschüttet uns die SPD/FDP-Regierung mit Propagandamaterial auf Kosten der Steuerzahler. SPD-Kanzler Schmidt versucht damit, von seiner gescheiterten Politik abzulenken: von der Million Arbeitslose, von den verbauten Chancen der Jugend, von den Milliardenschulden des Staates, von der gescheiterten Ostpolitik, vom Vormarsch der Kommunisten in Europa, vom verlorenen Vertrauen der Bürger – da stimmt wirklich nichts mehr. Auch die Bürger des Ruhrgebietes haben unter den schädlichen Folgen dieser leichtfertigen Politik zu leiden.

Es ist doch bezeichnend für die Politik der SPD/FDP-Bundesregierung, daß wir uns am Ende der Amtszeit des Helmut Schmidt mit den unsicheren Zukunftschancen der jungen Generation und mit den Sorgen unserer älteren Mitbürger auseinandersetzen müssen. Eine schlechtere Bilanz kann man sich kaum noch vorstellen.

Die CDU hat mit den Arbeitnehmern und den Gewerkschaften in den Jahren des Wiederaufbaues unseres Landes ein stabiles Netz sozialer Sicherheit geschaffen, das vorbildlich ist. Wir sind stolz auf unsere gemeinsamen Leistungen für die Arbeitnehmer und alle unsere Mitbürger.

Montanmitbestimmung (1951), Kündigungsschutzgesetz (1951) und Betriebsverfassungsgesetz (1952) gewährleisten Beteiligung und Rechte der Arbeitnehmer im Betrieb.

Mutterschutzgesetz (1952), Kindergeldgesetz (1954), Gesetz zur Sicherung im Krankheitsfall (1957) und Lohnfortzahlungsgesetz (1969) garantieren den Schutz bei Krankheit und für ein Leben ohne Angst vor sozialem Abstieg.

Das Arbeitsförderungsgesetz (1969) sichert die berufliche Weiterbildung und fördert die Schaffung neuer Arbeitsplätze. Durch die Rentenversicherungsreform (1957) nehmen auch die älteren Mitbürger an den jährlichen Steigerungen unseres wachsenden Wohlstandes teil.

Diese Leistungen der CDU/CSU für ein Leben aller Bürger in Freiheit und Glück und ohne soziale Not können sich sehen lassen. Diese soziale Sicherheit werden wir weiter ausbauen und von niemandem zerstören lassen. Die Menschen im Revier können sich auf die solide und sparsame Politik der CDU verlassen.

Nur noch wenige Tage trennen uns vom 3. Oktober, dem Tag der entscheidenden Bundestagswahl. Unter der Führung der CDU haben wir alle zusammen ein blühendes Gemeinwesen aufgebaut. Wir sind zur stärksten Wirtschaftsmacht Europas geworden. Wir haben die am besten ausgebaute soziale Sicherheit der Welt entwickelt.

Am 3. Oktober stehen wir vor der Wahl: Unser gemeinsames Werk neu zu begründen und weiterzuführen oder mehr noch als bisher das Erreichte durch sozialistische Experimente und bürokratische Gängelung zu gefährden.

Erfahrung und Festigkeit, Tatkraft und Besonnenheit der CDU/CSU sichern den Aufbruch in eine neue und solide Politik mit erreichbaren und klaren Zielen. Das erfordert von uns allen Kraft und Entschlossenheit, Augenmaß und Mut, aber auch Leistung und Anstrengung.

Die Bürger unseres Landes sind fleißig und leistungswillig, hilfsbereit und ideenreich. Sie begründen unsere Hoffnung auf eine gute Zukunft.

Es liegt auch an Ihnen, mit Ihrer Stimme die Wende zu einer besseren Politik herbeizuführen. Ich bin zuversichtlich, daß wir siegen und eine Bundesregierung der CDU/CSU mit den besseren Männern und Frauen bilden werden.

(Helmut Kohl)
Vorsitzender
der CDU Deutschlands
Kanzlerkandidat der CDU

Helmut Kohl, Garant für eine sichere, soziale und freie Zukunft.

Veranstaltungen

10. September, 20 Uhr

Großveranstaltung in der Ruhrlandhalle mit **Kurt H. Biedenkopf, Franz-Josef Strauß.** Thema: Soziale Marktwirtschaft – Soziale Sicherheit

16. September, 17 Uhr

Großveranstaltung mit **Helmut Kohl** auf dem Husemannplatz. Als Vorprogramm Orchester Kurt Edelhagen

27. September, 20 Uhr

Großveranstaltung in der Ruhrlandhalle mit **Kurt H. Biedenkopf, Rainer Barzel.**

Mein Gott, Walter!

Minister aus Wattenscheid nicht mehr glaubwürdig

Willi Krampe, MdB und CDU-Bundestagskandidat in Wattenscheid, hört die Wattenscheider immer wieder sagen: „Mein Gott Walter!" Gemeint ist Bundesarbeitsminister Walter Arendt, einst Bürger Wattenscheids. Er schreibt an die Rentner, doch er sagt ihnen nicht die Wahrheit.

Da schreibt Arendt, ehemals von seinen Genossen als „erfolgreich" gefeiert, an 11 Millionen Rentner und versichert ihnen, daß niemand um seine wohlerworbene Rente zu bangen braucht. Doch damit umgeht der Arbeitsminister, in dessen Amtszeit über eine Million Bürger arbeitslos wurden, bewußt das Problem. Dafür, daß jeder Rentner seine Rente erhält, sorgt nämlich ein Gesetz, das die CDU schuf. Danach ist der Bund verpflichtet, in unbegrenzter Höhe Zuschüsse zur Rentenversicherung zu leisten.

Die Fragen, um die es in Wirklichkeit geht, lautet vielmehr: Wie hoch werden künftig die Renten sein und wer wird sie bezahlen?

Die Versicherungsträger haben infolge Arbeitslosigkeit, Abwanderung von ausländischen Arbeitnehmern, Abbau von Überstunden schon einen Verlust von 1,3 Milliarden erlitten; Versicherungsfachleute schätzen die Mindereinnahmen für 1976 auf 7 Milliarden DM. 1977 wird das Defizit mehr als 10 Milliarden betragen. Wie schnell, das zeigen diese Zahlen, wird das Polster der Rentenversicherung abgebaut!

Der Verband deutscher Rentenversicherungsträger, gleichberechtigt besetzt von Gewerkschaftlern und Arbeitgebern, sagt bis Ende 1977 sogar ein Unterschreiten der gesetzlichen Mindestrücklage voraus. Rechtlich hätte der Arbeitsminister daraus die Konsequenzen ziehen müssen. Was aber tut er? – Er stellt in seinem Ministerium Berechnungen an, ja versucht die bislang solide Rücklagenpolitik zu manipulieren, hört nicht auf die Mahnungen der Bundesbank und nicht auf die Warnungen des DGB.

Wie schreibt der Rheinische Merkur: „Es wäre ja noch schöner, wenn das respektlose Gerede der Sachkundigen von den Milliarden-Löchern in der Rentenversicherung für bare Münze genommen würde. Schließlich könnte dies ja das Vertrauen der Senioren in die Rechtschaffenheit der Bundesregierung untergraben – und die SPD fände sich am Wahltag auf den Bänken der Opposition wieder –. Das allerdings wäre die beste Lösung, damit wieder Klarheit und Wahrheit in unsere Rentenversicherung, die den Lebensabend von Millionen Frauen und Männern zu sichern hat, hineinkommen."

Die SPD/FDP-Koalition setzt das Vertrauen in unsere Rentenversicherungen aufs Spiel. Der Bundesarbeitsminister mag die Leute, die sich um die Zukunft der Alterssicherung sorgen, beschimpfen. Die Zahlen werden dadurch nicht besser!

Einst galt Walter Arendt als der Größte im Kabinett. Jetzt beschränkt sich dieser Superlativ auf die roten Zahlen seines Ressorts. Wie sagte er noch im Frühsommer im Deutschen Bundestag: „Es besteht derzeit nicht der geringste Anlaß zu irgendwelchen Eingriffen in das Rentenrecht, und das gilt genauso für die Leistungsseite."

Nicht einmal die eigenen Genossen haben den Tenor dieser Rede aufgenommen. Nicht die von der SPD, nicht die von der FDP. Der Minister blieb allein. Er sollte gehen!

SPD-Bürgermeister: „Kein Wahlrecht mehr für Rentner"

Auf einer Wahlveranstaltung hat der Ortsbürgermeister von Spirkelbach (Pfalz), **Helmut Göttel (SPD)**, ausdrücklich als seine und der SPD-Meinung vorgetragen, daß alle Wähler, die das Rentenalter erreicht hätten, nicht mehr zur Wahl gehen dürften. Göttel erklärte, daß alte Leute oft nicht mehr die politische Übersicht hätten und daher nicht mehr wahlfähig bleiben sollten.

Zeigt unentwegt schönes Wetter an

Demoskopen sagen:

CDU siegt

Aus den neuesten Analysen und Umfragen des Sozialwissenschaftlichen Forschungsinstituts der Konrad-Adenauer-Stiftung ergibt sich, daß sich die Ausgangssituation der Parteien für die Bundestagswahl ganz entscheidend zugunsten der CDU verändert hat: sie ist 1976 unvergleichlich günstiger als 1972. Die CDU ist und bleibt die stärkste Partei, die nach allen Umfrageergebnissen immer in der Nähe der 50-Prozent-Marke lag und liegt. Daran ändert auch die Strategie der SPD nichts, mit für sie ungünstigen Umfrageergebnissen auch dem letzten SPD-Anhänger den bevorstehenden Wahlsieg zu versprechen, um die Einsatz-, Kampf- und Opferbereitschaft der Genossen zu steigern.

Eine neue Umfrage von Allensbach über die Beliebtheit der CDU-Aussage „Freiheit statt Sozialismus" ergibt im übrigen, daß mehr als 60 Prozent der Bürger diesem Slogan aufgeschlossen bis begeistert gegenüberstehen. Selbst 19 Prozent der SPD-Anhänger und 22 Prozent der FDP-Anhänger sind positiv für den CDU-Slogan eingenommen. 42 Prozent der FDP-Anhänger lehnen die CDU-Parole nicht ab.

Zitate zum Tage

„Freiheit durch Sozialismus – DKP"
Spruchband vor der Düsseldorfer DKP-Zentrale

„Freiheit durch Sozialismus – Deshalb weiter mit der SPD"
Gemeinsame Anzeige der SPD-Bundestagskandidaten Dr. Wim Nöbel und Dr. Bernhard Bußmann im Herbst/Winter-Programm der Volkshochschule Rhein-Sieg (Sitz Siegburg)

„Freiheit durch Sozialismus"
Motto der Jungsozialisten für den Wahlkampf, lt. Juso-Vorsitzende Wieczorek-Zeul vor der Presse in Bonn am 12. 8. 76

CDU: Im Stadion weitere 4500 Plätze

Die Sitzplatztribüne an der Castroper Straße ist errichtet und die Stehplatztribüne an der Ostseite des Stadions beauftragt. Das fehlende Verbindungsstück für ca. 4500 Plätze sollte umgehend nachbeauftragt werden, damit eine in sich abgerundete Teilanlage entsteht. Zu diesem Votum kamen Mitglieder des Vorstandes der CDU-Ratsfraktion und des Sportausschusses bei einer Besichtigung des Stadiongeländes. Bei der anschließenden Erörterung mit Vertretern des Sportamtes und des Hochbauamtes der Stadt wiesen die CDU-Vertreter erneut auf die Notwendigkeit eines Leichtathletikplatzes hin. Die Leichtathleten wurden nämlich durch den Stadionumbau vertrieben und warten nun nun auf eine Ersatzanlage.

CSU- und FDP-Zeitungen auf Kreisebene

Die Christlich-Soziale Union in Bayern verfügt laut einer Auskunft aus dem Jahre 1979 über „eine recht große Zahl von örtlichen Mitteilungsblättern, die zum Teil von den Orts-, Kreis- und Bezirksverbänden herausgegeben werden". (15) Diese Zeitungen erscheinen allerdings, wie Nachforschungen ergaben, nicht in den Ballungsräumen und es dürfte sich zumeist auch nicht um Stadtteil- oder Ortszeitungen handeln, sondern um Medien, die in einem größeren Verbreitungsgebiet (z.B. Landkreis) erscheinen.

Ähnlich ist die Situation bei der FDP, die 1976 über knapp 50 lokale Parteizeitungen verfügte. Hier sind es wie bei der CSU vor allem die Kreisverbände, die eine Zeitung verantwortlich herausgeben. Eine flächendeckende Verteilung ist aus Personal- und Kostengründen für die mitgliederschwache FDP nicht möglich, so daß nur bestimmte Zielgruppen regelmäßig mit Informationen beliefert werden. Einer Schätzung der FDP-Pressestelle in Bonn zufolge existierten 1978 350 Zeitungen, „die in unterschiedlichen Zeitabständen erscheinen". (16) Zur Unterstützung der Redaktionen wird von der Bundesgeschäftsstelle seit Oktober 1977 monatlich der „Liberale Textedienst" versandt, der vor allem Beiträge zur Bundespolitik enthält.

Die Kleinzeitungen der DKP

Anders stellt sich die Situation für die Deutsche Kommunistische Partei dar, die seit Bestehen in den überregionalen Medien so gut wie nicht vorkommt. Die DKP verfügte in der Bundesrepublik als erste Partei über eine größere Anzahl von „Kleinzeitungen", wie man in der Partei die Lokal-, Hochschul- und Betriebszeitungen mit einem Sammelbegriff gerne nennt. „Seit der Gründung im Jahre 1969 hat die DKP systematisch-unsystematisch Zeitungen geschaffen und ihre Gründung tatkräftig unterstützt. Nach einem anfänglichen Boom von über 1.500 Studenten-, Betriebs- und Stadtteilzeitungen hat sich die Zahl der Publikationen, nach Angaben der DKP-Pressestelle, bei etwa 1.100 eingependelt." (17) Nach jüngsten Schätzungen dürfte die DKP noch über 600 bis 800 Kleinzeitungen verfügen.

Da diese Zeitungen für die Kommunistische Partei die einzige Möglichkeit darstellen, eine breitere Öffentlichkeit mit ihren Zielen und politischen Vorstellungen bekanntzumachen, werden die Redaktionen durch einen seit 1971 monatlich erscheinenden Artikeldienst unterstützt. Neben Seminaren zur Aus- und Fortbildung erhalten die Redaktionen ein „Handbuch für die Betriebszeitungen, Wohngebiets- und Hochschulzeitungen der DKP – Text, Umbruch, Karikatur, Druck", das Ratschläge und Tips für die redaktionelle Praxis enthält.

Lehel-Kurier

NACHRICHTEN - INFORMATIONEN - MEINUNGEN

Dezember 1978

BÜRGERVERSAMMLUNG IM LEHEL

Das Lehel muß für seine Einwohner erhalten bleiben. Diese Forderung durchzog wie ein roter Faden den Rechenschaftsbericht des Bezirksausschußvorsitzenden Bodo Trecker (CSU) auf der diesjährigen Bürgerversammlung des 13. Stadtbezirks.

Sinkende Einwohnerzahl

Das Lehel blutet weiter aus. In der Zeit von Mai 1977 bis Mai 1978 sank die Zahl der Lehelbewohner um ca. 600 auf 14950. Damit ist erstmals die Grenze von 15000 unterschritten worden. Wen wundert diese Erscheinung noch bei der Betrachtung der bereits ausgeführten oder geplanten Neubauten größerem Umfanges in unserer Umgebung, wie zum Beispiel: Europäisches Patentamt, Kulturzentrum am Gasteig, Bayer. Versicherungskammer, überwiegend gewerbliche Nutzung am Altstadtring, Bayer. Rotes Kreuz, Völkerkundemuseum und Erweiterung der Kerschensteiner-Schule an der Liebherrstraße. Eine derartige Ansammlung und Konzentration führt letztlich zu einer immer weiteren Ausdehnung und damit zu einer Gefährdung der Umgebung und im Besonderen der Wohnbevölkerung.

Bebauungspläne am Altstadtring

Große Sorge bereitet bei den bisher bekanntgewordenen Bebauungsplänen für die Gestaltung des Altstadtringes die Berücksichtigung der Wohnnutzung. Alle Bauwerber – Fa. Pfefferle am Forum, die Stadtsparkasse nördlich des Isartors an der Westseite des Ringes und die Hypo-Bank östlich des ARNO am Isartorplatz – wollen fast nur gewerbliche Nutzung erreichen. Ganz eindeutig wird hier der Grundsatzbeschluß des Stadtrates vom 23.11.1973 unterlaufen, der für die Bereiche am ARNO überwiegend Wohnnutzung vorsieht.

Erhaltung des Geländes „Am Gries"

Der nach der Begrünung und verkehrmäßigen Beruhigung entstandene erfreuliche Zustand des Geländes „Am Gries" ist in Gefahr wieder vernichtet zu werden. Infolge des hier lastenden hohen Baurechts wird derzeit über eine Nutzung im Baureferat ein Bebauungsplan erstellt. Erste Vorstellungen sahen entsprechend negativ aus. Wuchtige bis zu 5 Stockwerke hohe Bauten sollen das Baurecht ausschöpfen. Der Ausschußvorsitzende fordert demgegenüber eine maßvolle Bebauung entlang der Oettingenstraße, die den jetzigen Zustand erhält und eine abschirmende Wirkung gegenüber der Oettingenstr. ergibt. Das Lehel hat in den letzten Jahren so viele Opfer bringen müssen, daß hier eine Wiedergutmachung seitens der Stadt, – wenn auch nur in geringem Rahmen –, erwartet werde.

EINZUG IM LEHEL

Seit 30.10.1978 ist F.J. STRAUSS Ministerpräsident und Hausherr in der Prinzregentenstr. 7. Die zuständige Landtagsabgeordnete Elisabeth BIEBL (CSU) besuchte den Ministerpräsidenten und trug ihm Probleme des Lehels vor. Der Ministerpräsident, der selbst vor vielen Jahren im Lehel, in der Reitmorstraße, wohnte, weiß um die Bedeutung der gewachsenen Wohngebiete. In seiner Regierungserklärung heißt es: „Wichtigste Aufgabe des Städtebaues ist die Erhaltung des Wohnwertes unserer historisch gewachsenen Stadtkerne."
Der Ministerpräsident sagte deshalb jede Unterstützung zu, wenn es darum geht, das Lehel als gewachsenes Wohnviertel zu erhalten.

Die Parteizeitung als Bürgerforum

Lokale Parteizeitungen als sublokale Medien können schon aufgrund der Größe ihres Verbreitungsgebietes, ihrer unregelmäßigen Erscheinungsweise und der thematischen Begrenztheit die Lokalzeitungen nicht ersetzen.

Die Redakteure streben das auch gar nicht an; ihnen geht es um zweierlei: Informationen, die in den etablierten Lokalzeitungen nicht oder nur verkürzt wiedergegeben werden, zu verbreiten und sie wollen mit den Bürgern ins Gespräch kommen, indem sie ihnen die Möglichkeit eröffnen, sich mit ihren Problemen an die Stadtteil- oder Ortszeitungen zu wenden. Die betroffenen Bürger sollen über sich und ihre Probleme selbst berichten.

Dabei spielt der Informationsaustausch qua Medium oftmals eine untergeordnete Rolle. Die Zeitung liefert das Stichwort für weitere Gespräche bei Hausbesuchen, Informationsständen und Parteiversammlungen. Das Medium soll das Gespräch „vor Ort" ermöglichen, soll Informationen für Diskussionen anbieten.

Aber trotz der lokalen Orientierung und trotz aller Bemühungen, das Medium Zeitung zu einem Knotenpunkt für mehr Kommunikation nach innen und nach außen zu machen, ist es falsch, die Masse der Zeitungen als Bürgerforen zu bezeichnen. Untersuchungen zeigen, (18) daß die Bereitschaft, Bürger in den Zeitungen schreiben zu lassen, bei den Redakteuren wohl vorhanden ist, aber nicht in die Realität umgesetzt wird. Berührungsängste auf beiden Seiten haben eine derartige Entwicklung bislang verhindert.

Das Selbstverständnis der Parteizeitungsredakteure bewegt sich zwischen zwei Polen: Auf der einen Seite wird die Zeitung als reines Instrument der (Wahl-) Werbung verstanden, und auf der anderen Seite steht das Bemühen einer – wenn auch erheblich kleineren – Gruppe von Redakteuren, ein Forum für alle zu schaffen, das prinzipiell allen Bürgern zur Verfügung steht und Träger unterschiedlicher Meinungen sein soll.

Parteizeitungen stehen in einem Spannungsfeld, in dem sie auf der einen Seite die (berechtigten) Interessen der Organisation nach außen zu vertreten haben und zum anderen, um von den Bürgern als lokales Medium anerkannt zu werden, die Bedürfnisse eben dieser Bürger angemessen zu berücksichtigen haben.

Deshalb werden sich diese Medien nur dann zu ernstzunehmenden Faktoren im lokalen Kommunikationssystem entwickeln können, wenn es ihnen auf Dauer gelingt

- die Informationsdefizite der etablierten Medien (Lokalzeitungen) auszugleichen,
- das Informationsangebot der Lokalpresse durch zielgruppenorientierte, lokale und sublokale Informationen zu ergänzen,
- die Bürger mittels des Mediums über den parteiinternen Meinungs- und Willensbildungsprozeß zu informieren und sie in die laufenden Diskussionen über kommunalpolitische Absichten, Planungen und Entscheidungen einzubeziehen,

– einen ständigen wechselseitigen Austausch von politischen Informationen zwischen den kommunalen Entscheidungsträgern und den betroffenen Bürgern herzustellen und
– neue Formen der politischen wie auch der unpolitischen Auseinandersetzung und Zusammenarbeit zu entwickeln und zu erproben.

Allein eine Verbesserung der Kommunikationsmöglichkeiten reicht jedoch nicht: Kommunikation ohne die Möglichkeit zur Partizipation muß zwangsläufig unverbindlich und folgenlos bleiben. (19) „Kommunikation als Austausch von Meinungen, Tatsachen, Gefühlen, und Partizipation als tätige Teilhabe am gesellschaftlich-politischen Leben bedingen einander. Nur wer informiert ist, wer mit anderen Menschen im Meinungsaustausch steht, mit ihnen gemeinsame Aktionen plant, kann teilhaben, mitwirken und mitentscheiden. Kommunikation ohne Partizipation ist folgenloses, leeres Geschnatter, das auf Dauer frustriert und bald einschläft. Apathie stellt sich sein, wenn nichts geschieht, nichts bewegt wird, wenn Erfolge ausbleiben." (20)

Die lokalen Parteizeitungen müssen, obwohl organisatorisch fest eingebunden, in der Lage sein, sich als Mittler im lokalen Kommunikationssystem zu bestätigen. Nur dann, wenn diese Medien in der Lage sind, eine eigenständige Rolle in politischen und sozialen Prozessen wahrzunehmen, werden sie sich langfristig zu Bürgerforen entwickeln können. Solange aber lokale Parteizeitungen ausschließlich als eine Möglichkeit zur Verbesserung von Informations- und Öffentlichkeitsarbeit angesehen werden und solange es einem großen Teil der Parteizeitungsredakteure nur darum geht, eine positive Selbstdarstellung mit dem Ziel zu betreiben, die nächsten Wahlen zu gewinnen oder Partialzielen zum Durchbruch zu verhelfen, können sie den an sie gestellten – und hier postulierten – Anforderungen nicht gerecht werden.

Anmerkungen

1) Zur Entwicklung der Parteipresse: Heinz-Dietrich Fischer: Parteien und Presse in Deutschland, Bremen 1971
2) Vgl. dazu: Anton Bubenik: So wie es ist wird es nicht bleiben. Beispiele einer Medienarbeit von unten, Reithofen 1978; Werner Herminghaus: Wider die gedruckten Denkmäler, in: Die Neue Gesellschaft, Jg. 25, Heft 5, 1978, S. 400–402; Michael Meissner: Von den Schwierigkeiten, alternativ zu bleiben. Stadtteil- und Initiativzeitungen: leicht zu vereinnahmen, leicht zu isolieren, in: Medium, Jg. 6, Heft 10, S. 20–22; Robert Ruoff: Etablierte Schwierigkeiten mit einer demokratischen Alternative – Notizen für eine Diagnose, in: Medien, Heft 3, 1978, S. 9–32; Michael Wolf Thomas: Politik ins Dorf tragen. Lokal- und Stadtteilzeitungen der Parteien: keine Alternative, aber Ergänzung, in: Medium, Jg. 6, Heft 10, 1976, S. 17–19.
3) Zusammenfassend dazu: Manfred Knoche: Einführung in die Pressekonzentrationsforschung. Theoretische und empirische Grundlagen – Kommunikationspolitische Voraussetzungen, Berlin 1978
4) Ausführliche Darstellung der Probleme und Wiedergabe empirischer Forschungsergebnisse in Thomas Ellwein/Ekkehard Lippert/Ralf Zoll· Politische Beteiligung in der Bundesrepublik Deutschland, Göttingen 1975, insbesondere S. 128 ff.

5) Anton Bubenik: Bürgerinitiativen und Medienpraxis, in: Medium, Jg. 6, Heft 12, 1976, S. 34–37
6) Michael Buse / Wilfried Nelles / Reinhard Oppermann: Determinanten politischer Partizipation, Meisenheim 1978, S. 44
7) Vgl. Jürgen Heckmann / Hans-Albrecht Lusznat: Medieneinsatz in einer Bürgerinitiative, in: Medium, Jg. 6, Heft 12, 1976, S. 38–41
8) Näheres hierzu z.B. bei Heiko Flottau: Gesellschaft mit beschränkter Haftung – drei Beispiele der Alternativpresse, in: Medium, Jg. 6, Heft 10, 1976, S. 14–16; vgl. dazu auch den Beitrag von Claus Eurich in diesem Band, S. 13–37
9) Zur Entstehung, Entwicklung und Funktion lokaler sozialdemokratischer Parteizeitungen siehe: Otfried Jarren: Alternative, Ergänzung oder nur politische Werbung?, in: Die Feder, Jg. 27, Heft 10, 1978, S. 12–13 und ders.: Kommunikation organisieren: Zum Konzept Bürgerzeitung, in: Die Neue Gesellschaft, Jg. 25, Heft 11, 1978, S. 939–942
10) Bundesgeschäftssstelle der Christlich Demokratischen Union Deutschlands (Hrsg.): Regiebuch 6: Pressearbeit, o.O. (Bonn) o.J. (1976), S. 17
11) Bundesgeschäftsstelle der Christlich Demokratischen Union Deutschlands (Hrsg.) Regiebuch 10: CDU-Zeitung, o.O. (Bonn) o.J. (1977), S. 2
12) Peter Radunski: Neue Formen der Parteien-Werbung. in: Text Intern. Nr. 37, 1978, S. 3
13) Ebenda
14) Bundesgeschäftsstelle der CDU: Das Kommunikationsverhalten der CDU-Mitglieder, Bonn 1978, S. 5 (Manuskript)
15) Laut schriftlicher Mitteilung der CSU vom 16.1.1979 an den Verfasser.
16) So FDP-Pressesprecher Josef M. Gerwald in Briefen an den Verfasser vom 13.12.1978 und vom 19.12.1978
17) Michael Wolf Thomas, a.a.O., S. 17. Weitere Informationen über die DKP-Zeitungen; Parteivorstand der DKP (Hrsg.) Handbuch für die Betriebszeitungen der DKP. Text, Umbruch, Karikatur, Druck, Neuss 1977
18) Vgl. dazu auch den Beitrag von Albrecht Bregenzer in diesem Band, S. 70–79
19) Vgl. dazu insbesondere die Untersuchung von Reimer Gronemeyer: Integration durch Partizipation? Arbeitsplatz/Wohnbereich: Fallstudien, Frankfurt 1973
20) Dazu jüngst Rainer Kabel: Politischer Selbstmord im Fernsehsessel. Kommunikation und Partizipation – Voraussetzungen einer demokratischen Medienpolitik, in: Materialien zur politischen Bildung, Heft 4, 1978, S. 82–87 (Zitat S. 85)

II. Orts- und Stadtteilzeitungen: Empirische Forschungsergebnisse

Zeitungen von Bürgerinitiativen, Mitteilungsblätter von Vereinen oder lokale Parteizeitungen stellen, was Verbreitungsgebiete, Erscheinungsrhythmus, Leserkreis und redaktionelles Angebot anbetrifft, keine Konkurrenz für die kommerziellen Lokalzeitungen dar. Aber sie ergänzen nicht nur, sondern sind vielerorts eine wichtige publizistische Alternative, die über den engen Rahmen der Information von Zielgruppen hinausgeht.

Bislang fehlt es noch an systematisch-empirischen Untersuchungen über diese sublokalen oder lokalen Medien. In den nachfolgenden Beiträgen wird zum einen etwas von dieser Forschungslücke deutlich, denn es bleiben mehr Fragen offen als – durch Forschungsergebnisse fundiert – beantwortet werden können. Und zum anderen muß ein Teil dieser Medien, angefangen bei den Vereins- und Kirchenzeitungen bis hin zu den sogenannten „Volksblättern" von Initiativgruppen, ausgeklammert werden, da empirische Untersuchungen bislang nicht vorliegen.

Die Beiträge sollen einen ersten Überblick über die Zusammensetzung der Redaktionen von „Laien-Journalisten" vermitteln, einen Einblick in deren Arbeitsweise geben und mit den verfolgten publizistischen Strategien exemplarisch bekanntmachen. Wenn dadurch zu weiteren empirischen Untersuchungen angeregt werden kann, so wäre viel erreicht.

Günter Reisbeck

Stadtteilzeitungen in München

Eine Inhalts- und Strukturanalyse zur Funktionsbestimmung von Stadtteilzeitungen

Welche Funktionen erfüllen Stadtteilzeitungen und andere vergleichbare Organe (Betriebszeitungen, Ortszeitungen, etc.) für den Leser? Diese Frage scheint es wert untersucht zu werden, nachdem Zahl und Auflage dieser Medien seit Anfang der 70er Jahre in der Bundesrepublik recht beachtlich zugenommen haben. In der vorliegenden Studie wird versucht, anhand des Inhalts von Stadtteilzeitungen einer westdeutschen Großstadt die Funktionen dieses Mediums näher zu bestimmen.

Mögliche Funktionen von Stadtteilzeitungen

Bei der Funktionsbestimmung von Stadtteilzeitungen werden drei Aspekte unterschieden: der politische, der medientheoretische und der sozialpsychologische Aspekt.

a) Politischer Aspekt

1. Funktionen im Rahmen formaler Demokratiemodelle

Unterscheidet man Stadtteilzeitungen von politischen Parteien und Zeitungen von Bürgerinitiativen und freien Gruppen, so gilt für die Parteizeitungen, daß sie ein Verbindungsglied zwischen den parteipolitisch aktiven Gesellschaftsmitgliedern (vom Politiker bis zum einfachen Parteimitglied) und den übrigen Staatsbürgern darstellen. Wie andere Kommunikationsmöglichkeiten der Parteien (Plakat, Versammlung, TV-Werbung, etc.) bilden Stadtteilzeitungen einen direkten Kanal des mehr oder weniger wechselseitigen Informationsaustausches: Sie vermitteln politische Vorstellungen der Parteien an die Leser/Wähler; sie stellen die politischen Leistungen der Parteien und ihrer Mandatsträger dar; sie dienen als Medium der Formulierung von Bürgerwünschen (sei es durch Nichtparteimitglieder oder durch „einfache" Parteimitglieder der Basis) gegenüber Funktions- und Mandatsträger; sie informieren über kommunale Entscheidungsprozesse und Entscheidungen usw. Zeitungen von Bürgerinitiativen erfüllen Funktionen wie: Information der Leser in einem Stadtteil über lokale Probleme, Problemlösungen und Hintergründe bei laufenden kommunalen Entwicklungen und Planungen, Artikulation der Betroffenen dieser Planungen, Parteinahme für die jeweiligen Interessen der die Zeitung herausgebenden Gruppe.

2. Funktionen im Rahmen politischer Strategien

Das Scheitern nahezu der gesamten Tagespresse der politischen Parteien nach dem 2. Weltkrieg in der Bundesrepublik, die zunehmende Pressekonzentration mit steigendem Einfluß konservativ ausgerichteter Verlagshäuser, die fortschreitende Lähmung der politischen Berichterstattung und Kommentierung des Rundfunks durch vielfältigen Druck auf die Anstalten – das führte zu einer „Medienbarriere" für die politischen Strömungen, die mehr oder weniger auf Reformen des bestehenden Gesellschaftssystems drängen. So verhindert diese „Medienbarriere", aus der Sicht z.B. der SPD, die objektive Darstellung der Ziele und der Arbeit der Partei. Für die DKP und außerparlamentarische Gruppen und Bürgerinitiativen stellt sie sich oft in Form eines völligen Totschweigens der Aktivitäten in den etablierten Medien dar. Jede politische Arbeit fortschrittlicher und nichtetablierter Gruppen ist daher u.a. auf eigene Medien angewiesen.

Die Stadtteilzeitungen als ein Medium der , Gegenöffentlichkeit" gründen ihre Popularität innerhalb der politischen Strategien wohl zum einen auf die leichte technische Herstellung, zum anderen aber auch auf die Tatsache, daß sowohl innerhalb der politischen Parteien wie in der Bewegung der Bürgerinitiativen das Engagement im lokalen Bereich zunehmend an Bedeutung gewinnt. Hinzu kommt, daß in den Konzepten einer bürgernahen „Vertrauensarbeit", wie sie von den Parteien in der Folge politischer Legitimationskrisen formuliert wurden, besondere Rollen spielen.

b) Medientheoretischer Aspekt

Neben den genannten politischen Konsequenzen der Pressekonzentration ergeben sich aus dieser auch Folgen für die Universalität der Berichterstattung. Die anwachsende Größe des Verbreitungsgebietes der im Konkurrenzkampf überlebenden Lokal- und Regionalzeitungen führt oft zu einer Verschlechterung der Berichterstattung aus den Landkreisen, kleinen Gemeinden und besonders aus den Stadtteilen der Städte. Diese Lücke versuchen Stadtteilzeitungen zu füllen.

In den Stadtteilblättern fällt die Funktionstrennung zwischen Kommunikator und Rezipient, wie sie die etablierten Medien auszeichnet, weniger stark aus. Die Reziprozität der Kommunikation ist hier eher möglich. Sowohl bei der Erarbeitung der Zeitungsbeiträge (Stadtteilrecherche, Interviews) wie beim Vertrieb der Zeitungen (Hausverteilung, Informationsstand) kommt der Kommunikator mit einer Vielzahl von Rezipienten in direkten Kontakt. Die Autorenschaft erstreckt sich vom lokalen Parteifunktionär bis zum Bürger, dessen Meinung abgedruckt wird. Selbst im Falle von Zeitungen, in denen nur die erstgenannte Gruppe zu Wort kommt, kann von einer Ausweitung der Möglichkeiten zur Teilnahme am medialen Kommunikationsprozeß über traditionelle Mittel hinaus gesprochen werden, da eine unredigierte und unzensierte Inanspruchnahme der Medien heute sowohl durch Politiker wie durch den Bürger nur in geringem Maße möglich ist, zum Beispiel durch wöchentliche Kolumnen oder Leserbriefe.

c) Sozialpsycholischer Aspekt

Die Stadtteilzeitung kann dem Leser sowohl durch ihr kleines Verbreitungsgebiet als auch durch ihr Eintreten für lokale Belange das Gefühl vermitteln, sehr speziell auf die Bedürfnisse der Bewohner eines bestimmten Stadtteils zugeschnitten zu sein. Sie stellt ein Medium dar, das durch Verteilung an die Haushalte *alle* Bewohner eines Gebietes potentiell erreichen kann – eine Situation, in der sich keine Tageszeitung befindet. Diese Tatsache kann die Funktion, Repräsentant bzw. Stimme eines Stadtteils zu sein, verstärken.

Durch das Aufgreifen von Interessen, die normalerweise kein Medium der Artikulation besitzen (etwa die Interessen der Mieter in Sanierungsgebieten, der Neuzugezogenen in einem Neubaugebiet, die von Umweltbelastungen geplagten Anwohner einer Straße oder eines Industriebetriebs), fördert die Stadtteilzeitung die Identifikation des Lesers mit der Zeitung wie mit der – wenn auch meist abstrakten – Interessengemeinschaft der Betroffenen. Die Stadtteilzeitung knüpft an Stadtteilbewußtsein, an Heimatgefühl an und ebenso fördert sie dieses durch ihr Erscheinen.

Stadtteilzeitungen wirken im Alltag der Bewohner der Großstadt als ein Faktor der Orientierung in der räumlichen und sozialen Umwelt. Durch die Berichterstattung und Kommentierung lokaler Ereignisse, durch die Information über Ursachen und Hintergründe von Veränderungen im Stadtviertel ergänzen Stadtteilzeitungen für die Bewohner die eigene Wahrnehmung und tragen unter Umständen zu größerem Problembewußtsein und größerer Aktionsbereitschaft bei. (1)

Die lokale Mediensituation in München

Die Stadt München wird zur Zeit von 5 Tageszeitungen, einem Stadtprogramm des Bayerischen Rundfunks und mehreren sonstigen periodischen Druckerzeugnissen mit Lokalnachrichten versorgt. Der Bayerische Rundfunk strahlt seit 1979 täglich eine einstündige Sendung für den Raum München aus.

Die fünf Tageszeitungen in München lassen sich so charakterisieren: Bedeutendste Münchner Zeitung ist die „Süddeutsche Zeitung" (Auflage München: 160.000; Gesamtauflage: 320.000), ein überregionales Abonnementblatt mit lokalem und regionalem Schwergewicht. Eine einheitliche politische Tendenz ist im Nachrichtenteil nur schwer auszumachen; der Lokalteil ist eher in der „rechten Mitte" einzuordnen.

Im Münchner Zeitungsverlag, einem von der Axel Springer AG mitgetragenen Verlagshaus, erscheint die zweite Münchner Abonnementszeitung, der „Münchner Merkur" (Auflage in München 50.000, Gesamtauflage: 170.000), dessen Schwergewicht auf den Nebenausgaben im oberbayerischen Raum liegt. Die im Nachrichtenteil als CSU-nah zu bezeichnende Zeitung versucht durch mehr Offenheit und Aktualität im Lokalteil seit einiger Zeit größeren Einfluß in München zu gewinnen. Ebenfalls im Münchner Zeitungsverlag kommt die Boulevard-Zeitung „tz" (Auflage München: 110.000, Gesamtauflage: 160.000) heraus. Sie versucht, ein

„bayerisch-liberales" Profil zu bekommen bzw. zu erhalten.

Die größte Boulevard-Zeitung Münchens und die in der Stadt München weitverbreitetste Tageszeitung ist die „Abendzeitung" (Auflage München: 170.000, Gesamtauflage: 270.000) mit sozialliberaler Ausrichtung. Verbreitungsgebiet der Zeitung ist mit einem zweiten Schwerpunkt in Franken ganz Bayern.

Die München-Ausgabe der BILD-Zeitung aus dem Springer-Verlag (Auflage München: 90.000) hat einen geringeren Marktanteil.

Als weitere lokale Printmedien, die den gesamtmünchner Raum umfassen, erscheint 14-tägig das „Blatt", eine Zeitung des Typs „alternative Stadtzeitung" mit ca. 13.000 Exemplaren Auflage, sowie zwei Monatsblätter („München Mosaik", „Münchner Freiheit") mit lokalen Nachrichten vor allem aus den Bereichen Kultur, Mode und Freizeit.

Zu den Presseorganen, deren Verbreitungsgebiet nicht die ganze Stadt umfaßt, gehört der „Münchner Stadtanzeiger", eine Beilage der Süddeutschen Zeitung im Stadtgebiet und im Landkreis München, die zweimal wöchentlich mit vier Teilausgaben erscheint. Diese Beilage besitzt eine von der „Süddeutschen Zeitung" unabhängige Redaktion.

Für den westlichen Stadtteil Pasing und die angrenzenden Münchner Nachbargemeinden besteht ein kommerzielles Stadtteilblatt, der „Würmtal-Bote" (Auflage: 2.000) mit drei Ausgaben pro Woche.

Eine Vielzahl von Anzeigenblättern für jeweils meist mehrere Stadtbezirke sei hier noch erwähnt. Seit einiger Zeit versucht auch der Süddeutsche Verlag („Süddeutsche Zeitung", „Münchner Stadtanzeiger") durch ein „Münchner Wochenblatt", das mit Stadtteilausgaben im ganzen Stadtgebiet erscheint, ins Anzeigengeschäft einzusteigen. Von den drei lokalen Parteizeitungen (SPD: „Münchner Post"; CSU: „Der Münchner"; DKP: „Unser München"), die durch Straßenverteilung kostenlos an die Leser gebracht werden, erscheinen nur die Zeitungen der SPD und DKP regelmäßig auch außerhalb von Wahlkampfzeiten.

Zusammenfassend lassen sich zwei Aussagen zur Münchner Pressesituation machen: 1. Die Verbreitungsgebiete der Zeitungen – selbst die der Stadtteilausgaben des „Münchner Stadtanzeigers" – sind sehr groß. 2. Die Stadtteilberichterstattung ist entsprechend ungenügend.

Die Entwicklung der Stadtteilzeitungen in München seit 1970

Die Stadtteilpresse der Parteien ist seit 1970 in stetigem Anwachsen, wobei allerdings lediglich SPD und DKP über Jahre hinweg existierende Blätter besitzen. Während die SPD 1970 nur zwei Titel ausweisen konnte, erschienen 1973 schon 9 Zeitungen. 1978 schließlich lassen sich 24 SPD-Stadtteilzeitungen in München mit ca. 100 Ausgaben und einer Jahresauflage von ca. 530.000 Exemplaren nachweisen. Die DKP besaß 1978 etwa 15 Zeitungen mit ca. 75 Ausgaben und ca. 150.000 Stück Jahresauflage (2). Von der CSU sind 1978 lediglich zwei Zeitungen mit insgesamt drei Ausgaben bekannt. Die Parteizeitungen werden in fast allen Fällen von den unteren Parteigliederungen im Stadtviertel herausgegeben. Die meisten Zeitungen blieben nach ihrer Gründung in den Jahren nach 1970 bestehen und erscheinen 3–7 mal jährlich. Nur wenige Titel von Parteizeitungen verschwinden wieder.

1978 konnten vier regelmäßig erscheinende Stadtteilzeitungen von parteiungebundenen Gruppen in München ermittelt werden (3).

Traditionsreiche, teilweise über Jahre hinweg existierende Initiativ-Zeitungen, stellten vor oder Anfang 1978 ihr Erscheinen ein. Hier zeigt sich, daß Zeitungen von parteiungebundenen Herausgebern oft nur kürzere Zeit existieren, soweit sie nicht an andere Institutionen angebunden sind. Stadtteilzeitungen der Bürgerinitiativen und freien Gruppen erscheinen in München in geringerer Auflage und sind meist Kaufzeitungen, während die Parteizeitungen ausschließlich kostenlos in großer Auflage in den Stadtvierteln verteilt werden. (BI – Zeitungen).

Methodik der Untersuchung

Um die oben genannten Funktionen von Stadtteilzeitungen empirisch zu überprüfen, wurde eine systematische Inhaltsanalyse vorgenommen (4).

Untersucht wurden Münchner Zeitungen von SPD, DKP und Bürgerinitiativen und freien Gruppen im Jahre 1978 (5) mit Hilfe eines Kategoriensystems, in dem folgende Dimensionen erfaßt wurden (6):
- Der Lokalbezug der Zeitungsartikel (D I)
- Der thematische Schwerpunkt der Zeitungsbeiträge (D II)
- Die politischen Strategien, die in den Artikeln beschrieben, empfohlen, exemplarisch dargestellt werden (D III)
- Die in den Meldungen angesprochenen Institutionen und Personengruppen (D IV)
- Die Darstellungsform der Beiträge (D V)
- Die Verfasser der Artikel (D VI).

Untersuchungsergebnisse

1. Zeitungsumfang und Anzahl der Meldungen

Der Umfang der Münchner Stadtteilzeitungen ist äußerst unterschiedlich. Die durchschnittliche Seitenzahl der SPD-Zeitungen beträgt 4,8, der DKP-Zeitungen 7,2 und der Zeitungen von Bürgerinitiativen (7) 12,3 DIN-A-4-Seiten. Die weniger umfangreichen SPD-Zeitungen enthalten jedoch weit mehr Meldungen pro

A 4 Seite (2,9) als DKP-Zeitungen (1,3) und BI-Zeitungen (1,5). Dies liegt u.a. daran, daß fast alle SPD-Zeitungen mit raumsparendem Composersatz arbeiten, während die anderen Zeitungen mehrheitlich Schreibmaschinensatz verwenden.

2. Der Lokalbezug von Stadtteilzeitungen

In der Dimension „Lokalbezug" ergibt sich ein Verhältnis der Kategorien, wie es in Tabelle 1 dargestellt ist:

Tab. 1 Dimension „Lokalbezug"

Zeitungsgruppe / Kateg.	SPD abs.	SPD v.H.	DKP abs.	DKP v.H.	BI abs.	BI v.H.	Gesamt abs.	Gesamt v.H.
DI 1 Stadtteil	431	69,2	120	57,7	408	72,6	959	68,8
DI 2 München	111	17,8	34	16,4	77	13,7	222	15,9
DI 3 BY/BRD	45	7,2	33	15,8	22	3,9	100	7,2
DI 4 Allg.	36	5,8	21	10,1	55	9,8	112	8,1
	623	100	208	100	562	100	1393	100

Es läßt sich bei ca. 2/3 der Meldungen in den untersuchten Stadtteilzeitungen ein Stadtteilbezug nachweisen. Dabei besteht zwischen den Zeitungen der drei Herausgebergruppen ein signifikanter Unterschied.(8) Überdurchschnittlich geringer ist der Lokalbezug bei den DKP-Zeitungen.

Das Ergebnis zeigt, daß die Stadtteilberichterstattung wichtiges Element der Zeitungen ist. Stadtteilzeitungen stellen also ein wesentliches Medium sublokaler Kommunikation dar, ja sie sind meist das einzige im Stadtteil vorhandene allgemein zugängliche Printmedium. Da der Prozentsatz der stadtteilbezogenen Meldungen sowohl bei den SPD- wie bei den DKP-Zeitungen den Prozentsatz der Nennung der jeweiligen Partei übersteigt (vergleiche hierzu das Ergebnis der Dimension „Angesprochene Institutionen und Personengruppen"), kann ausgeschlossen werden, daß in den Stadtteilmeldungen der Parteizeitungen nur über lokale Parteipolitik im Stadtteil berichtet wird. Bei den Meldungen, die die genannten Ebenen jenseits des Stadtteils betreffen, handelt es sich meist um Versuche der parteilichen Kommentierung von Ereignissen, die in den etablierten Medien in dieser Art nicht oder kaum möglich sind. Der Einsatz von Stadtteilzeitungen in diesem Sinne gilt wohl vor allem für DKP-Zeitungen. Folglich ist der Anteil der nicht-stadtteilbezogenen Meldungen in diesen Zeitungen am größten.

Betrachtet man zur Stadtteilbezogenheit zusätzlich ein Ergebnis aus der Dimension IV, wonach über Verwaltungs- und Parlamentsentscheidungen häufig berichtet wird und diese meist kritisch kommentiert werden, so kann davon ausgegangen werden, daß Stadtteilzeitungen bei politischen und Verwaltungsentscheidungen, die den Stadtteil betreffen, die Funktion einer kritischen Öffentlichkeit wahrnehmen, wie sie vielleicht ohne diese Zeitungen in diesem Bereich nicht vorhanden wäre. Es läßt sich behaupten, daß die Bewohner eines Stadtteils, in dem regelmäßig und in ausreichender Auflage eine Stadtteilzeitung erscheint, mehr und umfassender über Ereignisse in ihrem Viertel und die sie betreffenden Parlaments- und Verwaltungsentscheidungen Bescheid wissen als Bewohner anderer Viertel ohne Zeitung – und dies mehr oder weniger unabhängig von der Herausgeberschaft der Zeitung.

3. Thematische Schwerpunkte der Zeitungsartikel

Die Zuordnung der Inhalte der Beiträge zu einzelnen Hauptthemen ergibt die Verteilung, wie sie in Tabelle 2 dargestellt ist:

Tab. 2 Dimension „Thema"

Zeitungs-gruppe Kateg.	SPD abs.	SPD v.H.	DKP abs.	DKP v.H.	BI abs.	BI v.H.	Gesamt abs.	Gesamt v.H.
DII 1 Arbeit	17	2,7	18	8,7	12	2,1	47	3,4
DII 2 Wohnen	87	14,0	39	18,7	111	19,8	237	17,0
DII 3 Verkehr	61	9,8	11	5,3	14	2,5	86	6,2
DII 4 Handel	31	5,0	1	0,5	25	4,4	57	4,1
DII 5 Freizeit	73	11,7	39	18,7	95	16,9	207	14,9
DII 6 Umwelt	24	3,8	1	0,5	17	3,0	42	3,0
DII 7 Politik	138	22,1	41	19,7	36	6,4	215	15,4
DII 8 Gesundheit	32	5,1	6	2,9	40	7,1	78	5,6
DII 9 Recht	10	1,6	2	1,0	19	3,4	31	2,2
DII 10 Kultur	44	7,1	7	3,4	65	11,6	116	8,3
DII 11 Schule	13	2,1	8	3,8	21	3,7	42	3,0
DII 12 Medien	26	4,2	8	3,8	41	7,3	75	5,4
DII 13 Sonst.	67	10,2	27	13,0	66	11,7	160	11,5
	623	100	208	100	562	100	1393	100

In der Gesamtbetrachtung zeigt sich das Thema „Wohnen" als meistbesetzte Einzelkategorie. Sowohl bei SPD- wie bei DKP-Zeitungen steht jedoch an erster Stelle die Berichterstattung über politische Ereignisse im engeren Sinne (Wahlen, Stadtratssitzungen). Die größte Beachtung des Themenbereichs „Arbeit/Industrie" findet sich in DKP-Zeitungen, des Themenbereichs „Verkehr" in SPD-Zeitungen und des Themenbereiches „Kultur/Geschichte" in den BI-Zeitungen. Bemerkenswert ist der hohe Anteil der Bereiche „Freizeit/Gastronomie/Sport" und „Kultur/Geschichte". Stadtteilzeitungen versuchen also, in ihrem begrenzten Rahmen auch Unterhaltungs- und Bildungsfunktionen zu erfüllen.

In Zusammenhang mit den Ergebnissen der Dimension IV zeigt sich, daß in den DKP-Zeitungen besonders Arbeitnehmer und Jugendliche angesprochen werden. Dies unterscheidet diese Zeitungen von denen der beiden anderen Herausgebergruppen.

4. Politische Strategien

Betrachtet man die in den Zeitungsartikeln formulierten politischen Strategien zur Lösung von Konflikten und Problemen, so ergibt sich die in Tabelle 3 dargestellte Verteilung:

Tab. 3 Dimension „Politische Strategien"

Zeitungsgruppe / Kateg.		SPD abs.	SPD v.H.	DKP abs.	DKP v.H.	BI abs.	BI v.H.	Gesamt abs.	Gesamt v.H.
DIII 1	kollekt. öffent.	180	53,1	33	28,5	52	25,5	265	40,2
DIII 2	indiv. öffent.	38	11,2	4	3,4	18	8,8	60	9,1
DIII 3	kollekt. parteieig.	76	22,4	41	35,3	9	4,4	126	19,1
DIII 4	kollekt.	38	11,2	29	25,0	113	55,4	180	27,3
DIII 5	Sonst.	7	2,1	9	7,8	12	5,9	28	4,3
		339	100	116	100	204	100	659	100

In durchschnittlich jedem zweiten Artikel werden in Stadtteilzeitungen Möglichkeiten zur Lösung von Problemen genannt. Stadtteilzeitungen erfüllen damit über ihre Informationsfunktion hinaus eine Funktion der Handlungsanleitung zur politischen Lösung von Konflikten. Die Schilderung solcher Lösungsmöglichkeiten hängt jedoch sehr stark von der Herausgeberschaft der Zeitungen ab (9).

Während SPD-Zeitungen die Lösung von Problemen und die Erfüllung von Forderungen im parlamentarischen Rahmen sehr häufig darstellen, wird in DKP-Zeitungen die kollektive Aktion außerhalb des Parlaments favorisiert. Zeitungen der Bürgerinitiativen räumen erwartungsgemäß der kollektiven Selbstorganisation in Bürgerinitiativen und Vereinen den größten Raum ein.

Die Unterschiedlichen politischen Strategievorstellungen der Parteien und Gruppen prägen hier die Selektion und Darstellung der politischen Problemlösungsmöglichkeiten. Betrachtet man zu diesen Ergebnissen die Ergebnisse aus D IV, so ergibt sich, daß Stadtteilzeitungen zur Mobilisierung der Leser für die jeweils eigenen politischen Strategien der Herausgeber eingesetzt werden.

5. Angesprochene Institutionen und Personengruppen

Um zu untersuchen, welche Parteien, öffentliche Einrichtungen und Bevölkerungsgruppen in den Stadtteilzeitungen besonders erwähnt werden, wurde untersucht, wie oft und mit welcher Bewertung (positiv – neutral – negativ) die in der Dimension IV aufgelisteten Institutionen und Personengruppen in den Zeitungen auftauchen. Das Ergebnis ist in Tabelle 4 zusammengestellt (10):

Tab. 4 Dimension „Angesprochene Institutionen und Personengruppen"

Zeitungsgruppe	SPD			DKP			BI			Gesamt		
Häufigk. u. Bewertung	Ges.	davon +	–	Ges.	davon +	–	Ges.	davon +	–	Ges.	davon +	–
Kateg.												
DIV 1 SPD	51	27	1	16	2	11	9	2	2	25	10	5
DIV 2 CSU	25	–	22	23	–	21	8	–	5	19	–	16
DIV 3 FDP	3	–	1	8	–	8	2	–	–	4	–	3
DIV 4 DKP	1	–	–	53	24	–	2	–	–	19	8	–
DIV 5 Sonst. P.	2	–	–	1	–	1	1	–	–	1	–	–
DIV 6 BI	3	1	–	4	3	–	9	4	–	5	3	–
DIV 7 Vereine	10	5	–	6	3	–	11	4	1	9	4	–
DIV 8 Parl.	24	1	2	18	1	8	11	–	2	18	1	4
DIV 9 Verw.	23	2	13	22	1	16	26	1	14	24	1	14
DIV 10 Wahlen	14			12			2			9		
DIV 11 Bürgerv.	3			7			4			5		
DIV 12 Mieter	17	13	–	24	11	–	13	5	–	18	10	–
DIV 13 Hausb.	6	–	5	13	–	13	14	1	8	11	–	9
DIV 14 Arbeitn.	4	2	–	16	10	–	3	1	–	8	4	–
DIV 15 Selbst.	5	1	2	9	–	8	8	2	4	7	1	5
DIV 16 Frauen	6	5	–	3	3	–	4	3	–	4	3	–
DIV 17 Ausl.	1	1	–	3	1	–	7	3	–	4	2	–
DIV 18 Alte M.	3	3	–	1	1	–	2	2	–	2	2	–
DIV 19 Kinder	10	9	–	21	17	–	12	6	–	14	11	–

Es ist ersichtlich, daß in Parteizeitungen in fast jedem zweiten Artikel die eigene Partei erwähnt wird, dabei in jedem vierten Artikel positiv.

Durch die häufige Darstellung der Arbeit der eigenen Parteiarbeit versuchen die Zeitungen die oben genannte „Medienbarriere" zu überwinden. Andere Parteien (besonders die CSU) werden in diesen Zeitungen ebenfalls häufig genannt und zumeist negativ bewertet. Gegenüber Institutionen und Personengruppen zeigt sich bei allen Zeitungen ein relativ einheitliches Muster: Die Arbeit von Bürgerinitiativen wird meist positiv dargestellt. Parlaments- und Verwaltungsentscheidungen werden kritisiert, über und für Mieter, Arbeitnehmer, Frauen, Ausländer, Alte Menschen und Kinder/Jugendliche, die jeweils mit unterschiedlicher Häufigkeit in den drei Zeitungsgruppen auftauchen, wird zumeist „positiv" berichtet.

Stadtteilzeitungen können als Vertreter benachteiligter Bevölkerungsgruppen bezeichnet werden, wobei die Gruppen besonders häufig in DKP-Zeitungen angesprochen werden. Diese Feststellung korrespondiert mit den Ergebnissen aus D II, die für DKP-Zeitungen eher thematische Schwerpunkte, bei den SPD- und BI-Zeitungen eher einen Trend zum „Universalmedium auf Stadtteilebene" zeigen (11).

6. Darstellungsform und Verfasser von Beiträgen in Stadtteilzeitungen

Der eben genannte Trend im Inhalt findet seine Entsprechung in den Darstellungsformen: SPD- und vor allem BI-Zeitungen besitzen hier eine größere Vielfalt als die untersuchten DKP-Zeitungen, was Tabelle 5 zeigt:

Tab. 5 Dimension „Darstellungsform"

Zeitungsgruppe	SPD		DKP		BI		Gesamt	
	abs.	v.H.	abs.	v.H.	abs.	v.H.	abs.	v.H.
Kateg.								
DV 1 Bericht	424	68,0	155	74,5	310	55,1	889	63,8
DV 2 Kurzmeld.	76	12,2	10	4,9	77	13,7	163	11,7
DV 3 Foto/Bild	14	2,3	8	3,8	26	4,6	48	3,5
DV 4 Tip	69	11,1	24	11,5	84	15,0	177	12,7
DV 5 Sonst.	40	6,4	11	5,3	65	11,6	116	8,3
	623	100	208	100	562	100	1393	100

Aus Tabelle 6 läßt sich ersehen, daß – soweit dies aus den Zeitungstexten zu ermitteln war – relativ wenig Beiträge in Stadtteilzeitungen von Nichtredaktionsmitgliedern verfaßt werden:

Tab. 6 Dimension „Verfasser"

Zeitungsgruppe	SPD		DKP		BI		Gesamt	
	abs.	v.H.	abs.	v.H.	abs.	v.H.	abs.	v.H.
Kateg.								
DVI 1 Redaktion	522	83,7	173	83,2	468	83,2	1163	83,5
DVI 2 Politiker	40	6,4	2	1,0	–	–	42	3,0
DVI 3 Nichtred.	18	2,9	1	0,5	57	10,2	76	5,5
DVI 4 Übernahme	39	6,3	29	13,9	31	5,5	99	7,1
DVI 5 Sonst.	3	0,5	–	–	–	–	3	0,2
DVI 6 Unklar	1	0,2	3	1,4	6	1,1	10	0,7
	623	100	208	100	562	100	1393	100

Dieses Ergebnis widerspricht dem Anspruch, Forum der Bürger eines Stadtteils zu sein, wie er gelegentlich formuliert wird. BI-Zeitungen scheinen diesem Anspruch noch eher gerecht zu werden. Die Praxis der DKP-Stadtteilzeitungen, aus der Parteizeitung „UZ" und anderen Parteipublikationen Meldungen in die Stadtteilzeitungen zu übernehmen, führt in der Analyse der Dimension „Verfasser" zu einer relativ großen Häufigkeit von „Übernahmen" in diesen Medien.

Meldungen aus dem „Artikeldienst", den der SPD-Bundesvorstand für Stadtteilzeitungen herausgibt, werden bei den Münchner SPD-Zeitungen nur in geringem Maße direkt übernommen.

Die Ergebnisse der Inhaltsanalyse bestätigen die Annahme, daß Stadtteilzeitungen relativ vielfältige Funktionen im politischen und sozialpsychologischen Bereich erfüllen können. Aus dem Inhalt der Zeitungen läßt sich insbesondere der Versuch erkennen, zum einen die Kommunikationslücke zu schließen, die die etablierten Medien zusehends im sublokalen Bereich entstehen lassen, und zum anderen Betroffene für die politische Lösung von Problemen meist in Zusammenarbeit mit den jeweiligen Zeitungsherausgebern zu mobilisieren.

Die Frage, inwieweit die genannten Funktionen tatsächlich erfüllt werden, kann jedoch durch die Analyse des Inhalts allein nicht ausreichend beantwortet werden.

Anmerkungen

1) Vgl. dazu: Petra Dorsch: Eine neue Heimat in Perlach. Das Einleben als Kommunikationsprozeß, München 1972
2) Die Angaben über die DKP-Zeitungen beruhen auf Schätzungen, da diese Partei dem Autor keine Auskunft über Anzahl der Titel, Ausgaben und Auflagenhöhe erteilte.
3) Es sind dies die Monatszeitungen „Haidhauser Nachrichten" (seit 1975, ca. 2000 Auflage, Einzelverkauf DM 0,50) und „Westend Nachrichten" (seit 1977, ca. 170 Auflage, Einzelverkauf DM 0,30), sowie das „Haderner Bladl" (seit 1977, 5 Ausgaben im Jahr 1978, ca. 500 Auflage, Einzelverkauf DM 0,30) und die „Stadtteilzeitung der Glockenbachwerkstatt" (seit 1978, 3 Ausgaben im Jahr 1978, ca. 200 Auflage, kostenlose Verteilung).
4) Der Autor teilt die Einwände gegen die isolierte Anwendung des Instruments Inhaltsanalyse. Die vorliegende Studie kann daher nur als Voruntersuchung zu einer umfassenden Funktionsbestimmung mit Hilfe unterschiedlichster anderer Verfahren (z.B. Kommunikator- und Rezipientenbefragungen, Objektstudien etwa in Form der Beschreibung der Stellung einzelner Zeitungen im Rahmen von Planungsprozessen bei Stadtsanierungen usw.) verstanden werden. Vgl. dazu: Karsten Renckstorf: Neue Perspektiven in der Massenkommunikationsforschung. Beiträge zur Begründung eines alternativen Forschungsansatzes, Berlin 1977, S. 44 ff.
5) Bezogen auf die Titel, die Ausgaben und die Auflagenhöhe der Zeitungen der drei Herausgebergruppen wurden folgende Stichproben untersucht: Ca.50% aller SPD-Zeitungen, ca. 25% aller DKP-Zeitungen und fast 100% der Zeitungen von Bürgerinitiativen. Da nur 3 Ausgaben von zwei CSU-Zeitungen 1978 erschienen, blieben diese unberücksichtigt. Unberücksichtigt blieb in der Analyse auch die unterschiedliche Auflagenhöhe der Stadtteilzeitungen der drei untersuchten Herausgebergruppen. Schlüsse auf Bedeutung und Wirkungen der Zeitungsgruppen oder einzelner Zeitungen sind daher nur eingeschränkt möglich.
6) Die Kategorien der sechs Dimensionen sind im folgenden aufgelistet. Zähleinheit für die Kategorisierung war in den Dimensionen I, II, V, VI der einzelne Artikel, in den Dimensionen III und IV das jeweilige „Thema". In allen Dimensionen wurde eine Häufigkeitsanalyse, in der Dimension IV auch eine Symbolanalyse durchgeführt. Aufgrund der Tatsache, daß die Kodierung vom Autor selbst durchgeführt wurde, konnte traditionellen

Reliabilitätsanforderungen nicht genügt werden. Die Untersuchungsergebnisse sind unter dieser Voraussetzung zu interpretieren.

Dimensionen und Kategorien

Dimension I Lokalbezug / Kategorien:
DI 1 Staddteil
DI 2 Andere Stadtteile/München
DI 3 Bayern/BRD
DI 4 Allgemeines/Sonstiges

Dimension II Thema / Kategorien:
DII 1 Arbeit/Industrie
DII 2 Wohnen/Mieten
DII 3 Verkehr
DII 4 Handel
DII 5 Freizeit/Gastronomie/Sport
DII 6 Umwelt/Energie
DII 7 Politik (im engeren Sinn)
DII 8 Gesundheit/Soziales
DII 9 Recht/Polizei
DII 10 Kultur/Geschichte
DII 11 Schule/Ausbildung
DII 12 Medien
DII 13 Sonstiges/Mehrere Themen

Dimension III: Politische Strategien / Kategorien:
DIII 1 kollektiv-öffentlich
DIII 2 individuell-öffentlich
DIII 3 kollektiv-parteigebunden
DIII 4 kollektiv
DIII 5 Sonstiges

Dimension IV: Angesprochene Institutionen und Personengruppen / Kategorien:
DIV 1 SPD
DIV 2 CSU
DIV 3 SPD
DIV 3 FDP
DIV 4 DKP
DIV 5 Sonstige Parteien
DIV 6 Bürgerinitiativen
DIV 7 Vereine/Kirchen/Gewerkschaften
DIV 8 Parlamente/Parlamentsentscheidungen
DIV 9 Verwaltungen/Verwaltungsentscheidungen
DIV 10 Wahlen
DIV 11 Bürger-/Einwohnerversammlung
DIV 12 Mieter
DIV 13 Hausbesitzer
DIV 14 Arbeitnehmer
DIV 15 Selbständige Unternehmer
DIV 16 Frauen
DIV 17 Ausländer
DIV 18 Alte Menschen
DIV 19 Kinder/Jugendliche

Dimension V: Darstellungsform / Kategorien:
DV 1 Bericht/Reportage/Kommentar
DV 2 Kurzmeldung
DV 3 Foto/Zeichnung/Karikatur
DV 4 Tip/Veranstaltungshinweis
DV 5 Sonstiges

Dimension VI: Verfasser / Kategorien:
DVI 1 Redaktion
DVI 2 Politiker
DVI 3 Nichtredaktionsmitglied
DVI 4 Übernahme aus anderen Druckmedien
DVI 5 Sonstiges
DVI 6 Unklar/Nicht ersichtlich

7) Die Zeitungen der Bürgerinitiativen und freien Gruppen werden im folgenden Text kurz „BI-Zeitungen" genannt.

8) Die Verteilung der Werte auf die Kategorien der Dimension „Lokalbezug" ist nach dem „Mehrfelder χ^2-Test auf Unabhängigkeit oder Homogenität" auf dem 1%-Niveau zwischen allen drei Zeitungsgruppen signifikant unterschiedlich.

9) Der Unterschied zwischen den drei Zeitungsgruppen ist jeweils hoch signifikant („Mehrfelder χ^2-Test").

10) Lesebeispiel: Kategorie DIV 8 „Parlamente/Parlamentsentscheidungen": In etwa 18% der Artikel wird die Arbeit eines Parlaments (Bezirksausschuß, Stadtrat) oder eine Parlamentsentscheidung thematisiert. Sofern eine Bewertung dieses Themas vorgenommen wurde, war sie eher negativ: In etwa 1% aller Artikel wird das Thema positiv, in etwa 4% negativ behandelt.

11) Nimmt man in DII eine Gleichverteilung der Häufigkeiten der Kategorien hypothetisch an, so ist die Abweichung von erwarteten relativen Häufigkeiten bei DKP-Zeitungen größer als bei SPD- und BI-Zeitungen.

Bernhard Brämswig

Lokale Parteizeitungen in Nordrhein-Westfalen

1. Entstehungs- und Begründungszusammenhang der Untersuchung

Im Jahre 1977 wurde im Rahmen einer Examensarbeit zum Thema „Stadtteilzeitungen in Nordrhein-Westfalen. Zur Analyse und Wirkungsweise im Bereich der Lokalteile der Tageszeitungen" eine Untersuchung bei Redaktionen durchgeführt. Anspruch dieser Untersuchung war es, die Stadtteilzeitung als Medium zu charakterisieren und zu verwandten Medien abzugrenzen. (1)

Die Untersuchung besteht aus drei Teilen:
A) einer Charakterisierung der Stadtteilzeitungen als Teil der Massenkommunikation,
B) einer Inhaltsanalyse und
C) mit Hilfe der Ergebnisse der Inhaltsanalyse wurde eine Überprüfung und Diskussion von Hypothesen zur Wirkungsweise und Zielsetzung von Stadtteilzeitungen durchgeführt.

Hierzu wurde für eine Einschätzung der Ergebnisse Vergleichsmaterial bei einer Untersuchung mit dem exakt gleichen Untersuchungsinstrumentarium in den Lokalteilen unterschiedlicher Zeitungen gewonnen und herangezogen. Diese Lokalteile von Tageszeitungen sind den Stadtteilzeitungen inhaltlich und funktional verwandt und daher geeignet, spezifische Eigenarten von Stadtteilzeitungen kontrastierend erkennen zu lassen.

2. Empirische Basis der Untersuchung

Die Art der Untersuchung bedingte, daß bei der Auswahl der in die Untersuchung einbezogenen Stadtteilzeitungen Selbstbescheidung geübt und unter Inkaufnahme der damit verbundenen Repräsentativitätseinschränkung ohne weitere Voruntersuchungen der Einzugsbereich auf das Land Nordrhein-Westfalen und die dort im Landtag vertretenen Parteien als Herausgeber festgelegt werden mußte. Wie sich im Nachhinein herausstellte, wurde dennoch ein als repräsentativ anzusehender Teil der publizierten Stadtteilzeitungen in die Analyse einbezogen. So konnten von 20, beim Landesvorstand der CDU registrierten Stadtteilzeitungen 12, von 13 beim Landesvorstand der FDP registrierten 9, und von 148 beim Parteivorstand der SPD registrierten Stadtteil-Zeitungen aus Nordrhein-Westfalen 103 in die Analyse einbezogen werden. In Prozenten ausgedrück sind dies 68,5% der in NRW registrierten Stadtteil-Zeitungen.

Es gibt sicherlich noch Zeitungen, die nicht an die zuständigen Parteigremien weitergemeldet worden sind oder die von Bürgerinitiativen herausgegeben werden, ohne daß deren Erscheinen registriert wird. Daher ist eine Dunkelziffer nicht ansprechbarer Stadtteilzeitungsredaktionen vorhanden, sie kann jedoch nur annähernd geschätzt werden.

Eine weitere Information über die Allgemeingültigkeit dieser Analyse kann aus der Zahl der pro Ausgabe veröffentlichten Exemplare der Zeitungen gewonnen werden. Von den CDU-Stadtteilzeitungen wurden pro Auflage durchschnittlich 86.914 Exemplare hergestellt. Bei den FDP-Zeitungen lag die Zahl bei 46.200 und bei den von der SPD verbreiteten Zeitungen bei 719.387. Die durchschnittliche Zahl der pro Zeitung veröffentlichten Exemplare betrug also 6875 Stück, die Gesamtauflage der von Parteien in Nordrhein-Westfalen publizierten Stadtteilzeitungen 852.501. Als Vergleichsgröße kann die damalige Auflagenhöhe der drei größten in NRW erscheinenden Tageszeitungen, nämlich der „Ruhr-Nachrichten', der ‚Westdeutschen Allgemeinen Zeitung' und der ‚Westfälischen Nachrichten' mit zusammen 950.000 Exemplaren herangezogen werden.

Der Untersuchungszeitraum umfaßte die Zeitspanne von Januar 1976 bis Juli 1977. Es wurden alle Zeitungen, die in dieser Zeit erschienen, mit in die Analyse einbezogen.

3. Angewandte Methoden

Da bei der Analyse der Stadtteilzeitungen weniger das Augenmerk auf die Entstehungsumstände und die Wirkung der Zeitungen auf den Leser gerichtet war, sondern vielmehr auf die inhaltliche Gestaltung, wurde in Anlehnung an bereits in ähnlichen Anwendungsbereichen erprobte Verfahren ein speziell auf diesen Zweck abgestimmter Untersuchungsmodus entwickelt.

In einem ersten Schritt wurden mit Hilfe von Aussagen der Redaktionen (den sog. Editorials) in den Zeitungen selbst und aus der allgemein zugänglichen Literatur zu Massenmedien Hypothesen darüber aufgestellt, was Stadtteilzeitungen leisten können. In dem darauf folgenden zweiten Schritt wurde dann ein methodisches Instrumentarium entwickelt, mit dem die Hypothesen auf ihren Realitätsgehalt hin überprüft werden konnten.

In einem ersten groben Raster wurde der Inhalt zwei Bereichen zugeordnet: Den inhaltlichen und den formalen Kategorien. Jede dieser Kategorien wurde erneut systematisch und inhaltlich untergliedert. Bei den inhaltlichen Kategorien wurde nach den folgenden Themen untergliedert, deren genaue inhaltliche Abgrenzung hier jedoch nicht beschrieben werden kann: Politik – als ‚planende Kommunalpolitik', ‚fürsorgende Kommunalpolitik' und ‚sonstige Politik' –, Human Interest, Kultur, Sport, Wirtschaft, Kirche, Unterhaltung, Werbung, und Verschiedenes (2).

Zu den formalen Kategorien wurde das Zeichensystem, hier unterschieden nach Text, Überschrift zum Text und graphischen Beiträgen – worunter auch Karikaturen und Fotos gezählt wurden – und die Herkunft der Inhalte, mit den Einzelkategorien Eigenbericht, Agenturmeldung, Leserbrief und Überregionaler Bezug gerechnet. Insgesamt standen zur Verschlüsselung der in der Analyse untersuchten Inhalte 19 Kategorien zur Auswahl, von denen bis zu fünf zur Verschlüsselung ein und desselben Inhaltes verwandt werden konnten.

Hierzu ein Beispiel: Ein Leserbrief, der sich mit Bundespolitik beschäftigte, wurde inhaltlich als ‚sonstige Politik' und formal als ‚Text ohne Überschrift', ‚Überregionale Meldung', ‚Fremdmeldung' und ‚Leserbrief' eingeordnet. Registriert wurde bei jeder Zeitung getrennt jeweils die Fläche in Quadratzentimeter pro Kategorie, um im Hinblick auf die unterschiedlichen Schriftgrößen und Satzverfahren bei der Endauswertung eine Darstellung in Prozentwerten zu ermöglichen.

Für jede Zeitung wurde ein eigener Auswertebogen angelegt, was wiederum eine Trennung nach Herausgebern – CDU, FDP und SPD – und dem Vorhandensein bzw. Fehlen von Werbung bei der Endauswertung ermöglichte. Insgesamt wurde nach neun Zeitungstypen unterschieden: Drei Zeitungen der regionalen Tagespresse – ‚Ruhr-Nachrichten', ‚Westdeutsche Allgemeine Zeitung' und ‚Westfälische Nachrichten' – und die nach dem Fehlen oder Vorhandensein von Werbung sortierten Stadtteilzeitungen der drei im Landtag vertretenen Parteien.

4. Die Ergebnisse der Analyse

Wie schon eingangs dargestellt, wurden zu Inhalt und Wirkungsweise der Stadtteilzeitungen Hypothesen aufgestellt, deren Richtigkeit mit Hilfe der geschilderten Inhaltsuntersuchung überprüft werden sollte. Da jedoch nicht bei allen Hypothesen greifbare Fakten zutage traten, soll bei der nun folgenden Darstellung der Ergebnisse eine Beschränkung auf die wichtigsten und als gesichert anzusehenden Erkenntnisse erfolgen.

„Stadtteilzeitungen schaffen durch stärkere Lokalberichterstattung einen Gegenpol zur örtlichen Presse."

So lautete die erste der Hypothesen, deren Überprüfung zu belegbaren Erkenntnissen führte. Zu ihr hatten Aussagen der Art geführt, daß die Pressekonzentration in der Bundesrepublik eine Einschränkung der Lokalberichterstattung zur Folge habe. Die Redaktionen der Stadtteilzeitungen glaubten daher durch die Herausgabe ihrer Zeitungen eine Ergänzung zur Tagespresse zu leisten.

Dem Anspruch werden, wie die Analyse deutlich ergab, die politischen Stadtteilzeitungen nur wenig gerecht. Wenn sich nämlich, selbst unter der Einschränkung, daß nur die Lokalteile der Tageszeitungen ausgewertet wurden, bei den Tageszeitungen ein Anteil der Lokalberichterstattung von durchschnittlich 98,96 % am Gesamtinhalt ergab, so lag der entsprechende Wert bei den Stadtteilzeitungen mit

Werbung mit 70,7% und bei Stadtteilzeitungen ohne Werbung mit 62,7% deutlich darunter.

Zwei Fakten sind zudem noch als nachteilig zu berücksichtigen: 1. Die Tageszeitungen erscheinen unvergleichlich häufiger mit erheblich mehr Inhalt und 2. wurde bei den Stadtteilzeitungen mit Werbung auch die Werbung der lokalen Kaufmannschaft als Lokalbezug verschlüsselt. Wie klar erkenntlich wird, kann daher die oben genannte Hypothese nicht aufrecht erhalten werden, da die Stadtteilzeitungen entgegen der Annahme sogar erheblich weniger lokalbezogene Berichterstattung leisten.

Ob eine inhaltliche Korrektur falscher und einseitiger Berichterstattung durch die Tageszeitungen mit Hilfe der Stadtteilzeitungen erfolgt, konnte durch mangelnde Kenntnisse der tatsächlichen lokalen Situation und dadurch, daß die Aussagen der Artikel nicht auf ihre Richtigkeit hin überprüft werden konnten, nicht ermittelt werden.

Als uneingeschränkt richtig erwies sich die Hypothese „Stadtteilzeitungen räumen politischen Inhalten breiteren Raum ein als die Lokalteile der Tageszeitungen".

Ausgehend von dieser Hypothese wurde das Verhältnis zwischen der Gesamtpolitik und dem Restinhalt der Zeitung untersucht. Es ergab sich, daß bei den Lokalteilen der Tageszeitungen die politische Berichterstattung 15,15% des Inhaltes ausmacht. Bei Stadtteilzeitungen mit Werbung lautet der entsprechende Wert 41,46% und bei denen ohne Werbung sogar 63,18%. Die Differenz zwischen den Zeitungen „mit" und „ohne Werbung" läßt sich dadurch erklären, daß bei gleicher Fläche des Gesamtdruckstücks bei Zeitungen mit Werbung jeweils eine wichtige Inhaltskategorie zusätzlich vertreten ist und so für den Restinhalt weniger Raum übrig bleibt.

Aus dem Bestreben der Stadtteilzeitungen, eine alternative und ergänzende Berichterstattung zu den Tageszeitungen zu leisten, wurde unter Fortführung des eben erörterten Gedankens die nachfolgende Hypothese aufgestellt: „Stadtteilzeitungen legen inhaltlich einen Schwerpunkt auf kommunalpolitische Themen."

Unter diesem Aspekt wurde untersucht, welchen Anteil die Kommunalpolitik am Gesamtinhalt innehat, und wie das Verhältnis der Kommunalpolitik zur sonstigen Politik ist. Es ergab sich, daß der Anteil der Kommunalpolitik bezogen auf den Gesamtinhalt bei den Stadtteilzeitungen über dem der Tagespresse liegt. Bei den Stadtteilzeitungen ohne Werbung läßt sich ein Mittelwert von 18,33% feststellen. Die Stadtteilzeitungen mit Werbung liegen im Durchschnitt zwar unter dieser Marke, haben jedoch mit 12,1% noch immer einen höheren Anteil kommunalpolitischer Berichterstattung am Gesamtinhalt als die Tageszeitungen mit 7,88%.

Als zweites Merkmal ist in diesem Zusammenhang der Anteil kommunalpolitischer Berichterstattung von Bedeutung. Es läßt sich feststellen, daß Tageszeitungen der kommunalpolitischen Berichterstattung eine größere Bedeutung beimessen als Stadtteilzeitungen. Drückt man nämlich die Gegenüberstellung von Kommunalpolitik und Gesamtpolitik als Verhältniszahl aus, so lautet das Verhältnis Kommunalpolitik/Gesamtpolitik bei Tageszeitungen 1:1,85. Bei Stadtteilzeitungen ohne Werbung lautet das gleiche Verhältnis 1:3,44 und bei Stadtteilzeitungen mit Werbung 1:3,43. Im Verhältnis gesehen nimmt die kommunalpolitische Berichterstattung innerhalb der gesamten politischen Berichterstattung bei Tageszeitungen einen doppelt so breiten Raum ein wie bei den Stadtteilzeitungen der Parteien.

Faßt man die eben gemachten Aussagen zusammen, so läßt sich über lokale Parteizeitungen sagen, daß in ihnen gemessen am Gesamtinhalt mehr über Politik berichtet wird als im Lokalteil der Tagespresse, der Schwerpunkt jedoch in der politischen Berichterstattung auf der Bundes- und Landespolitik liegt. Also nicht auf der Lokalpolitik, wie es im Eigenanspruch der Redaktionen häufig formuliert ist.

Ein ebenso häufig formuliertes Anliegen der Redakteure ist es, in Kommunikation mit dem Leser zu treten. Aus diesem Grunde wurde in der Analyse das Leserecho als Anteil der Leserbriefe am Gesamtinhalt ermittelt. Bei den Lokalteilen der Tageszeitungen schwankt dieser Wert je nach Zeitung von 0,20% bei den ‚Ruhr-Nachrichten' bis 2,11% bei den ‚Westfälischen Nachrichten'. Ein errechneter Durchschnittswert von 1,02% kann als realistisch angesehen werden.

Der Anteil ist bei den Stadtteilzeitungen wesentlich geringer. In Zeitungen mit Werbung beträgt die durchschnittliche Leserbriefquote nur 0,17% des Gesamtinhaltes. Bei den Stadtteilzeitungen ohne Werbung ließ sich kein als repräsentativ zu wertender Betrag ermitteln, jedoch kann davon ausgegangen werden, daß ein Betrag von 0,20% für beide Zeitungstypen als Richtwert dienen kann. Dieses Leserecho beträgt also nur ca. 1/5 des Feedbacks, das Tageszeitungen in ihrem Lokalteil abdrucken.

Ein nicht in der Zeitung nachweisbarer Leserkontakt, z.B. durch die bei der Hausverteilung unmittelbar entstehende Kommunikation, konnte nicht untersucht werden. Trotzdem ist, mit dieser Einschränkung, die Hypothese, daß Stadtteilzeitungen die wechselseitige Kommunikation mit ihren Lesern fördern, so nicht aufrecht zu erhalten.

„Von Werbeeinnahmen abhängige Stadtteilzeitungen berichten weniger über politische Themen, als finanziell autonome".

Diese Hypothese zur finanziellen Abhängigkeit wurde durch die Untersuchung voll inhaltlich bestätigt. Vergleicht man nämlich die Stadtteilzeitungen „mit Werbung" mit denen „ohne", so ist deutlich zu erkennen, daß die letztgenannten sowohl einzeln, als auch durchschnittlich gesehen, einen um ca. 20% höheren Politikanteil am Gesamtinhalt aufweisen als die entsprechenden Zeitungen mit Werbung. Diese Feststellung gilt in ähnlichem Maße für den Anteil der Kommunalpolitik.

Werbeeinnahmen bewirken also direkt oder indirekt (z.B. durch das bei Stadtteilzeitungen mit Werbung verkleinerte Platzangebot), daß der Anteil der politischen Berichterstattung zurückgedrängt wird, während – wie sich überraschenderweise herausstellte – der Anteil der Wirtschaftsberichte sprunghaft ansteigt. Es scheint legitim, hier eine Verbindung zu sehen und es liegt somit eine Bestätigung der Vermutung vor, daß aufgrund der finanziellen Abhängigkeit sich der redaktionelle Inhalt ändert.

Anmerkungen

1) Bernhard Brämswig: Stadtteilzeitungen in Nordrhein-Westfalen. Zur Analyse und Wirkungsweise im Bereich der Lokalteile der Tageszeitungen (Schriftliche Hausarbeit zur Ersten Staatsprüfung für das Lehramt an der Grundschule und Hauptschule. Pädagogische Hochschule Westfalen-Lippe, Abteilung Münster), Münster 1977
2) „Verschiedenes": Ein Themenbereich, dem all das zugeordnet wurde, was inhaltlich keiner anderen Rubrik zuzuordnen war.

Albrecht Bregenzer

SPD-Ortsvereinszeitungen in Baden-Württemberg

Ergebnisse einer Kommunikator-Befragung und Erfahrungen aus sechs Seminaren

1. Vorbemerkung

Die Darstellung will im folgenden Arbeitsweise und Arbeitsumstände der SPD-Ortsvereinszeitungen in Baden-Württemberg darstellen sowie über die Anstrengungen des SPD-Landesverbandes in diesem Zusammenhang Aufschluß geben, die er, aufgehängt an der Forderung des Orientierungsrahmens '85 der SPD, unternimmt, in dem es heißt: „Weitere Voraussetzung (für die Vertrauensarbeit) ist, daß die Partei sich auch außerhalb von Wahlkampfzeiten verstärkt nicht nur um ihre eigenen Probleme, sondern um die der Bürger kümmert, dazu gehört u.a. . . . die Unterstützung der Ortsvereine bei der Herausgabe von Stadtteilzeitungen."

Die Ergebnisse der folgenden Darstellungen wurden gewonnen durch eine Fragebogen-Aktion unter den rund 200 Redaktionen, die im Bereich des SPD-Landesverbandes Baden-Württemberg Ortsvereins- und Stadtteilzeitungen herausgeben. (1) Ferner werden in dieser Darstellung die Ergebnisse und Erfahrungen aus sechs Seminaren für Redakteure von Ortsvereins- und Stadtteilzeitungen mit insgesamt 150 Teilnehmern eingehen, die der Autor zwischen Februar 1978 und Juni 1979 in Baden-Württemberg verantwortlich geleitet hat.

Untersucht werden sollen zunächst die personellen, finanziellen, strukturellen sowie technischen Rahmenbedingungen, unter denen Redaktionen in Baden-Württemberg arbeiten. Des weiteren wird etwas über die inhaltliche Konzeption bei der Arbeit mit Ortsvereins- und Stadtteilzeitungen zu sagen sein, die sich u.a. aus den intensiven Seminardiskussionen ergeben haben.

2. Rahmenbedingungen

2.1. Personell-strukturelle Rahmenbedingungen

Eine Durchschnittsredaktion hat in Baden-Württemberg vier Mitglieder. Dabei sind von 485 in den Fragebogen ausgewiesenen Redaktionsmitgliedern 38,9% (und damit der größte Anteil) Beamte, wobei die Lehrer überwiegen. An zweiter Stelle folgen die Angestellten mit etwa 29%, gefolgt von Schülern, Lehrlingen, Studenten und Zivildienstleistenden mit 13,8%. Arbeiter und Selbständige mit jeweils über 6%; Hausfrauen (4,6%) und Rentner (1,4%) sind Minderheiten unter den Redaktionsmitgliedern.

Auffallend ist, daß nur 61 der 485 Redakteure, also 12,5%, Frauen sind. Dies entspricht bei weitem nicht dem gesamten Teil der Frauen (21%) in der SPD. Es sind allerdings einzelne Redaktionen anzutreffen, die fast nur aus Frauen bestehen.

Kennzeichnend ist, daß die Mehrheit aller Redakteure (61,8%) auch ein Mandat im Ortsvereinsvorstand haben. Nur bei vier Redaktionen war kein Redaktionsmitglied im Ortsvereinsvorstand.

Fast 30% aller Redakteure haben ein Mandat im Kreisvorstand (2).

Fast ein Viertel aller Redakteure verfügen gleichzeitig über ein kommunales Mandat (Gemeinderat, Kreistag). In 35,5% aller Redaktionen ist allerdings kein kommunaler Mandatsträger vertreten. Nur in elf Redaktionen (8,8%) arbeiten Nichtmitglieder der SPD ständig mit.

Entgegen der ursprünglichen Annahme bei Erstellung des Fragebogens, daß an den Ort zugezogene Mitglieder eines Ortsvereins kommunale Themen unbefangener aufgreifen als ortsansässige Parteimitglieder, stellte sich heraus, daß 45,4% der Redaktionsmitglieder ortsansässige, also „eingeborene" Parteimitglieder sind. Nur 37,9% sind zugezogen, wobei 16,5% innerhalb Baden-Württembergs umgezogen sind und 21,4% (zusammen 37,9%) aus einem anderen Bundesland zugezogen bzw. nach dem Krieg aus den Gebieten jenseits von Oder und Neiße oder dem Sudetenland vertrieben worden oder umgesiedelt sind.

Ein nicht unerhebliches Problem für fast alle Redaktionen im Lande ist der Vertrieb. Dieser findet in fast 90% über einen ehrenamtlichen Verteiler statt, wobei 65,6% der Zeitungen alle Haushalte in ihrem Verteilungsgebiet erreichen. 12% erreichen 75% und mehr, das bedeutet: mehr als 75% der Zeitungen arbeiten flächendeckend oder fast flächendeckend. Nur in wenigen Fällen (12,8%) werden die Zeitungen über bezahlte Verteiler vertrieben. Dabei handelt es sich zumeist um die Austräger des amtlichen Gemeindemitteilungsblattes, die gegen einen geringen Betrag pro Exemplar die Ortsvereinszeitungen zusammen mit dem Gemeindemitteilungsblatt austragen. Nur eine Zeitung wird durch Auslage bei Informationsständen vertrieben, fünf arbeiten mit Postvertrieb. Einige Redaktionen, vor allem von Zeitungen mit geringer Auflage, verschicken ihre Zeitungen gezielt an Sympathisanten oder die Ortsprominenz.

Daß der Vertrieb und die personelle Belastung der Redaktionen ein Problem sind, erweist sich daraus, daß auf die Frage, weshalb eine regelmäßige Erscheinungsweise bisher nicht verwirklicht werden konnte, bei 74 Nennungen 41,4% Personalmangel und Überlastung und 9,5% Probleme mit dem Vertrieb angeben.

Dabei halten 12,8% der Redaktionen eine regelmäßige Erscheinungsweise für nicht erforderlich. Sie ziehen ein Erscheinen „bei Bedarf" vor. Monatlich erscheinen nur zwei Zeitungen (1,6%), jeden zweiten Monat 21 (16,8%). Die Mehrheit der Zeitungen erscheint vierteljährlich (44,8%); halbjährlich erscheinen 29 Zeitungen (23,2%), die im wesentlichen zu denen zu rechnen sein dürften, die sich selber als „unregelmäßig erscheinend" einstufen (6,4%).

Herausgeber der Ortsvereins- und Stadtteilzeitung ist in aller Regel der Ortsverein (115=92%) und nur in wenigen Fällen tritt der Kreisverband, die Gemeinderats- und Kreistagsfraktion oder andere als Herausgeber oder Mitherausgeber auf.

61,6% der Zeitungen erscheinen für den Ort, für den auch der betreffende Ortsverein sein Zuständigkeitsgebiet hat. 28,8% erscheinen als Stadt- oder Ortsteilzeitung, wobei in diesen Fällen in den Stadt- oder Ortsteilen eigenständige Ortsvereine arbeiten. Mit sieben Zeitungen (5,6%) sind die Gebietszeitungen, die in mehreren Orten und Gemeinden in Zusammenarbeit mehrerer Ortsvereine erscheinen, noch eine Minderheit. Mehrere Zeitungs-Neugründungen deuten darauf hin, daß dieser Typ von Zeitungen aus den bereits erwähnten und noch zu erwähnenden finanziell-technischen Gründen langsam auf dem Vormarsch ist.

Ein Strukturproblem der SPD Baden-Württemberg wird bei der Beobachtung der Arbeit mit Ortsvereins- und Stadtteilzeitungen besonders deutlich, nämlich bei den großen Ortsvereinen in den Mittelstädten, die ohne Untergliederung 400–800 Mitglieder zählen. In diesen Mittelstädten erscheinen so gut wie keine SPD-Zeitungen. Dies mag vor allem daran liegen, daß über große Stadtgebiete hinweg (Reutlingen, Pforzheim) ein durchgängiger Verteilerring zentral kaum organisierbar ist.

Noch wichtiger dürfte das inhaltliche Problem sein, daß nämlich eine zentrale Redaktion viel zu ortsfern oder nur auf den Gemeinderat fixiert Zeitung machen könnte. Dagegen ist festzustellen, daß in Großstädten (vor allem Mannheim und Stuttgart, z.T. auch Freiburg) eine rege Zeitungsarbeit zu beobachten ist. Dies rührt mit Sicherheit daher, daß in den einzelnen Stadtteilen, die überschaubar sind, wie auf dem flachen Land ein Ortsverein für seine Gemeinde bzw. für sein Stadtteilgebiet zuständig ist, wo die Redaktion auch stadtteilbezogen arbeiten kann.

84% der Redaktionen arbeiten ohne Kontakte mit anderen Zeitungsredaktionen. Nur 14,4% (18) kooperieren mit anderen Zeitungen. Dabei wird Kooperation vor allem im technischen Bereich gewünscht, was auch aus den Diskussionen bei den Seminaren hervorgeht. Die Fragen , Wie machen es die anderen?" oder „Wie bewältigen Sie Ihre Probleme?", beherrschen weite Teile des Seminarablaufs. Es bestätigt sich also in der Arbeit der Redaktionen von Ortsvereins- und Stadtteilzeitungen ein altes Problem der Parteiarbeit, daß ein Ortsverein in der Regel nicht weiß, was der nächstliegende, vielleicht nur 5 km entfernt, treibt.

Das gleiche Strukturproblem bestätigt sich auch bei den Schwierigkeiten, die die Redaktionen bei der Informationsbeschaffung mitunter haben. 63,4% erhalten Informationen von Gemeinderäten, 36,6% nicht. Nur 24,1% erhalten Informationen von den Kreisräten. Dies obwohl nach eigenen Angaben kommunalbezogene Themen mit 65,3% den Inhalt der Zeitungen bestimmen. Landes- und Bundespolitik folgen mit jeweils etwa 14% weit abgeschlagen. Dem entspricht auch, daß die Redaktionen von den Mandatsträgern im Landtag und Bundestag nur in 31,3%, bzw. 33,9% der Fälle Informationen erhalten.

Abgesehen von der Bürgerreaktion („Wann kommt Euer Blättchen wieder?") sei noch auf zwei Fakten bezüglich der Außenstruktur hingewiesen.

Nur in 24 Gemeinden (19,2%), in denen eine SPD-Zeitung erscheint, existiert auch eine Zeitung der CDU. In diesen wenigen Fällen war dies meist eine Reaktion auf das Erscheinen der SPD-Zeitung. Im übrigen scheint dieses Indiz darauf hinzuweisen, daß es immer noch grundlegende Unterschiede in der Parteistruktur zwischen SPD und CDU gibt. Die weithin immer noch vorhandenen Strukturen einer Honoratioren-Partei bzw. eines Wahlvereins verhindern kontinuierliche projektbezogene Arbeit eines CDU-Ortsvereins. Ein anderer Aspekt mag bisweilen sein, daß die CDU in Baden-Württemberg als Partei der absoluten Mehrheit es nicht nötig hat, ständig präsent zu sein, wiewohl jedem CDU-Ortsverein das Erscheinen von SPD-Zeitungen ein Dorn im Auge ist.

Interessant ist die Reaktion der Lokalpresse auf das Erscheinen der SPD-Zeitungen. 16,8% der Redaktionen schätzen die Reaktion „als eher zustimmend" ein und 12,8% als „eher ablehnend". In 64,8% erfolgte keine Reaktion. Allerdings versorgen nur 50,4% der Redaktionen die Lokalzeitungen regelmäßig mit ihren Ortsvereinszeitungen. 48% haben dies bisher nicht getan. Dort, wo die Lokalpresse die Zeitungen regelmäßig erhält, sieht die Relation „zustimmend/ablehnend" besser aus: 28,5% der Pressereaktionen fallen dort positiv aus, nur 12,7% negativ, wobei allerdings die Nichtreaktion (52,4%) immer noch überwiegt.

2.2. *Finanziell-technische Rahmenbedingungen*

Die Probleme der Finanzierung einer Zeitung rangieren bei vielen Redaktionen vor denen der inhaltlichen Gestaltung. Erscheinungsweise, Format und Umfang, Satz und Drucktechnik werden in aller Regel von den zur Verfügung stehenden Finanzen bestimmt.

39,2% nennen als Grund für eine unregelmäßige Erscheinungsweise „Geldmangel".

Finanziert werden die Zeitungen zu 83,2% aus der Kasse des Ortsvereins, zu 30,4% aus Spenden und nur 12,4% aus Anzeigen. Wobei sich von den 16 Zeitungen, die Anzeigenraum verkaufen, nur vier ausschließlich aus Anzeigenerlösen finanzieren. (3)

Durchschnittlich kostet eine Zeitung pro Ausgabe 439,28 DM, wobei die Spanne von DM 50,00–2.500,00 reicht. Knapp die Hälfte der Zeitungen (61) erscheint im Kostenbereich bis 300,00 DM. Berücksichtigt man allerdings bei den Durchschnittsberechnungen die elf Zeitungen, die pro Ausgabe DM 1.000.00 und mehr kosten nicht, so sinken die Durchschnittskosten pro Ausgabe auf DM 285,00. Die Durchschnittskosten, bei einer vierseitigen DIN-A-4-Zeitung betragen DM 370,00 pro Ausgabe bei einer durchschnittlichen Auflage von 5.230 Exemplaren, und bei einer vierseitigen DIN-A-5-Ausgabe sinkt der Preis auf DM 186,00 bei einer durchschnittlichen Auflage von 4.745 Exemplaren.

Der Druck erfolgt überwiegend in privaten Druckereien (53,6%), 30,4% der Zeitungen werden in den Unterbezirksgeschäftsstellen der Partei gedruckt. Der Rest hat einen Drucker im Ortsverein, druckt bei den Gewerkschaften oder in der Landesgeschäftsstelle der SPD.

80% stellen ihren Satz mit der Schreibmaschine her. 10,4% produzieren mit Composer und nur 3,2% arbeiten mit Bleisatz.

Der Löwenanteil der Kosten entfällt deshalb auf den Bereich „Druck" und „Material". „Satz" und „Redaktion" treten als Kostenfaktor fast nicht in Erscheinung und „Vertrieb" nur dort, wo die Post und bezahlte Verteiler in Anspruch genommen werden.

Festzustellen ist, daß die teuersten Zeitungen bei weitem nicht die besten sind. Als Diskussionsergebnis im Bereich „Technik" kristallisiert sich das heraus, was man „handgestrickte Perfektion" nennen könnte. Das heißt, der Leser darf sehen und merken, daß es sich bei einer Ortsvereinszeitung um ein eigenes Produkt des Ortsvereins handelt, das mit Mitteln hergestellt ist, die ein Ortsverein zur Verfügung hat. Die wenigen Blätter, die höchste Perfektion anstreben, also Hochglanzumschlag und Bleisatz für unabdingbar halten, wirken deshalb auch steril und unattraktiv, wie die Festschrift zum 50-jährigen Jubiläum eines Gesangvereins.

Die Erfahrung aus den Seminaren weist aus, daß viele Redaktionen ihre Probleme im „Kampf mit dem Platz" haben, der ihnen zur Verfügung steht. Wenige nur verfallen auf den Ausweg, möglichst viel zu verkleinern, um so vermeintlich inhaltlich mehr transportieren zu können.
Im übrigen scheint die Fertigstellung einer Zeitung von Anfang bis Ende eine Aufgabe für die gesamte Redaktion zu sein. Nur bei 27,2% der Redaktionen gibt es ein Redaktionsmitglied, das sich nur um Technik, z.B. Layout, kümmert.

3. Inhaltliche Konzeption

Die folgenden Ausführungen stützen sich nur zum Teil auf die Ergebnisse der Fragebogen-Aktion, da nur im geringen Umfang Fragen zur inhaltlichen Konzeption der Zeitungen gestellt wurden. Ganz überwiegend werden die Diskussionsergebnisse aus den oben erwähnten sechs Seminaren wiedergegeben. Diese Seminare standen vor allem unter inhaltlichen Fragestellungen wie: „Was ist Bürgernähe?" — „Ist unsere Zeitung ein Bürgerforum?" — „Lösen wir Aktivitäten aus?" — „Kennen wir die Lesererwartungen?" — „Hauen wir in die richtige Kerbe?" — „Wie setzen wir unsere Prioritäten?" — „Machen wir aktiven Journalismus?" — „Wer sind unsere Adressaten?" „Warum machen wir eine Ortsvereinszeitung?" — „Sind wir Zeitungskopie oder ‚Ersatz-Vorwärts'?" — „Wer nimmt Einfluß?"

Diese Fragen sollen hier nicht im einzelnen beantwortet werden, sie sollen aber den Hintergrund aufzeigen, auf dem die Seminarergebnisse bearbeitet wurden. (4)

3.1. Gründe für die Herausgabe einer Ortsvereinszeitung

Einer der Hauptgründe für die Herausgabe von Ortsvereins- und Stadtteilzeitungen der SPD in Baden-Württemberg scheint das vorhandene Bewußtsein zu sein, als Opposition in der Öffentlichkeit zu wenig zu Wort zu kommen und sich deshalb ein Medium schaffen zu müssen. (Es wäre wohl einer Untersuchung wert, ob Ortsvereins- und Stadtteilzeitungen typische Minderheiten-Produkte sind.)

Aber selbst in der Einschätzung dieser vermeintlichen Situation ist das Ergebnisbild des Fragebogens sehr uneinheitlich. Während 41,6% der Meinung sind, daß die Darstellung der SPD in der Lokalpresse unzureichend ist und SPD-Positionen von der Lokalzeitung unterdrückt oder falsch dargestellt werden, sind bei der Kontrollfrage nur 27,2% der Auffassung, daß die Lokalzeitung einseitig berichte und die Positionen der SPD nicht oder nur in sehr geringem Umfang vorkämen.

Exkurs: Da ist sie wieder, die viel zitierte „Medienbarriere". Was einige Spitzen der Politik auf die Springer-Presse gemünzt haben mögen, wurde ja allenthalben als Entlastungsargument bis hinunter im Verhältnis zur Lokalpresse begierig aufgeschnappt. Wo die Ortsvereine konsequent versuchen, ein vernünftiges Arbeitsverhältnis zur Lokalpresse zu bekommen, gelingt dies in aller Regel. Die Ergebnisse einer intensiven Seminartätigkeit mit den Pressereferenten der Ortsvereine bestätigen dies. Die SPD macht es sich mit dem Schlagwort „Medienbarriere" zu einfach, wenn man berücksichtigt, daß zum Beispiel das Gros der Ortsvereine keinerlei persönlichen Kontakt zur Lokalpresse hat, und es allein im Landesverband Baden-Württemberg etwa 250 Ortsvereine gibt, bei denen sich niemand für Pressearbeit zuständig fühlt.

Ortsvereine und Redaktionen, die meinen, eine Ortsvereinszeitung könne ein Gegengewicht zur lokalen Tagespresse schaffen, erliegen schon deshalb einem Irrtum, weil die Tagespresse eben täglich und die Ortsvereinszeitung in aller Regel zweimonatlich oder vierteljährlich erscheint. Allein schon deshalb kann sie keine Gegenfunktion haben. Eine Entscheidung des Ortsvereins, die Möglichkeiten in der Tagespresse und im Gemeindemitteilungsblatt nicht mehr wahrzunehmen und nur noch auf die Ortsvereinszeitung zu setzen, kann deshalb nur falsch sein.

Als weiterer Grund für die Herausgabe einer Ortsvereinszeitung wird die Zeitung als Hilfe für den permanenten Wahlkampf, als ständige Argumentationsmöglichkeit und Instrument für gezielte SPD-Informationen mit 68% der Nennungen angegeben. Hierbei scheinen allerdings über den Begriff „Vertrauensarbeit" erhebliche Interpretationsschwierigkeiten zu bestehen, denn bei der Kontrollfrage nach der subjektiv zutreffenden Position sind nur 4% der Meinung, daß die Zeitung als „Bürgerforum" dienen sollte, in der die Meinungen der Bürger zu lokalen Themen zu Wort kommen sollten. Die Zeitung also als Forum, um politische Meinungs- und Willensbildungsprozesse zu initiieren und kritisch zu begleiten. Selbst wenn man die 22,4% derjenigen hinzunimmt, die bei der Positionsbeschreibung meinen, die Zeitung sei nötig, um für sozialdemokratische Zielsetzungen zu werben, um in Wahlkämpfen erfolgreich bestehen zu können, werden jene oben genannten 68% nicht erreicht.

Dies kann eigentlich nur so gedeutet werden, daß innerhalb der einzelnen Redaktionen über die inhaltliche Konzeption einige Unsicherheit herrscht, oder daß außer der gemeinsamen Position, am Ort mit einem gedruckten Produkt präsent sein zu wollen, eine durchgängige inhaltliche Gemeinsamkeit kaum festzustellen ist.

Interessant mag noch sein, daß die Herausgabe von Ortsvereinszeitungen seit 1975, also nach Verabschiedung des Orientierungsrahmens, in dem die SPD auf die Bedeutung dieser Organe aufmerksam zu machen versuchte, die Herausgabe von Zeitungen in Baden-Württemberg sprunghaft zugenommen hat, wobei sicher auch das Wahlkampfjahr 1976 eine Rolle gespielt haben mag. Von den 125 Zeitungen, die in die Untersuchung eingingen, erschienen 1975 - 18, 1976 - 33, 1977 - 25 und 1978 - 16 Zeitungen. Die Wahljahre 1979 und 1980 lassen einen weiteren Sprung nach vorne erwarten.

3.2. Zielsetzungen bei der Herausgabe einer Ortsvereinszeitung

Der Fragebogen hatte eine eigenständige Fragestellung nach den Zielen, die mit der Herausgabe einer Ortsvereinszeitung verfolgt werden. Dabei stellte sich heraus, daß die überwiegende Mehrzahl der Redaktionen keinen Unterschied zwischen den Gründen für die Herausgabe und der Zielsetzung bei der Herausgabe einer Ortsvereinszeitung machen. Die Antworten waren daher auch nicht auswertbar, da einfach auf die Fragestellung und Antworten zu den Gründen für eine Zeitungsherausgabe verwiesen wurde.

Dies ist insofern nicht verwunderlich, als ein Ortsverein, der sich z.B. in der Tagespresse schlecht behandelt wähnt, natürlich mit der Herausgabe einer eigenen Ortsvereinszeitung das Ziel verfolgt, diesem Mangel abzuhelfen. Insofern dürfte bei den meisten Ortsvereinen Grund und Ziel nicht voneinander zu trennen sein.

Ein Ziel, das die meisten Ortsvereine beim Entschluß, eine Ortsvereinszeitung herauszugeben, sicher nicht im Blick hatten, ist eine integrative *Innenfunktion.* Das heißt, die Mitglieder identifizieren sich mit einem Organ, das ihr Ortsverein auf die Beine gestellt hat. Es vermittelt ihnen Selbstbewußtsein, sie tragen es gerne aus und nicht zuletzt dadurch wird ein Verteilerring funktionsfähig gehalten.

Allerdings machen sich die Ortsvereine über die Aktivierung inaktiver Mitglieder über das Vehikel „Ortsvereinszeitung" keine Illusionen. Nur 8,8% geben an, die eigenen Mitglieder aktivieren bzw. die inaktiven Mitglieder auf diesem Weg informieren zu wollen.

Sehr bewußt ist den Ortsvereinen und den Redaktionen dagegen, daß die Zeitung eine *Außenwirkung* hat und haben muß. Allerdings bestätigt sowohl die Umfrage als auch die Seminardiskussionen, daß die Vertrauensarbeit in der SPD weitgehend als Einbahnstraße von der Partei zum Bürger hin mißverstanden wird. Weitgehend wird außer Acht gelassen, daß Vertrauen ein Vorgang auf Gegenseitigkeit sein muß. So geben auf die Frage nach der zutreffenden Position für die eigene Situation insgesamt 68,8% an, eine eigene Zeitung sei nötig, um ungekürzt und ungefiltert politische Positionen und Meinungen vertreten zu können, um die eigene Position im Gegensatz zur Lokalzeitung zur Geltung zu bringen, um für sozialdemokratische Zielsetzungen zu werben und somit in Wahlkämpfen erfolgreich bestehen zu können.

Auch in den einleitenden Seminardiskussionen wollen die Redakteure „Unsere Anliegen an den Bürger herantragen" – „Ungefilterte, unverkürzte Parteipositionen umsetzen" – „wir wollen uns vermitteln" – „Die Partei kann sich produzieren" – „Unsere Ansichten besser verkaufen" – „Sozialdemokratisches Gedankengut verbreiten" – „Wir bereiten dem Bürger Themen auf" – „Überzeugungen für die SPD anbahnen" – „Bewußtsein bilden"– „Politik vermitteln" – „Die Bürger veranlassen, etwas zu wollen" – „Programm vermitteln und aufklären".

Sowohl diese Diskussionsbeiträge als auch die oben erwähnten Fragebogenergebnisse erweisen, daß das Thema „Vertrauensarbeit" in der SPD weitgehend noch nicht aufgearbeitet ist.

Andererseits sind die Redaktionen der Ortsvereins- und Stadtteilzeitungen sicher insofern auf dem richtigen Weg, als sie kommunalpolitischen Themen mit 65,3% bei weitem den Vorrang in ihren Blättern einräumen. Trotzdem wurde auf Seminaren zum Teil erst nach heftiger Diskussion akzeptiert, daß die Ortsvereinszeitungen nicht zum Transportmittel für den wenig originellen Abgeordnetenbrief des Bundestagsabgeordneten mißbraucht werden dürfen.

Dies kann nur bedeuten, im richtigen Verständnis von Vertrauensarbeit, daß missionarische, aufklärerische Ambitionen, mit denen man den Bürger in seinem unmündigen Zustand etwas verdeutlichen und vermitteln will, zu den Akten gelegt werden müssen.

Die Funktion einer Ortsvereinszeitung sollte darin liegen, dem Bürger das unbefriedigende Gefühl des Alleingelassenseins zu nehmen, wenn er aus der Tagespresse entnehmen muß, was im Gemeinderat für ihn beschlossen worden ist, ohne daß er im einzelnen nachvollziehen kann, wie dieser Beschluß zustande gekommen ist und was er für ihn selbst bedeutet. Zum anderen wird die Ortsvereinszeitung die Funktion haben müssen, Forum des Bürgers zu sein. Ein bundesweit gelungenes Beispiel dafür ist die in den Artikeldienst des Parteivorstandes transponierte „Meckerscheck-Aktion", mit der die Bürger über die SPD-Ortsvereine ihre kleinen täglichen kommunalen Ärgernisse einmal an den Mann bringen konnten.

Dazu muß kommen, daß die Zeitung regelmäßig erscheint und somit zur Institution in der Gemeinde wird. Eine Institution ist sie dann geworden, wenn die Bürger ungeduldig fragen, wann eigentlich die nächste Nummer erscheint, oder wenn sie zum Gegenstand der Beratungen im Gemeinderat wird.

3.3. *Welche Themen?*

Die Nachfrage nach der nächsten Zeitungsausgabe ist mit Sicherheit nicht durch die Beilage des Abgeordneten-Briefes aus Bonn oder das Wort des Abgeordneten aus dem Landtag zu erreichen. Sie ist dann zu erreichen, wenn dem Leser Möglichkeiten zur Identifikation angeboten werden, wenn er als Aha-Erlebnis feststellt: „Das sind ja meine Themen, die die da in ihrer Zeitung behandeln".

Um dies zu erreichen, ist eine streng kommunal ausgerichtete Themenwahl unabdingbar. Bundes- und Landespolitik kann nur dann von Interesse sein und von den jeweiligen Abgeordneten in der Ortsvereinszeitung dargestellt werden, wenn der unmittelbare Bezug zum Ort hergestellt werden kann.

Hier hat die überwiegende Mehrzahl der Redaktionen erkannt, daß der Artikeldienst der SPD-Bundespartei inklusive der Landesseiten nur als Angebot zur Füllung eventuell auftretender Lücken zu verstehen ist. Unter diesen Gesichtspunkten auch müßte der Artikeldienst sich ganz streng daran ausrichten, was kommunalpolitisch an Themen umsetzbar ist. Eine Ausnahme wären m. E. sogenannte „Stammtischthemen", wie „Steuerpolitik" oder „Radikalenerlass". (5)

Ganz sicher keine Möglichkeit zur Identifikation für den Leser bieten Partei-Insider-Informationen jeder Art. Ein Artikel über die Problematik der Anrede „Genosse" in der Partei oder die Ergebnisse der letzten Jahreshauptversammlung des Ortsvereins — sie gehören in die Tagespresse — sind in einer Ortsvereinszeitung fehl am Platz. Kurz: Der berühmte klappernde Kanaldeckel ist also wichtiger als die Probleme, die der Ortsverein mit der Aufstellung seiner Kommunalwahlliste hat oder als die Erkenntnisse des Bundestagsabgeordneten zur Neutronenbombe.

Hauptaufgabe der Redaktion muß es also sein, „Vertrauensarbeit" so zu verstehen, daß der Bürger, der Wähler, der Leser, in der Ortsvereinszeitung sich wiederfindet, sich also identifizieren kann. Ständige Dialektglossen, Vorstellung von ortsansässigen Vereinen, das Ausgraben der Historie von Gemeinde und SPD-Ortsverein oder die ständig wiederkehrende Präsentation einer Charakterfigur, der ortsbezogene Fragen oder Zitate in den Mund gelegt werden, sind bei vielen Zeitungen bewährte und erprobte Möglichkeiten, dem Leser Identifikationsmöglichkeiten anzubieten.

Hier drängt sich ein in unzähligen Diskussionen und Debatten verschlissener und abgenutzter Begriff auf: die „Bürgernähe". Abschließend sei der Versuch gewagt, diese „Bürgernähe" für die Gestaltung und Themenwahl von SPD-Ortsvereinszeitungen zu definieren.

Die Redaktionen liegen dann richtig, wenn sie ihre Themen „zwischen Betroffenheit und Betroffen-Sein" der Bürger finden. Dies will heißen, die Ortsvereine der SPD müssen zum einen die Themen finden, von denen sich die Bürger tatsächlich betroffen fühlen. Zum anderen müssen sie die Themen finden, die die Bürger betroffen machen und damit engagieren.

Dies ist die Meßlatte, die die Ortsvereinszeitungen an ihre Arbeit anzulegen haben. Und die Thematik, die zwischen diesen Polen angesiedelt ist, fast ausschließlich im kommunalen Bereich, im unmittelbaren Umfeld der Leser zu finden.

Anmerkungen

1) Diese Umfrage wurde im Spätherbst 1978 durchgeführt und hatte bis zum Stichtag 30.11.1978 eine Rücklaufquote von 125 ausgefüllten Fragebogen, die in die Auswertung kamen. Im Verlauf des Winters sind noch 20 weitere Fragebogen zurückgekommen, so daß eine Rücklaufquote von 70% erreicht wurde. Die Untersuchung soll fortgesetzt werden.
2) In der Gliederungsstruktur der baden-württembergischen SPD entspricht der Kreisvorstand dem Unterbezirksvorstand nach Statut.
3) Mehrfachnennungen waren möglich.
4) Vgl. hierzu: Ursula Clauditz / Werner Herminghaus / Otfried Jarren / Peter Leudts / Jörg Meyer / Hermann Reuke (Hrsg.): Zeitung machen. Fragen — Thesen — Versuche zur Arbeit mit Stadtteilzeitungen. Arbeitsergebnisse eines Seminars für Redakteure von Stadtteilzeitungen, Hamburg 1977 (Seminarzeitung)
5) Seit dem Oktober 1975 gibt der SPD-Bundesvorstand einen monatlich erscheinenden „Artikeldienst" heraus, der neben abdruckfähigen bundespolitischen Artikeln auch Reportagen, Kommentare von Politikern sowie Füll- und Unterhaltungsmaterial (z.B. Karikaturen, Grafiken, Kreuzworträtsel) enthält. Seit kurzem werden den Redaktionen auch Tips für Artikel oder Serien gemacht und die dazu passenden Unterschriften angeboten.

III. Orts- und Stadtteilzeitungen: Erfahrungsberichte und Meinungen

Im folgenden Kapitel werden vier lokale Parteizeitungen vorgestellt. Die kritischen – zum Teil auch selbstkritischen – Berichte der verantwortlichen Redakteure sollen einen Einblick in die Arbeit von „Laien-Publizisten" geben.

Die Zeitungen wurden ausgewählt, weil sie verschiedene Typen lokaler Parteipublizistik repräsentieren: Auf der einen Seite eine von vielbeschäftigten Parteimitgliedern auf einfachste Weise hergestellte Publikation für den ländlichen Raum („Ortsgespräch") und auf der anderen Seite eine aufwendig und von „Profis" gemachte Zeitung für einen Ballungsraum im Ruhrgebiet („Querenburger Nachrichten").

Dazwischen befinden sich die Erfahrungsberichte über zwei Zeitungen aus westfälischen Mittelstädten.

Alle Zeitungsredaktionen unterscheiden sich durch die lokalen Rahmenbedingungen, durch spezifische parteistrukturelle Merkmale und durch die praktizierten Strategien zur Umsetzung publizistisch-politischer Ansprüche. Aber sie verfolgen zumindest ein gemeinsames Ziel: Neben den etablierten Medien auf der lokalen Ebene wollen sie eine zusätzliche Informationsquelle sein und sich engagiert für Bürgeranliegen einsetzen.

Die Lektüre dieser Erfahrungsberichte macht deutlich, vor welchen technischen, inhaltlichen und politischen Problemen die Parteizeitungsredakteure stehen, wenn sie ihren eigenen Ansprüchen gerecht werden wollen.

Bodo Stratmann

„Ortsgespräch"

Begonnen hatte es in der 6.000 Einwohner zählenden Gemeinde Heiden (Kreis Borken) mit dem ein rundes Dutzend zählenden SPD-Ortsverein im Jahre 1972(1). Damals wurde erstmals eine eigene Gemeindezeitung herausgebracht: „Heiden – Informationen – Tatsachen". Diese Zeitung erhielt später den aus Dorsten-Wulfen entliehenen Obertitel , Ortsgespräch" und erschien mit einer Auflage von 1.800 Exemplaren. Damit hatte die SPD in Heiden zum ersten Mal eine Stimme und eine Meinung zu den örtlichen Ereignissen und Begebenheiten.

Die Idee für eine Zeitung wurde dann 1977 vom SPD-Bundestagsabgeordneten im Wahlkreis Bocholt-Borken Ahaus, dem parlamentarischen Staatssekretär beim Bundesminister für Arbeit und Sozialordnung, Hermann Buschfort, für seinen Wahlkreis aufgegriffen. Er beauftragte den Verfasser mit der überörtlichen Ausdehnung der Parteizeitung.

Im südlichen Kreis Borken werden heute in einem Verbundsystem eine Reihe von Parteizeitungen mit dem Serientitel , Ortsgespräch" herausgegeben. Unter dieser Bezeichnung erscheinen die einzelnen Ausgaben mit einem auf die Einzelorte bezogenen Untertitel. Von einem Verbundsystem ist deswegen die Rede, weil diese Parteizeitungen etwa viermal im Jahr mit jeweils gleichem Innenteil sowie mit einem auf die örtlichen Verhältnisse zugeschnittenen Mantel erscheinen. Die lokal orientierten Außenseiten werden „vor Ort" inhaltlich und technisch von den Redaktionsmitgliedern in Zusammenarbeit mit einem vom SPD-Unterbezirksvorstand bestellten Berater und Koordinator erstellt.

Für die vier gemeinsam geplanten Ausgaben pro Jahr werden die beiden Innenseiten von einer Redaktionskommission gefertigt, die ihren Auftrag vom Vorstand des Unterbezirks erhält. Über die gemeinsamen Ausgaben hinaus können von den einzelnen Ortsvereinen Eigen- und Sonderausgaben nach Bedarf herausgegeben werden.

Um die Struktur des Verbundsystems deutlich zu machen, seien folgende Daten genannt: Es erscheinen insgesamt zehn Ortsausgaben in den Städten und Gemeinden des Kreises. Im einzelnen sind das die Ausgaben(2): Bocholt (5/77) mit 16.000 Exemplaren, Borken (2/77) mit 4.000, Gescher (1/77) mit 1.500, Isselburg (10/78) mit 3.000, Heiden (5/76) mit 1.800, Raesfeld (1/77) mit 1.500, Reken (5/77) mit 1.500, Stadtlohn (12/77) mit 3.000, Südlohn (5/77) mit 2.500 und Velen (7/77) mit 2.000. Die Größe der Redaktionen ist unterschiedlich.

»ortsgespräch«

Heiden · Informationen · Tatsachen · SPD-Gemeindezeitung

Nr. 1 Mai '78

Raten Sie mit!

Wer sind die 11 Spieler auf dem Bild? "ortsgespräch" hat ein Foto einer Heidener Fußballmannschaft aus den 50ger Jahren ausgegraben.

Die erste richtige Lösung wird wieder mit einer Flasche Korn prämiert.

Wenden Sie sich an die Redaktion (Tel. 8311).

Wer soll das bezahlen?

Bekanntlich wird das Heidener Freibad durch eine sogenannte Grundwasserheizung beheizt. Es ist zwingend vorgeschrieben, das erwärmte Wasser nach Gebrauch wieder dem Grundwasser zuzuführen. Kein privater Bauherr bekommt eine solche Heizung genehmigt, wenn er diese Voraussetzungen nicht erfüllt.

Der Gemeinde Heiden ist es gelungen, ohne Schluckbrunnen und Sickerfelder das Freibad in Betrieb zu nehmen und das entwärmte Wasser in den Dorfbach zu leiten, was nach Meinung vieler erboster Bürger zum Austrocknen ihrer Hausbrunnen geführt hat.

Nunmehr wurde die Gemeinde gezwungen, das verbrauchte Wasser wieder in den Boden einzuleiten, da sonst das Freibad nicht wieder eröffnet werden durfte.

Flugs wurde eine Ausschreibung herausgeschickt, und für fast 25 000,-DM erhielt eine Heidener Firma den Zuschlag.

An der Lembecker Straße wurde ein Acker glattgeschoben und nach Verlegung der Rohre sprudelte bald munter das Wasser auf das Feld, begleitet von der stillen Hoffnung von Verwaltung und Rat, daß es versickern möge.

Bedenken der SPD-Fraktion, daß das Feld ohne Kies- oder Ascheeinlage verschlammen werde und das Wasser aus diesem Grunde gar nicht versickern könne, wurden vom Bauamt mit dem überzeugenden Argument vom Tisch gefegt, daß wissenschaftlich festgestellt worden sei, daß es versickern werde.

Nach zwei Tagen aber war der künstliche See vollgelaufen und das Wasser versickerte allen guten Wünschen von Verwaltung und Rat und allen wissenschaftlichen Berechnungen zum Trotze nicht.

Aber auch hier geriet man nicht in Verlegenheit. Findige Köpfe ersannen eine Lösung.

Durch zwei Rohre kann das Wasser aus dem See auf ein Nebenfeld geleitet werden, von dort aus in einen Graben und von dort in die Kanalisation, so daß es dann, genau wie vorher, nicht in den Boden, sondern in den Kanal gelangt, nur daß zusätzlich eine kostspielige Wasserumleitung für 25 000 DM zwischengeschaltet wurde.

Wer soll das bezahlen?

Wird Heiden abgehängt?

Kürzlich gab es wieder einmal einen einstimmigen Beschluß im Heidener Rat. Es ging darum, die Stillegung der Bundesbahnstrecke, an der auch der Bahnhof Marbeck-Heiden liegt, zu verhindern.

Zwar hat der Heidener Rat keinen unmittelbaren Einfluß darauf, ob die Bahnstrecke letztlich stillgelegt wird oder erhalten bleibt, jedoch war der moralischen Wirkung wegen ein einstimmiger Beschluß vonnöten.

Zwar hatte die Bundesbahn Zahlen vorgelegt, nach denen es sich kaum noch lohnt, auf dieser Strecke Züge fahren zu lassen. Wir aber wollen unsere Bundesbahn erhalten!! Wie ständen wir auch da, wenn wir keinen Bahnhof hätten.

Die CDU hätte wohl keinem privaten Unternehmer zugemutet, unter diesen Voraussetzungen eine solche Bahnstrecke aufrechtzuerhalten.

Da war vom "Abhängen Heidens" und von "unsozialen Rationalisierungsmaßnahmen" die Rede.

Erstaunlich, wie empfindlich die CDU reagiert, wenn der Bund rationalisieren will, um Geld zu sparen und dabei auch Heiden trifft.

Ebenso erstaunlich, mit welcher Kaltschnäuzigkeit sie in Heiden selbst Rationalisierungsmaßnahmen durchzusetzen versucht, wenn sie die Möglichkeit sieht, in Heiden etwas einzusparen.

In einigen Orten arbeiten bis zu sechs Ortsvereinsmitglieder beim „Ortsgespräch" mit, in anderen wird die Ausgabe nur von einem Mitarbeiter betreut. Ihre Kenntnisse erwarben die Redaktionen durch die Teilnahme an entsprechenden Seminaren. Die im Composer- oder Schreibmaschinensatz erstellten Artikel werden im Klebeumbruch nach vorher festgelegten und für alle Ausgaben gültigen Montagebildern gedruckt.

Etwa die Hälfte der Redaktionsmitglieder in den Ortsvereinen sind schreibende Mitarbeiter, andere liefern Informationen, Ideen oder Kritik. Zumindest ein Mitglied ist für den Vertrieb verantwortlich. Verteilt wird entweder von Mitgliedern in bestimmten Verteilerbezirken, auch Nachbarschaftsbereichen, oder auch von den Kommunalwahlkandidaten in ihren Wahlkreisen. In den bäuerlichen Außenbereichen werden die Zeitungen durch Postwurfsendung zugestellt.

Erfahrungen bei der Verteilung in der Nachbarschaft zeigen, daß der Samstag günstigster Zustelltag ist, denn dann entwickeln sich manchmal Diskussionen mit den Nachbarn. Es kommen Anregungen für die nächste Ausgabe oder Kritik und Anmerkungen zur Ratsarbeit. Häufig fließen gerade auf diesem Weg Informationen und Beschwerden an die Partei und Fraktion zurück.

Inhalt und Gestaltung der von den Ortsvereinen ausgetauschten Zeitungen sollen die Arbeit der einzelnen Redaktionen jeweils wieder neu anregen. Dies hat zum Beispiel dazu geführt, daß nacheinander fünf Redaktionen das Thema „Sichere Schulwege für unsere Kinder" aufgriffen, wodurch im Kreisgebiet ein besonderer Schwerpunkt sozialdemokratischer Politik entstand und die Kreistagsfraktion dieses Problem ebenfalls thematisierte.

Durch Stammtischgespräche, Bürgerversammlungen und offene Fraktionssitzungen wird zum Beispiel den Heidener Bürgern die Möglichkeit der Einflußnahme gegeben. Über diesen Rahmen hinaus machen die Bürger den Vorstand und die Fraktion bei Ortsbegehungen mit ihren Problemen bekannt. Anhand dieser Probleme wird durch die öffentliche Beschreibung im , Ortsgespräch" eine Lösung im sozialdemokratischen Sinne angeboten. Auf diese Weise erfüllt das „Ortsgespräch" nicht nur beschreibende Funktionen, sondern versteht sich ebenso als Initiator und Begleiter konkreter kommunalpolitischer Aktionen. Daneben bemüht sich die Redaktion ferner um engere Kontakte zu organisierten lokalen Gruppen und Vereinen – auch hier wirkt die Zeitung als Bindeglied zwischen Bevölkerung und SPD.

Bei der Innenteilredaktion, die für die überlokale Berichterstattung verantwortlich ist, arbeiten unter anderem der Vorsitzende des Unterbezirks, der Vorsitzende der Jungsozialisten und der Bundestagsabgeordnete mit. Eine ständige Rubrik unter dem Titel „Brief aus Bonn" ist dem SPD-Bundestagsabgeordneten Buschfort vorbehalten.

Zwei Wochenendseminare Anfang 1978 brachten für interessierte Redakteure die Möglichkeit, Technik und inhaltliche Arbeit der „Zeitungsmacher" kennenzulernen. Diese Schulungen sollen den Auftakt für eine weitere regelmäßige Seminararbeit der „Ortsgespräch"-Mitarbeiter sein. Redaktionsstatute oder vergleichbare Abmachungen, die das Verhältnis zwischen den Redaktionen und den Ortsvereinen als Herausgeber regeln, gibt es nicht. Bis auf einen Ortsverein zeichnet der Vorsitzende für den Inhalt der Parteizeitung verantwortlich, die Arbeit selbst wird jedoch thematisch weitgehend offengehalten.

Die Ausnahme bildet der Ortsverein Heiden, in dem die Mitgliederversammlung die Redaktion wählt und der Vorsitzende seine Rechte an die Redaktion abgegeben hat.

Will man die Ansprüche und Zielvorstellungen der „Ortsgespräche" deutlich machen, dann muß noch auf einige Rahmenbedingungen eingegangen werden. Wesentliches Element dieser Bedingungen ist das Mehrheitsverhältnis im Kreis und in den Gemeinden. Hier befindet sich die SPD durchweg in der Minderheit, nicht selten hat sie weniger als ein Drittel der Mandate in den Kommunalparlamenten. Immer muß sie ihre Politik aus dieser Oppositionsrolle heraus betreiben und formulieren.

Zudem trifft sie auf eine Medienlandschaft, die durch Lokalmonopole gekennzeichnet ist. Die Zeitungen orientieren sich in der Berichterstattung mehrheitlich an den kommunalpolitischen Mehrheiten. Im Kreis Borken gibt es zwar mehrere Lokalzeitungen – sie erscheinen alle im Verband der Zeno-Zeitungen, d.h. sie unterscheiden sich nur in den Lokalteilen –, die aber an keiner Stelle in Konkurrenz zueinander treten. Ihre Verbreitungsgebiete überschneiden sich nicht. Die redaktionelle Versorgung dieser Gebiete ist vom Umfang her sehr begrenzt, nur selten wird über mehrere Gemeinden auf mehr als ein bis zwei Seiten täglich berichtet. Die Erfahrung in fast allen Ortsvereinen zeigt, daß die SPD oftmals Schwierigkeiten hat, ihre inhaltlichen Positionen in einem für sie wünschenswertem Maß zu veröffentlichen (3).

Aus dieser Konstellation ergeben sich die Ziele für die Parteizeitungen. So gelang es einigen Ortsvereinen, die publizistische Unterversorgung in den für sie wichtigen Bereichen kommunaler Politik wenigstens ein bißchen abzubauen. Daneben gelang es den SPD-Ortsvereinen, politische Positionen der Minderheit in den Kommunalparlamenten über den Rahmen der eigenen Partei hinaus bekanntzumachen.

Bis zum Aufbau der kooperierenden „Ortsgespräche" war die SPD auf die Lokalpresse oder eigene Flugblätter angewiesen. Damit gelang es jedoch nicht, an andere Wählergruppen heranzukommen und neue Sympathisanten zu gewinnen. Diese Stagnation wurde mit den „Ortsgesprächen" durchbrochen. Durch die optisch sehr gelockerte Gestaltung und die Verwendung auch allgemein interessierender auch auf den ersten Blick unpolitischer Themen gelang es im größeren Maßstab Leser zu gewinnen, die der SPD zunächst ablehnend gegenüberstanden. Als mögliche Zielgruppen werden in der Berichterstattung durch feste Themenkreise Familien und Jugendliche in den Gemeinden, aber auch Vereine, Sportgruppen und Stammtische anvisiert. Die Berichterstattung erstreckt sich auf Unterhaltung, politische Informationen sowie Kurzmeldungen und Vereinsnachrichten.

Der für Parteizeitungen hohe Anteil an Unterhaltungsbeiträgen im „Ortsgespräch" soll einen neuen Leserkreis über die bisherigen Wähler hinaus erschließen. Früher herausgegebene Informationen mit pointierten politischen Inhalten wanderten erfahrungsgemäß oft genug in den Papierkorb. Dies ist heute beim „Ortsgespräch" nicht mehr der Fall. Anforderungen und Nachfragen aus den bäuerlichen Randbezirken in Heiden haben dazu geführt, daß seit Anfang 1977 auch diese Bereiche per Postwurfsendung mit dem „Ortsgespräch" versorgt werden. Das politische Echo war überraschend groß. Dadurch haben sich Anknüpfungspunkte für neue Kontakte und Gespräche für die SPD ergeben.

Eine neue Serie „Unsere Heimat" im Innenteil soll das Thema „Heimatkunde", das lange ausschließlich von Konservativen besetzt wurde, aufgreifen und in unterhaltender Form naturkundliches und geschichtliches Wissen vermitteln. Diese Thematik soll durch historische Themen ergänzt werden, in denen geschichtliche Ereignisse aus der Sicht der abhängig Beschäftigten dargestellt werden.

Vorrangiges Ziel ist es aber, Interesse und Vertrauen für die Arbeit der SPD zu gewinnen. Die Anknüpfung an Lesegewohnheiten, die durch die etablierten Medien weitgehend geprägt sind, ist aus dieser Sicht zu verstehen.

Anmerkungen

1) Der Kreis Borken (Nordrhein-Westfalen) ist ein ländlich strukturierter Raum an der deutsch-niederländischen Grenze.
2) In Klammern sind die Erscheinungsdaten (Monat/Jahr) wiedergegeben.
3) Zu den „ZENO-Zeitungen" im Kreis Borken gehören: „Westfälische Nachrichten" (Ausgabe Gronau), Auflage 10.600 Exemplare „Bocholter-Borkener Volksblatt", Auflage: 20.200 Exemplare und „Borkener Zeitung", Auflage: 11.600 Exemplare. Ferner erscheinen im Kreis die „Ruhr-Nachrichten" (Ausgabe Ahaus) mit einer Auflage von 16.000 Exemplaren. (Alle Angaben aus: Rolf-Michael Kühne: Zeitungsmarkt 1978, Köln 1978)

Heinz Apelt

„Der Linnenbauer"

„Der Linnenbauer" erschien das erste Mal im Mai 1976, also wenige Monate vor der Bundestagswahl. Heute hat er eine Auflage von 24.000 Exemplaren und er erscheint viermal jährlich mit einem Umfang von vier Seiten im DIN A 4-Format. „Der Linnenbauer" erscheint als SPD-Stadtverbandspublikation und repräsentiert alle 17 SPD-Ortsvereine in Herford (Ostwestfalen).

„Der Linnenbauer" versorgt alle Haushalte im Gebiet der Stadt Herford, deren Sozialstruktur durch einen starken Mittelstand gekennzeichnet ist. Die Mehrheitsverhältnisse im Rat der Stadt haben sich seit 1961, als die SPD die Ratsmehrheit mit Oberbürgermeister stellte, verschlechtert. Bis 1975 bildete die SPD zwar die stärkste Fraktion, blieb aber gegenüber einer CDU/FDP-Koalition in der Opposition und nach der Gebietsreform im Jahre 1975 verlor die SPD auch diese Position. Die CDU besitzt seitdem die absolute Mehrheit und bildete mit der FDP eine Koalition im Stadtrat.

Das Medienangebot in Herford wird im wesentlichen bestimmt durch Lokalausgaben der beiden Tageszeitungen „Neue Westfälische" und „Westfalen-Blatt". In beiden Zeitungen nimmt der Lokalteil einen verhältnismäßig großen Raum ein; die „Neue Westfälische" erscheint beispielsweise mit vier Lokalseiten täglich. (1)

Neben diesen Tageszeitungen erscheinen weitere Publikationen. Einmal wöchentlich wird ein Anzeigen- und Informationsblatt, der „Herforder Wochenanzeiger", an alle Haushalte kostenlos verteilt. Im redaktionellen Umfeld besteht für Interessenten durchaus die Möglichkeit, Berichte zu veröffentlichen.

Die Gründungsredaktion der SPD-Stadtverbandszeitung bestand 1976 aus dem jetzigen verantwortlichen Redakteur und einem Pädagogikstudenten. Nach den organisatorischen Vorarbeiten wurde noch ein Jurist zur Mitarbeit gewonnen. Er gab aber schon vor Erscheinen der ersten Nummer auf und liefert jetzt gelegentlich einen Beitrag. Versuche, andere feste Mitarbeiter mit verantwortlichem Aufgabengebiet zu finden, schlugen fehl.

Beide Gründer besuchten ein Seminar für Parteizeitungsredakteure in Bergneustadt Anfang 1976 (2). Der Student war von der Pressearbeit so begeistert, daß er nach Beendigung seines Studiums bei der „Neuen Westfälischen" volontierte und später als Redakteur übernommen wurde. Damit ging dem „Linnenbauer" der beste Mitarbeiter verloren.

Nr. 6 1978

Der Linnenbauer

Eine Zeitung der SPD für Herforder Bürger

1979 Wachablösung im Herforder Rathaus

Dr. rer. pol. Gerhard Klippstein neuer Bürgermeisterkandidat

Auf der Konferenz des SPD-Stadtverbandes, im Juni dieses Jahres, wählten die Delegierten einen neuen Spitzenkandidaten für die Kommunalwahl 1979.

Damit zieht ein neuer Mann als Bürgermeisterkandidat in den Wahlkampf. Sein Ziel: Wachablösung im Herforder Rathaus!

Wer ist dieser neue Mann, welche politischen Vorstellungen bringt er mit, und wie will er den Stuhl des Bürgermeisters erobern?

Die LINNENBAUER-Redaktion hat Dr. Gerhard Klippstein in seinem Haus, Miquelstraße 3, aufgesucht und um ein Interview gebeten.

Red.: Herr Dr. Klippstein, die SPD hat Sie im Juni nahezu einstimmig zum Bürgermeisterkandidaten für die 79er Kommunalwahl gekürt. Wie beurteilen Sie die Chancen für eine Wachablösung im Herforder Rathaus?

Dr. K.: Die SPD war bis 1975 die stärkste Partei in Herford. Bei den Kommunalwahlen 1975 ging diese Position zwar verloren, doch schon ein Jahr später, bei den Bundestagswahlen 1976, wurde die SPD – sowohl bei den Erst- als auch den Zweitstimmen – wieder stärkste Partei. Das gibt mir die Zuversicht, daß eine solche Wachablösung zu erreichen ist.

Red.: Wollen Sie die SPD nach 18 Jahren endlich wieder zur absoluten Mehrheit führen?

Dr. K.: Es muß natürlich unser Wahlziel sein, die absolute Mehrheit zu gewinnen, wobei ich mir bewußt bin, wie schwierig diese Aufgabe sein wird. Daß dies aber nicht unmöglich ist, zeigt die Tatsache, daß die SPD nach 1945 einmal die absolute Mehrheit gewinnen konnte.

Red.: Angenommen, Ihr Vorhaben würde gelingen, was können Sie unseren Lesern über Ihre Vorstellungen und Zielsetzungen sagen?

Dr. K.: Bitte verstehen Sie, daß ich mich zu diesem Zeitpunkt noch nicht über Einzelheiten unseres Wahlprogramms für 1979 äußern möchte. Das Programm bedarf noch der Zustimmung der Delegiertenkonferenz.

Ich kann jedoch versichern, daß es mir mit dem Streben nach mehr Demokratie und Menschlichkeit sehr ernst ist und ich die programmatischen Forderungen meiner Partei nach Chancengleichheit, höherer Lebensqualität sowie mehr Einflußnahme und Mitwirkung der Bürger an Planungs- und Entscheidungsprozessen voll unterstütze.

Red.: Sie sind verheiratet. Im Wahlkampf und erst recht für einen Bürgermeister gibt es eine Menge Verpflichtungen und wenig Privatleben. Werden Sie von Ihrer Frau in Ihrem Vorhaben unterstützt?

Dr. K.: Den Anforderungen der Kommunalpolitik mit ihrem hohen zeitlichen Einsatz kann man nur gerecht werden, wenn der Ehepartner dafür Verständnis aufbringt. Diese Unterstützung ist bei mir gegeben.

Red.: Als Bürgermeisterkandidat sind Sie sozusagen zur „öffentlichen Person" geworden. Dürfen wir Sie um eine kurze Vorstellung bitten!

Dr. K.: Ich bin 34 Jahre alt, habe Volkswirtschaftswissenschaften mit dem Abschluß als Dipl.-Volkswirt und Dr. rer. pol. studiert und bin als Fachleiter für Wirtschaftswissenschaften am Studienseminar, für das Lehramt an berufsbildenden Schulen, in Bielefeld tätig.

Dr. rer. pol. Gerhard Klippstein

Red.: Womit beschäftigen Sie sich neben Beruf und politischer Arbeit. Haben Sie Hobbys; treiben Sie Sport?

Dr. K.: Ich spiele regelmäßig Tennis, gelegentlich Fußball (z. B. in der Mannschaft der Stadtverwaltung Herford) und fahre im Urlaub am liebsten zum Bergsteigen nach Südtirol.

Red.: Sie können also 1979 in bester Verfassung für Ihre Partei in den sicherlich heißen Wahlkampf ziehen. Dabei soll Ihnen eine tatkräftige Mannschaft zur Seite stehen. Ist darüber schon etwas zu erfahren?

Dr. K.: Wie Sie wissen, hat die Delegiertenversammlung im Juni entschieden, daß der Spitzenkandidat durch eine Mannschaft unterstützt werden soll. Wer dazu gehört, wird die demnächst stattfindende Wahlkreis-Delegierten-Konferenz beschließen.

Red.: In einem Jahr sind die Würfel bereits gefallen. Wir sind sicher, daß die Bürger unserer Stadt einem jungen, dynamischen Kandidaten, aus der ersten Nachkriegsgeneration des Jahrgangs 1945, eine Chance geben werden.

Herr Dr. Klippstein, wir danken Ihnen für das Gespräch.

Viel Geld für Herford

Nordrhein-Westfalen ist das Land mit der besten Finanzausstattung für die Gemeinden

Das verdeutlichte der SPD-Fraktionsvorsitzende Werner Hollensteiner in der Sondersitzung der SPD-Fraktion zur Vorbereitung des Haushaltsplanes 1979 für unsere Stadt. Er wies darauf hin, daß die Gemeinden im Land Nordrhein-Westfalen 1977 pro Einwohner 15 % mehr an Finanzmitteln zur Verfügung hatten als der Durchschnitt der Gemeinden der übrigen Länder. Von 1973 bis 1977 erhielt die Stadt Herford vom Land rd. 25,1 Mio DM an „Allgemeinen Zuweisungen", an Mitteln also, die nicht zweckgebunden waren.

Den dicksten Förderungsposten des Landes für Herford bekam der Wohnungsbau im Zeitraum von 1973 bis 1976 in der Höhe von rd. 33,5 Mio DM.

Mit rd. 14,9 Mio DM bezuschußte das Land 1973–1977 den Straßenbau in unserer Stadt; 1 Mio DM kamen für die Städtebauförderung, vor allem für Sanierungsmaßnahmen, und rd. 12,1 Mio DM betrafen den Bildungsbereich. Der Großteil davon wurde für Schulbauten eingesetzt.

Das ergibt die stattliche Summe von 86,6 Mio DM, die innerhalb der genannten Jahre in den Finanztopf unserer Stadt geflossen sind.

Die heutige Redaktion von drei SPD-Mitgliedern ist ein Kompromiß: Ein Mitarbeiter ist Vorsitzender der Stadtratsfraktion und von dieser delegiert und außerdem Geschäftsführer des Unterbezirks. Er liefert hauptsächlich die Beiträge aus der Fraktionsarbeit, steht als Berater zur Verfügung und erhält das fertige Manuskript vorgelegt.

Eingebunden in die Redaktion ist er auf Kontroversen vorbereitet und kann sich nicht mehr, wie anfangs, als er noch nicht zur Redaktion gehörte, aus der Verantwortung halten. Es klappt so auch besser mit dem finanziellen Zuschuß der Fraktion.

Der andere Mitarbeiter ist von Beruf Lehrer, daher meistens überlastet und nur für Beiträge aus seinem Wohnbereich (Ortsverein) einzusetzen.

Die Kompetenzen der Mitarbeiter sind nicht klar abgegrenzt. Eine gewisse Ausnahme bildet der verantwortliche Redakteur. Er wählt Themen aus, spricht mögliche Autoren an, schreibt auch selbst, hält Kontakte zu Bürgern, aber auch zu den Ortsvereinen, Fraktionsmitgliedern und zur Verwaltung. Er sammelt die Beiträge, bearbeitet sie, erstellt das Layout, vereinbart Termine mit der Druckerei, liest Korrektur, beaufsichtigt den Umbruch, holt die fertige Zeitung von der Druckerei und liefert sie an die Ortsvereine. Das ergibt rund 300 Fahrkilometer pro Ausgabe. Das heißt mit anderen Worten: Wesentliche Arbeit lastet nur auf einer Person.

Im Jahre 1975, als der direkte Dialog mit dem Bürger in Herford schwieriger wurde, begannen die Überlegungen für eine Parteizeitung. Um in des Bürgers, längst vom „Bild"-Zeitungsraster geprägtes Denkmuster eindringen zu können, bedurfte es neuer Methoden. Bediente man sich ihrer nicht, endete die Verständigung günstigstenfalls an der Wohnungs- oder Gartentür.

Ursprünglich ging es in erster Linie um das Verständlichmachen der Reformpolitik, um das Zurechtrücken und das Ausräumen von Mißdeutungen, sozusagen von Nachbar zu Nachbar, von Kollege zu Kollege. Kritik an Regierung und Partei wird ja vom Bundesbürger selten als Regulativ und Herausforderung verstanden, sondern simpel als (Ab-) Klassifizierung angesehen, die zur Verunsicherung und zum Abrücken führt.

Diese Zeit des „politischen Frühlings" ließ auch innerhalb der Partei und ihrer Führungsgremien die verkrusteten, hierarchischen Strukturen aufreißen. In Herford führte das zum Wechsel im Stadtverbandsvorstand. Eine neue, verjüngte Mannschaft gelangte an die Spitze. Zu den kreativen Ideen gehörte auch die Herausgabe einer eigenen Zeitung. Die beiden Initiatoren (53 und 23 Jahre alt), erstmals als Beisitzer in den neuen Vorstand gewählt, wurden mit der Presse- und Öffentlichkeitsarbeit betraut.

Das ursprüngliche Ziel war: sechs- bis zwölfmaliges Erscheinen im Jahr; keine Konkurrenz zu den Tageszeitungen; keine Anzeigen, also Bewahrung der Unabhängigkeit. Ein Blatt für die Bürger, nicht für die Partei, gedacht als Ergänzung der vorhandenen Medien, zum Erläutern und Verständlichmachen der eigenen Politik vor Ort. Die Ortsvereine sollten Gelegenheit erhalten, spezielle Probleme aufzugreifen und deren Lösung unter Einschaltung der Gremien der Partei und der betroffenen Bürger der Öffentlichkeit als gelebte Demokratie publik zu machen. Man wollte den bedrängten Bürgern vor Augen führen, daß berechtigte Zweifel an der Allmacht und der Weisheit des Rates anzubringen sind.

Beschlüsse, die die Zeitung betreffen, werden vom Vorstand des Stadtverbandes gefaßt. Dieser tagt monatlich jeweils in einem Ortsverein, dessen Mitglieder dazu eingeladen werden. Eingeladen werden auch die Vorsitzenden aller Ortsvereine oder deren Beauftragte. Weiterhin sind geladen die Vertreter der Arbeitsgemeinschaften und übergeordneter Gremien. Stimmberechtigt bleiben grundsätzlich die Stadtverbandsvorstandsmitglieder. Derzeit sind – rein formale – Beschlüsse vor jeder Ausgabe erforderlich: Änderung von Umfang und Auflagenhöhe, der Finanzierung und der Verteilung.

So nahmen an der Abstimmung über den Titel nach langer Diskussion alle Vorstandsmitglieder teil. Neben alternativen Vorschlägen wie „Wittekindkurier" und „Lokaltermin" wurden sieben weitere eingebracht. Zu guter Letzt entschied sich die Versammlung für den Titel „Der Linnenbauer". Es zeigte sich, daß die Traditionsträchtigkeit dieses Titels hoch eingeschätzt wurde. In Herford steht auf dem Linnenbauerplatz das Denkmal des Linnenbauern. In der vorbeiführenden Höckerstraße verhökerten die Leinen anbauenden Bauern seinerzeit ihre Produkte. In der Praxis hat sich die Titelwahl, auf den Stadtbereich bezogen, als Treffer erwiesen.

Für die Berichterstattung gilt grundsätzlich: wenig „große" Politik. Der enge Bezug zur überschaubaren Welt der Kommune ist zu wahren. Ausnahmen gibt es bei den Bundestags- und Landtagswahlen. Die Redaktion strebt – den Rahmenbedingungen entsprechend – Aktualität an. Zu den ständigen Rubriken zählen: „Die Ratsfraktion meldet" (Beziehung zu Bürgeranliegen, daraus resultierenden Anträgen und ihren Auswirkungen), „Wir stellen vor" (Vereine und Organisationen liefern Beiträge), „Jungsozialisten' (Berichte aus ihrer Arbeit und über ihre Forderungen), „Termine", „Zur Person" (Portraits von Kommunalpolitikern und lokaler Prominenz), „Aus den Stadtteilen" (Arbeit der Ortsvereine). Dafür ein Beispiel: Am Anfang steht ein Problem aus einem Wohnbereich. Dann wird eine Veranstaltung als Ortsbesichtigung mit Bürgern, Fraktionsmitgliedern und Pressevertretern organisiert. Anschließend findet eine öffentliche Versammlung auf Ortsvereinsebene statt, über die dann im „Linnenbauern" berichtet wird.

Der „Meckerscheck" ist die erfolgreichste Rubrik seit ihrer Einführung im Jahre 1977. Die meisten Einsender halten sich an den in der Zeitung veröffentlichten Vordruck und melden, was sie an Mängeln entdeckt haben. Dringende Anliegen leitet der verantwortliche Redakteur auf kürzestem Wege an die zuständige Stelle (Bauamt, Tiefbauamt, Verkehrsamt usw.) weiter. Läßt es sich ermöglichen, wird der Vorgang sofort an das zuständige Ratsmitglied übergeben. Bei den letzten

Ausgaben hat sich gezeigt, daß die Bürger offenbar Vertrauen zum „Linnenbauern" gefaßt haben. Die meisten Vorgänge betreffen Anliegen, mit denen der Bürger weder bei der Verwaltung noch im Vorfeld der Parteien zum Zuge gekommen ist. Wir erleben, daß die Verwaltung die Eingaben abgelehnt hat. Also wollen die Ausschußmitglieder der Parteien ihrerseits getroffene Entscheidungen ungern als anfechtbar oder gar als falsch ansehen.

Auch hier ein Beispiel: Ein Ehepaar mit zwei Kindern schließt mit einer Wohnungsgenossenschaft den Vertrag über den Kauf eines Reihenhauses gemäß vorliegendem Plan. Acht Monate später bezieht es das Haus, richtet sich ein und ist, wie die Nachbarn, im ganzen zufrieden. Etwa acht Monate später beginnen große Schachtarbeiten auf dem gegenüberliegenden Platz inmitten der Siedlung. Recherchen bestätigen aufkeimende Befürchtungen: es soll eine Tiefgarage entstehen. Die Ausfahrt zeigt auf das Wohnzimmerfenster. Die Wohnungsgesellschaft hat in aller Stille mehrere Planänderungen bei der Verwaltung durchgesetzt. Keiner, auch nicht der bestätigende Bauausschuß, ahnte Böses. Die Hauskäufer hatten von dem Vorgang keine Ahnung. Die betroffenen Nachbarn befinden sich nicht alle in der gleichen Ausgangsposition, weil sie ihre Verträge erst später, aufgrund geänderter Baupläne, geschlossen haben. Weitere Anlieger glauben, nicht betroffen zu sein. Deshalb gibt es keine Solidarisierung. Angesprochene, in der Nähe wohnende Ratsmitglieder, winden sich aus der Verantwortung. Auch zwei Bauausschußmitglieder der SPD gehen über einige allgemeine Ratschläge nicht hinaus. Da kommt der „Linnenbauer" ins Haus. Der Meckerscheck wird entdeckt und löst einen Hilferuf aus. Es folgt eine Ortsbesichtigung und ein Gespräch mit dem verantwortlichen Redakteur. Der erfaßt Fakten, reicht Unterlagen an den Fraktionsvorsitzenden, den Vorsitzenden des Bauausschusses, den Vorsitzenden des Verkehrsausschusses und das zuständige Ratsmitglied weiter. Zunächst ist die Reaktion eher zurückhaltend. Doch dann nimmt das Ratsmitglied das Problem auf und solidarisiert sich mit den Anliegern.

Das Beispiel zeigt, welche Funktionen der „Linnenbauer" übernehmen kann, nämlich einen direkten Kontakt mit Betroffenen herzustellen.

Die innerparteiliche Wirkung läßt sich eher schätzen als genau belegen. Gelegentlich sind die Umstände aber günstig für eine Erfolgskontrolle. Ein Maß für die Wirkung nach innen ist sicher die Identifizierung der Ortsvereine mit dem „Linnenbauern". Dazu gehört auch die Verteilung der Nummern. In der Regel sind die Zeitungen in drei bis zehn Tagen verteilt. Ein anderes Merkmal für die Annahme der Stadtverbandszeitung ist die Anforderung einer größeren Zahl von Exemplaren. Über diesen Rahmen hinaus kann die Redaktion eine stärkere redaktionelle Zusammenarbeit mit den Ortsvereinen erfahren. Zum einen liefern sie mehr Berichte als früher, zum anderen werden die Mitarbeiter des „Linnenbauern" aber auch häufiger zu Parteiveranstaltungen eingeladen.

Ammerkungen

1) In der Stadt Herford erscheint die „Neue Westfälische" mit einer Auflage von 11.500 Exemplaren (Gesamtauflage im Kreis Herford: 26.600 Exemplare) und das „Westfalen-Blatt" verfügt in Herford-Stadt über eine Auflage von 16.400 Exemplaren (Gesamtauflage im Kreis Herford: 20.000 Exemplare) (Beide Angaben aus: Rolf-Michael Kühne: Zeitungsmarkt 1978, Köln 1978)
2) Seit 1975 führt die Friedrich-Ebert-Stiftung in den Bundesländern wie auch in ihren Schulen regelmäßig Seminare für Parteizeitungsredakteure durch.

Ulrich Richter

Die „Münster-Presse"

1. Die Geschichte der MP 1970–1972

Die „Münster Presse" (MP) kann bereits auf eine längere Geschichte zurückblicken. Sie wurde im März 1970 zum ersten Mal im Stadtgebiet Münsters verteilt. Anfangs erschien sie alle 14 Tage, später wöchentlich in einem Umfang von durchschnittlich 8 Seiten und in einer Auflage von ca. 100.000 Exemplaren. Gedruckt wurde sie im Format 47 x 31,5 cm bei der „Westfalendruck" in Dortmund; den Vertrieb besorgte eine Werbefirma, die die Verteilung kostenlos an alle Münsterschen Haushalte sicherstellte. Zwei hauptamtlich angestellte Redakteure leisteten die redaktionelle Arbeit, später wurde die Redaktion um eine Redaktionssekretärin und zwei Anzeigenaquisiteure erweitert. Finanziert wurde die MP anfangs aus Anzeigen, später aus dem Etat der „Westfälichen Verlagsgesellschaft" in Dortmund. Als Herausgeber fungierte die „Fritz-Erler-Gesellschaft. Verein zur Förderung der politischen Meinungsbildung e.V."; sie war eigens zu diesem Zweck gegründet worden. (1)

Der erfolgreiche Bundestagswahlkampf 1969 hatte nicht nur der SPD in Münster einen Stimmenzuwachs von 9,4% auf 41,1% gebracht, er hatte auch den Verantwortlichen in der Münsterschen SPD deutlich gemacht, daß die Partei unbedingt ein öffentliches Forum brauche, um den Bürgern ihre Politik verständlich zu machen. Die „Westfälischen Nachrichten" und die „Münstersche Zeitung" vertraten mehr oder weniger offen die politische Meinung der in Münster mit absoluter Mehrheit regierenden CDU, und die „Westfälische Rundschau" aus Dortmund, die bis 1972 mit einem eigenen Lokalteil in Münster vertreten war (zuletzt ca. 7000 Exemplare), konnte diese einseitige politische Information nicht entscheidend korrigieren. Die Schaffung einer regelmäßig erscheinenden SPD-Zeitung wurde deshalb als politisch notwendig angesehen.

Die MP berichtete als parteipolitisch gebundene Zeitung über die breite Palette lokaler Ereignisse in der Aufmachung einer Boulevard-Zeitung. Die beherrschenden Themen waren schon damals die Verfilzung von Verwaltung und CDU sowie die zahlreichen spektakulären Boden- und Bauspekulationen. Bei der Münsterschen Bevölkerung war die MP beliebt. Die Münstersche Wirtschaft nutzte die MP anfänglich als willkommenen Werbeträger, da durch den kommerziellen Verteiler der Vertrieb optimal gewährleistet war. Zwar hatten die Anzeigenkunden nie einen direkten Einfluß auf den redaktionellen Inhalt genommen, dennoch war die MP, wie sich zeigte, von deren politischer Meinung auch abhängig: ein Anzeigenboykott führte schließlich zur finanziellen Auszehrung und am 15. Dezember 1972 mußte die MP mit einem Verlust von 500.000 Mark aufgeben.

Münster Presse

Sozialdemokratische Zeitung für Münster | Nummer 20 | Oktober 1978 | Anzeigenfrei

Erst Karstadt — Jetzt kommt Horten-Neubau
Wann kommt das Preisdiktat der Konzerne?

Die Stadt Münster hat sich für Horten eingesetzt — und durchgesetzt. Ohne einen Bebauungsplan aufzustellen soll die Baugenehmigung für die Erweiterung erteilt werden. Nach Karstadt nun ein

weiterer Klotz in der Innenstadt. Karstadt hat seit einiger Zeit die Baugenehmigung, aber läßt sich Zeit. Die Verwaltung will durch eine Horten-Baugenehmigung auch Karstadt zum schnellen Baubeginn zwingen. Eine weitere Kaufhauserweiterung also — und alles ohne Beteiligung der betroffenen Bürger. Argument der Verwaltung: die Umgebung von Horten ist sowieso von großen Zweckbauten geprägt. Auch ein Abriß der alten, traditionellen Gaststätte Schürmann soll hingenommen werden. Das Rezept von CDU und Verwaltung ist klar: eine Umsatzsteigerung im Stadtzentrum. Nur: die Verkaufsfläche der Warenhäuser wird zwar verdoppelt, aber die beiden Konzerne können Angebot und Preise in Zukunft beliebig bestimmen. Mit Billigaktionen sind sie in der Lage, den übrigen Einzelhandel n den Ruin zu treiben. Übrig bleiben dann nur noch Exklusiv-Geschäfte mit Exklusiv-Preisen.

Ein Schild an einem städtischen Kindergarten in Nienberge-Häger. Welches Kind, falls es schon lesen kann, sollt da nicht Angst haben, vor diesem „Herrn Oberstadtdirektor", der nur Berechtigten das Betreten erlaubt und Verstöße verfolgt? Vielleicht lauert er gerade als „Schwarzer Mann" hinter der nächsten Ecke?

Der lächelnde Papst

„Die Welt trauert um den lächelnden Papst", so verkündeten die „WN" den Tod von Papst Johannes Paul I. Nur 34 Tage konnten die Katholiken etwas schier Unfaßbares bewundern: einen Papst, der lächelt, der sogar lachen kann.

Vom ersten Tag nach seiner Wahl bis zu seinem Tode begleiteten ihn die erstaunten Kommentare. Seltsam: ein Mensch, mit einem offenen, fröhlichen Gesicht, hatte die Menschen auf sympathische Weise irritiert.

Was für eine Welt! Man muß sich einmal vorstellen: nur weil ein Kirchenoberhaupt ein menschliches Antlitz zeigt, wird er als „lächelnder Papst" in die Geschichte eingehen. Lachen, natürliche Fröhlichkeit, Dinge, die man von einem Christenoberhaupt erwarten könnte, gehören anscheinend nicht zum Programm der offiziellen Kirche. Ein lachender Papst, das ist eben außergewöhnlich. — ufie —

MP Diesmal in MP

Wellerdieck weg — neuer Anfang für SC Preußen?

Das Sperre-Urteil des DFB hat die Aktivitäten des Preußen-Chefs Wellerdieck jäh gestoppt. Dabei fühlte sich G. Wellerdieck, der in seiner achtjährigen Amtszeit fast jedes Jahr einen Trainer verschliß, der den Verein durch spektakuläre Transaktionen an den Rand des Ruins brachte (und nur durch eigene und fremde Finanzspritzen in letzter Minute immer wieder rettete) als wahrhaft Verfolgter. Vor dem Sportgericht spielte Wellerdieck den Alleinseligmachenden: „Unter einer neuen Führung würde die Lage des Vereins noch verschlimmert." Der Preußen-Vorsitzende hatte die Profi-Kicker zu „seinen Preußen" gemacht, quasi zum „FC Wellerdieck". Private Bande zu den meisten Spielern, unter der Hand gezahlte Schwarzgelder, machten es selbst den von Bundesligisten umworbenen Spielern wie Grünther und Möhlmann leicht, den Preußen die Treue zu halten. „Der Präsident macht hier alles," hörte man überall. Dieses zu große Engagement einer Person und ein fataler Hang zum „Alles oder Nichts" brachen dem Vorsitzenden schließlich das Genick. Am Ende des Jahres werden die Schulden der Preußen noch erheblich gestiegen sein. Hinzu kommt, daß der Trainer sich gleich zu Beginn mit pessimistischen Prognosen für die laufende Saison hervortat. Das hatte zur Folge, daß viele Preußenfreunde, die von einer hochbezahlten Profimannschaft zu Recht einen Spitzenplatz in der Tabelle erwarten, gar nicht erst kamen.

Schlimm für die Preußen. Jetzt müssen die neuen Leute Möllemann und Schmelter sich zusammensetzen — unter dem Zwang, die Karre aus dem Dreck zu ziehen. Es wird höchste Zeit.

Bald neue Schwingen

2. Die Entwicklung seit 1974

Zwei Jahre später, im April 1974, erstand die MP wieder. Die treibende Kraft waren innerparteiliche Richtungskämpfe. Die Studentenbewegung von 1968 und die damit verknüpften neuen politischen Ideen hatten in der Mitgliedschaft der SPD in Münster einen tiefgreifenden Umschichtungsprozeß herbeigeführt, und dieser zeigte nun auch in der Kommunalpolitik seine Wirkung. Zur Kommunalwahl 1975 hatten sich die jungen Mitglieder zu einer politischen Kraft formiert und nach harten Kämpfen sich als Kandidaten für den neuen Rat durchgesetzt. In dieser Auseinandersetzung war die wiedererstandene MP ein Mittel, um die Erneuerung der Ratsfraktion überhaupt durchzusetzen.

Zunächst als eine Mitgliederzeitung für den SPD-Stadtverband Münster konzipiert, wurde die MP schon ab der 3. Nummer (Oktober 1974) an den Infoständen in einer Auflage von 3000 Exemplaren an die Münsteraner verteilt, und mit der 4. Nummer (Dezember 1974) erreichte sie bereits eine Auflage von 10.000 Exemplaren. Die MP war damit wieder zu einer sozialdemokratischen Zeitung für die Bürger Münsters geworden. Die Funktion als Mitgliederzeitung wurde durch eine Beilage „MP-intern", die an die Mitglieder verteilt wurde, noch aufrechterhalten.

Die Nummern 1—4 waren im Offset-Druck (Vorlage DIN A 3 auf DIN A 4 verkleinert) mit einem Umfang von 8—12 Seiten gedruckt worden. Die rapide anwachsende Auflage und die mit dem Offset-Druck verbundenen hohen Kosten machten die Rückkehr zum Zeitungsdruck notwendig. Diese Entwicklung war im Sinn der Initiatoren. Ab der 5. Nummer (Februar 1975) erschien die MP wieder im alten Format und in der vertrauten Aufmachung. Sie hatte einen schwankenden Umfang von 4—8 Seiten und erreichte zeitweilig eine Auflage von maximal 80.000 Exemplaren. Ihre Funktion als Mitgliederzeitung hatte sie ganz verloren; sie wendete sich an die Münsteraner, erschien mit ca. 6 Nummern pro Jahr in unregelmäßigen Abständen und wurde von der Parteiorganisation an alle Haushalte verteilt. Der SPD-Stadtverband, dann nach der Reorganisation 1975 der Unterbezirk Münster, finanzierte die MP unter völligem Verzicht auf Anzeigen aus seinem Etat, indem die Abgaben der Mandatsträger in der Ratsfraktion an den Unterbezirk voll dafür verwandt wurden.

Die MP war das Sprachrohr der jungen SPD-Fraktion, die 1975 mit 24 Mitgliedern in den Rat eingezogen war (CDU: 37; FDP: 6). Es war das Ziel der Initiatoren, in Form einer „Doppelstrategie" nicht nur den jungen Kandidaten in der Partei eine Mehrheit zu verschaffen, sondern sie, die von der Ortspresse zum Teil der Komplizenschaft mit Kommunisten verdächtigt und diffamiert worden waren, auch der Bevölkerung bekannt und ihre Vorstellungen von einer neuen Kommunalpolitik verständlich zu machen. Diese jungen Kandidaten prägten den Inhalt der Zeitung.

Nach der Bundestagswahl 1976 und der Konsolidierung der politischen Arbeit der neuen SPD-Fraktion im Rat änderten sich zumindest innerparteilich die

Rahmenbedingungen für die MP. Der „Schwung" in der politischen Arbeit war dem Pragmatismus der Tagesarbeit gewichen. Die politische Notwendigkeit der MP und ihre publizistische Wirkung wurde zunehmend in Zweifel gezogen. Hinzu kamen finanzielle Schwierigkeiten. Anfang 1978 beschloß der Unterbezirk aus dem Etat für die MP auch Stadtteilzeitungen der einzelnen Ortsvereine unter bestimmten Auflagen teilweise mitzufinanzieren. Das wichtigste Argument dafür war, daß die MP von ihrer Struktur und ihren technischen Möglichkeiten her die Probleme der einzelnen Stadtteile zu wenig aufgreifen könne und die Ortsvereine deshalb gezwungen seien, eigene Zeitungen herauszubringen. Ab der 19. Nummer (Mai 1978) erscheint die MP nun in einem Format von 33,5x23,5 cm bei mindestens 12 Seiten Umfang und 5 Nummern im Jahr. Die Verteiltung wurde auf die Innenstadtortsvereine begrenzt und die Auflage auf 32.000 Exemplare reduziert. Das Prinzip der haushaltsdeckenden Verteilung wurde zugunsten der Schwerpunktverteilung aufgegeben. Dafür war auch die Tatsache maßgebend, daß einzelne Ortsvereine die Verteilung der MP nicht immer in der gewünschten Weise sicherstellen konnten.

3. Aktuelle Probleme der MP

I. Das Selbstverständnis der Redaktion

Die Redaktion hat sich selbst kein dezidiert ausformuliertes politisches Programm gegeben, das durch die Arbeit zielstrebig in politische Wirkung umgesetzt und ständig in kritischer Selbstreflexion überprüft wird. Politische Grundsatzdiskussionen oder gar die Erörterung medientheoretischer Probleme werden nicht geführt: die nächste Nummer muß gemacht werden. Mit Prinzipienlosigkeit sollte dieser Pragmatismus nicht verwechselt werden; er ist schlicht der Ausdruck der Möglichkeiten, über die die Redaktion zur Zeit verfügen kann. Mit diesen Möglichkeiten versucht die Redaktion eine in Inhalt und Aufmachung interessante Zeitung zu machen, die die Bürger aller Schichten ansprechen und erreichen soll.

Tagesaktualität kann die MP schon auf Grund ihrer Struktur nicht erreichen und will es auch nicht. Die MP kommentiert die Kommunalpolitik aus ihrer parteilich gebundenen Sicht, sie setzt Akzente für die Beurteilung, und sie liefert zusätzliche Informationen, die die Ortspresse, die ihrerseits parteipolitisch abhängig ist, nicht gedruckt hat.

II. Inhaltliche Struktur

Ohne starres Layout-Schema wechseln die Seiten mit lokalen und allgemeinpolitischen Themen als Schwerpunkte bunt gemischt ab, wobei ein Verhältnis 2 : 1 angestrebt wird. Mit der Umstellung auf das kleine Format hat sich das Gesicht der MP stark verändert. Das Titelblatt wurde neu gestaltet. An das große „MP" im Kopf der Alten erinnern nur noch Rudimente wie: „MP-Kommentar" und „Diesmal in MP". Das ehemals aufgelockerte Layout im Stil eines Boulevardblattes wurde durch ein strengeres abgelöst. Es dominiert der Text.

Die Auflockerung durch Bilder und andere graphische Elemente ist problematisch. Das Photomaterial zu den lokalen Ereignissen ist nicht immer von der besten Qualität, und das Bildmaterial zu den allgemeinpolitischen Themen stammt zumeist aus sekundären Quellen. Bis auf „Jans un Tönne" gibt es keine feste Kolumne mit einem unverwechselbaren Gesicht.

Die Länge der Artikel ist immer umstritten. Die Vielschichtigkeit des Problems, das auch noch politisch-kritisch eingeordnet werden soll, verlangt eine ausreichende Zeilenzahl. Ebenso zeigt die Erfahrung, daß lange Artikel (über 100 Zeilen) von den Lesern, die die MP im besonderen erreichen will, im allgemeinen nicht gelesen werden. Mit der Darstellung komplexer kommunalpolitischer Streitfragen (z.B. Stadt- und Verkehrsplanung) auf zwei gegenüberliegenden Seiten ist ein akzeptabler Kompromiß gefunden worden. Das Thema wird in Teilprobleme aufgeteilt und in selbständigen Artikeln dargeboten. Das Layout sichert den thematischen Zusammenhang.

III. Die Schwierigkeiten der Redaktion

Das schwierigste Problem für die Redaktion ist die Informationsbeschaffung und die sachgerechte Bearbeitung der Informationen. Alle Redakteure haben in der Regel zu wenig Zeit, um selbst die kommunalpolitischen Themen recherchieren zu könne. Sie sind weitgehend auf die Informationen durch die Ratsmitglieder und andere kompetente Mitarbeiter angewiesen. Eine Entlastung ist es schon, wenn diese den Artikel selbst schreiben. Das grundsätzliche Problem wird jedoch nur verschoben: Es stellt sich in dem Moment wieder, wenn der Artikel redigiert werden muß. Ohne fundierte Sachkenntnis ist dies – offen gesagt – Stümperei. Der Versuch, in je einen der vier Arbeitskreise der SPD, wo die kommunalpolitischen Sachprobleme diskutiert und für die Fraktion entscheidungsreif vorbereitet werden, ein Mitglied der Redaktion zu schicken, damit dieser Redakteur sich die notwendigen Sachkenntnisse in einem Gebiet erwerben kann, muß als gescheitert angesehen werden. Die personellen Möglichkeiten sind dafür einfach zu gering. Das Problem liegt anders bei den allgemeinpolitischen Themen. Hier bestimmt das Engagement des Redakteurs an der Sache weitgehend seine Sachkompetenz.

Der Pragmatismus in der politischen Arbeit belastet erheblich die Redaktion. Die Bereitschaft zur Mitarbeit in der Redaktion ist gering. Zeitweilig ließ auch die Mitarbeit der Ratsfraktion an der inhaltlichen Gestaltung der MP zu wünschen übrig. Die Redaktion konnte sich nur auf wenige Mitglieder zuverlässig stützen, und diese wenigen hatten bereits seit der ersten MP oder seit der Wiedergründung 1974 mitgearbeitet. Als wichtigster Grund für die mangelnde Mitarbeit der Gesamtfraktion ist die Arbeitsüberlastung der einzelnen Ratsmitglieder anzusehen, die bei Abwägung ihrer tatsächlichen Möglichkeiten die aktive Mitarbeit an der MP hintanstellen. Dies ist nicht zu tadeln, es ist zu beklagen.

IV. *Das Verhältnis Redaktion und Partei*

Die MP ist eine Parteizeitung, die voll von der Partei finanziert wird. Damit ist das Verhältnis zwischen Redaktion und den Parteigremien, sowie der Grad innerparteilicher Demokratie und Toleranz ein immanentes Problem. Bisher hat es ernsthafte Schwierigkeiten mit heftigen innerparteilichen Kontroversen nie gegeben. In der Auswahl und in der Aufmachung der Themen ist die Redaktion unabhängig. Nicht immer haben die Artikel uneingeschränkten Beifall gefunden. So kam es vor, daß einzelne Ortsvereine sich weigerten, die MP in ihrem Gebiet zu verteilen, weil ein Artikel ihrer politischen Auffassung nicht entsprach.

Ebenso sollte es nicht als Selbstzensur mißverstanden werden, wenn die Redaktion bestimmte Themen nur mit einer gewissen Zurückhaltung aufgreift. Als Beispiel sei die Art und Weise der Berichterstattung der Ortspresse über die SPD genannt, die fast täglich zur Kritik Anlaß gibt. Da auf eine entsprechende Kritik hin die Redaktion der „Westfälischen Nachrichten" mit Sanktionen unmißverständlich gedroht hatte, und die Partei auf ein gewisses Wohlverhalten der Presse angewiesen ist, kann dieses Thema als Tabu gelten. Zudem hieße es die eigenen Möglichkeiten weit überschätzen, wollte die MP mit ihren 5 Nummern im Jahr gegen die täglich erscheinenden „Westfälischen Nachrichten" einen Pressefeldzug führen (2).

V. *Die publizistische Wirkung der MP*

Über die Wirksamkeit der MP im politischen Raum können nur Mutmaßungen angestellt werden. Ein deutlich erkennbares Feedback besteht nicht. Die Zahl der Leserbriefe, die die Redaktion erreicht, ist relativ gering. Doch daraus eine völlige Wirkungslosigkeit ableiten zu wollen, wäre ebenfalls empirisch nicht zu belegen. Sicher ist nur, daß die Ortspresse peinlichst bestrebt ist, die MP zu ignorieren, und diese nur dann zur Kenntnis zu nehmen bereit ist, wenn aus der Partei heraus an ihr – wie 1977/78 geschehen – heftige Kritik geübt wird. Ebenso sicher ist, daß die politischen Gegner die MP sorgfältig lesen. Ihre Reaktionen auf unbequeme Artikel lassen diesen Schluß zweifelsfrei zu.

Anmerkungen

1) Als Vorsitzender der Fritz-Erler-Gesellschaft amtierte damals der Hochschullehrer Erich Küchenhoff, der sich zu der Zeit im Rahmen eines Forschungsprojektes über „Die demokratischen Grenzen der Pressefreiheit" kritisch mit der BILD-Zeitung auseinandersetzte. Diese Kritik veranlaßte den Axel Springer Verlag dazu, beim Institut für Massenkommunikation an der Universität Köln (Leiter: Prof. Dr. Alphons Silbermann) ein Gutachten über die MP in Auftrag zu geben. Ergebnis: Die MP berichte in vielen Fällen „relativ einseitig". Vgl. dazu: Axel Springer Verlag/Abteilung Information: Zur Einstellung der ‚Münster Presse': Ergebnisse einer quantitativen und qualitativen Inhaltsanalyse des SPD-Gratisblattes, in: rot angestrichen, Nr. 16, Berlin 1973
2) Die „Westfälischen Nachrichten" erreichen mit ihrer Stadtausgabe eine Auflage von 35.100 Exemplaren; die Konkurrenzzeitung „Münstersche Zeitung" verfügt über 26.100 Exemplare. (Beide Angaben aus: Rolf-Michael Kühne; Zeitungsmarkt 1978, Köln 1978)

Christoph Meer-Leyh

Die „Querenburger Nachrichten"

„Das hat doch in der Zeitung gestanden." Mit diesem Satz werden an Theken und Stammtischen Streitfragen entschieden. Nur: Im Bochumer Süden sind mit „Zeitung" oft genug die „Querenburger Nachrichten" gemeint. Für die Macher dieser SPD-Stadtteilzeitung ist das ein großes Kompliment. Das Vertrauen in ihre Zeitung beweist, daß ihr Kurs, keine Partei- sondern eine Bürgerzeitung zu machen, langfristig richtig war.

Die „Querenburger Nachrichten", bei den Lesern unter dem Kürzel QN bekannt, erscheinen seit 1972.

Mit rund 5.000 Exemplaren Auflage begann der SPD-Ortsverein Bochum-Querenburg das Projekt QN. Zwei Jahre siechten die mit Plan begonnenen QN dahin, Bleiwüsten machten das äußere Erscheinungsbild wenig attraktiv, die Finanzierung wurde mangels Anzeigenkunden immer schwieriger. 1974 stieg der benachbarte Ortsverein Bochum-Steinkuhl mit ein. Aus seinen Reihen kam ein Naturtalent in Sachen Anzeigenwerbung. Gegen eine achtprozentige Provision zur Deckung der Kosten gelang es diesem Parteimitglied binnen knapp zwei Jahren eine gesunde finanzielle Basis für die Zeitung aufzubauen. Nun beteiligte sich auch der Ortsverein Bochum-Wiemelhausen an den QN. Der Name , Querenburger Nachrichten" wurde wegen der inzwischen gewonnenen Bekanntheit beibehalten.

Heute sind die QN ein gesundes Unternehmen, das sich selbst finanziert. Die Anzeigenakquisition erfolgt weiterhin gegen Provision, ein Geschäftsführer vertritt die QN in allen wirtschaftlichen Fragen, er führt die Bücher, zahlt die Steuern, mahnt säumige Kunden und legt regelmäßig Bilanzen vor. Seine Kosten werden ihm erstattet.

Basis für das „Unternehmen" QN ist ein Vertrag zwischen den drei herausgebenden Ortsvereinen. Diese „Vereinbarung über die gemeinsame Herausgabe der Querenburger Nachrichten" wurde am 29. Dezember 1975 von den Vorsitzenden unterzeichnet. Der Vertrag regelt die Erscheinungsweise, die Arbeit der Redaktion, Geschäftsführung und Rechnungsprüfung und die Finanzierung.

Die Arbeit der Redaktion wird in einem umfangreichen Redaktionsstatut zusätzlich geregelt. Dieses Statut ist eine Anlage zu dem Vertrag und wurde ebenfalls von den Vorsitzenden der Ortsvereine unterzeichnet. Bisher hat es allerdings noch keine Streitfälle gegeben, bei denen das Statut hätte angewendet werden können.

QN
QUERENBURGER NACHRICHTEN
SPD Querenburg, Steinkuhl und Wiemelhausen
Nummer 2/77/6. Jahrgang

Bezirksvorsteher im Süden neu gewählt

Burchardt kommt – Borchardt geht

Jürgen Borchardt

Hellmuth Burchhardt

Der Vorsitzende der Bezirksvertretung V (Süd), Heinz-Jürgen Borchardt, trat am 25. Januar 1977 von seinem Amt zurück. Gleichzeitig erklärte er seinen Rücktritt auch aus der Bezirksvertretung. Borchardt, er kann sich aus beruflichen und familiären Gründen seinen Aufgaben in der Bezirksvertretung nicht mehr widmen, war nach der Änderung der Gemeindeordnung im Jahre 1974 erster Vorsitzender der Bezirksvertretung Süd. Er gehörte der SPD-Fraktion an. Borchardt wurde wegen seines ausgleichenden Wesens und seiner Neutralität in seinem Amt geschätzt. Gleichzeitig war Borchardt stellvertretender Vorsitzender des SPD-Ortsvereins Bochum-Wiemelhausen. Auch dieses Amt legte er nieder. Die SPD-Fraktion der Bezirksvertretung und der SPD-Ortsverein Bochum-Wiemelhausen danken Jürgen Borchardt für seine Arbeit.

Als neuer Vorsitzender der Bezirksvertretung Süd wurde in der Sitzung am 8. Februar 1977 der bisherige SPD-Fraktionsvorsitzende, Prof. Dr. Hellmuth Burchhardt, gewählt. Für Burchhardt wurde als neuer Fraktionsvorsitzender der SPD-Fraktion der Vorsitzende des SPD-Ortsvereins Bochum-Steinkuhl, Dr. Hans Meier, nachgewählt.

In die Bezirksvertretung nachgewählt wurde der Geschäftsführer unserer Zeitung, Hans Peter Schreiner.

Die QN wünscht den „Neuen" alles Gute und viel Erfolg bei ihrer Arbeit!

Hans Meier im Gespräch mit Bürgern

Wird so schnell wie möglich abgerissen: Haus Platzmann

Endgültige Entscheidung in der Fraktion

Der Bagger kommt bald: Haus Platzmann wird nun doch abgerissen

SPD Steinkuhl kämpfte bis zum letzten Augenblick

Haus Platzmann wird abgerissen. Nach rund zweijährigem dramatischen Tauziehen zwischen Steinkuhler SPD, Stadtbezirk, Bezirksparlament, Unterbezirk, Ratsfraktion und Verwaltung ist nun die endgültige Entscheidung gefallen. Hauptargument gegen Haus Platzmann waren die Kosten. Einziger Lichtblick: Der Schießstand soll nach Möglichkeit erhalten bleiben.

Bis zum letzten Augenblick setzte sich der SPD-Ortsverein Steinkuhl für die Erhaltung des Hauses ein. Die beiden stellvertretenden Vorsitzenden bekamen die Gelegenheit, der Ratsfraktion von ihrer Entscheidung die Argumente des Bochumer Südens auf den Tisch zu legen. Über zwei Stunden dauerte die Debatte. SPD-Fraktionschef Hossiep: „So lange ist noch nie über einen einzelnen Punkt diskutiert worden." Hier noch einmal kurz die Argumente für Haus Platzmann:

- günstige Lage,
- relativ billig zu verwirklichen,
- ausbaufähig,
- für den Süden dringend notwendig,
- mehrfach im Wahlkampf versprochen,
- Neubau in den nächsten Jahren nicht in Sicht.

Diese und viele andere Argumente konnten die Fraktion nicht überzeugen. Mit großer Mehrheit – nur die vier Ratsmitglieder aus dem Bochumer Süden waren dagegen – wurde der Abbruch beschlossen. Hauptargumente für den Abbruch:

- mit den rund 800 000 Mark, die für den Ausbau nötig wären, lassen sich im Bochumer Norden mehr Jugendheime verwirklichen,
- im Norden Bochums sieht es auch schlecht aus,
- Haus Platzmann ist für Jugendarbeit ungeeignet.

Ein kleines Trostpflaster enthält der Fraktionsbeschluß: Der Schießstand soll möglichst erhalten werden, außerdem sollen sich die Arbeitskreise Jugendpolitik in der Fraktion und beim Unterbezirk Gedanken über eine Jugendpolitik im Bochumer Süden machen.

Dem Fraktionsbeschluß waren Diskussionen auf allen Ebenen vorausgegangen.

SPD-Stadtbezirk Süd und Unterbezirksvorsitzender Dr. Christoph Zöpel MdL diskutierten drei Stunden über die Jugendpolitik.

Der Stadtbezirk legte beim Unterbezirksparteitag einen Antrag auf Erhaltung des Hauses vor und löste damit eine heftige Debatte aus, die ermöglichte, daß der Ortsverein Steinkuhl und der Stadtbezirk Rederecht in der Ratsfraktion bekamen.

Der Ortsverein Steinkuhl diskutierte mehrere Stunden lang mit Fraktionschef Hossiep und dem Experten für Jugendpolitik Hans-Dieter Kaulfuß.

Der Arbeitskreis Jugendpolitik beim Unterbezirk hielt Haus Platzmann für erhaltenswert und setzte es auf Platz drei einer Prioritätenliste für die Jugendpolitik in Bochum.

Doch das Argument der Finanzen behielt die Oberhand. Die Haltung der Ratsmitglieder aus dem Bochumer Norden ist verständlich. Dort sollen nun drei alte Gebäude den Jugendlichen nutzbar gemacht werden.

Der Ortsverein Steinkuhl hat den Kampf um Haus Platzmann verloren. Das liegt sicher nicht an mangelndem Einsatz. Jetzt wird er neue Lösungen suchen.

Steinkuhler backen für ihre Senioren

Alle Seniorbürger aus dem Raum Steinkuhl sind herzlich zu einem unterhaltsamen Nachmittag eingeladen, den die SPD für sie am 2. März um 15 Uhr im Thomaszentrum an der Girondelle ausrichtet. Wie bei den letzten Nachmittagen kochen die SPD-Mitglieder ihren älteren Mitbürgern selbst den Kaffee und verwöhnen sie mit selbstgebackenem Kuchen. Außerdem wird die Bochumer Jahresschau 1976 gezeigt. Parlamentarier und Parteipolitiker aus dem Raum Steinkuhl stehen für persönliche Gespräche zur Verfügung. Der Eintritt ist wie immer frei.

Museum Bochum

Um insbesondere Berufstätigen und Schülern Museumsbesuche zu ermöglichen, wurden die Öffnungszeiten des Museums an der Kortumstraße, Kunstsammlung, neu festgelegt.

Das Museum ist montags und dienstags geschlossen. Mittwochs bis einschl. samstags ist es täglich von 10 bis 20 Uhr geöffnet, sonntags von 10 bis 14 Uhr.

In dieser Ausgabe lesen Sie:

Neuwahl in der SPD Steinkuhl

Der SPD-Ortsverein Steinkuhl wird seine diesjährige Jahreshauptversammlung mit einem gemütlichen Teil koppeln. Unter anderem wird sich auch das „Steinkuhl Trio" vorstellen, eine Band, die sich aus Mitgliedern des Ortsvereins gebildet hat. Wichtigster Tagesordnungspunkt der Versammlung wird jedoch die Neuwahl des Ortsvereinsvorsitzenden sein. Der bisherige Vorsitzende, Hans Meier, hat sein Amt niedergelegt, da er zum Fraktionsvorsitzenden der SPD im Bezirksparlament Süd gewählt wurde. Die Jahreshauptversammlung des OV Steinkuhl findet am 25. Februar um 19.30 Uhr in der Gaststätte Reinert statt.

Hustädter wählen den Mieterrat

Die Mieter der Vereinigten Bochumer Wohnungsbaugesellschaft (früher Bochumer Heimstätten) in der Hustadt, der Lennershofsiedlung sowie in einigen Häusern in der Gutenbergstraße und Auf dem Aspei wählen im Februar einen neuen Mieterrat.

Elf Mieter kandidieren für den Mieterrat. Sieben davon werden in den nächsten Tagen gewählt. Rund 2000 Mieter, die einen Mietvertrag mit der Wohnungsgesellschaft unterschrieben haben, sind wahlberechtigt. Wahlhelfer verteilen zur Zeit die Stimmzettel. Ab Ende nächster Woche werden die Stimmzettel in verschlossenen Umschlägen wieder eingesammelt.

Durch vorbereitete Urnen und ein ausgeklügeltes System bei der Einsammlung werden Fehler so gut wie ausgeschlossen. Listen mit Fotos der Kandidaten und deren „Steckbriefe" hängen in den Schaukästen in der Hustadt und in den Schaufenstern der größeren Geschäfte aus.

Der Mieterrat besteht schon fünf Jahre lang. Er bemüht sich, das Verhältnis Mieter zu Vermieter so gut wie möglich zu demokratisieren. Wir wünschen dem Mieterrat eine hohe Wahlbeteiligung und viel Erfolg bei der Arbeit!

Warum sind die alle so stur?

Nachbarn leben isoliert unter einem Dach

SPD-Mitglieder sprechen über Wohnsituation

Da fährst du im Aufzug zu deiner Wohnung. Einer steigt ein, du murmelst bestenfalls „N' Abend" und starrst dann weiter auf den Alarmknopf. Am nächsten Tag auch, nur steigt diesmal die Oma aus dem dritten Stock oder der Koreaner von ganz oben zu. Man schweigt halt vor sich hin, worüber soll man auch schon reden. Zu tratschen gibt's nichts und das Wetter kennen die selbst. Du fragst dich nur manchmal, warum die alle so stur sind. Erst wenn mal der Aufzug kaputt ist und man sich fluchend auf der Treppe begegnet, hat man was zu reden.

Warum die Leute hier so aneinander vorbeileben, darüber hat sich der SPD-Ortsverein Querenburg auf der letzten Mitgliederversammlung auch Gedanken gemacht. Das Thema hieß eigentlich ganz allgemein: Wohnen in Querenburg. Aber immer wieder sprachen die Anwesenden davon, daß es hier zahlreiche Bevölkerungskreise gibt, die aneinander vorbeileben, nichts voneinander wissen, isoliert sind. Das ist wohl eins der brennendsten Probleme. Die Alt-Querenburger leben unter sich, die Studenten, die Spätaussiedler. Irgendwo am Rand auch die Jugendlichen. Die vielen Ausländer sowieso, und ob die untereinander Kontakt haben, weiß man auch nicht.

„Liegt alles am Beton" zieht als Patent-Erklärung schon längst nicht mehr. Sicher haben die Architekten und Wohnunternehmen viel Mist gebaut. Nur ist die Frage, ob man sich damit abfinden soll, daß sich die Bewohner auch wie Beton benehmen. Hier und da gibt's ja doch schon ganz hoffnungsvolle Ansätze, mal miteinander was zu machen – die Mitglieder hatten jedenfalls viele Ideen und kannten auch einige gelungene Projekte. Über die Möglichkeiten, im eigenen Haus mit den Nachbarn zusammen etwas zu unternehmen, soll auf der nächsten Mitgliederversammlung am 24. Februar, 20 Uhr in Koch's Kotten, gesprochen werden.

Fraktion redet mit Sportlern

Die SPD-Fraktion der Bezirksvertretung Süd setzt ihre Diskussion mit den Bürgern des Stadtbezirks fort. Diesmal geht es um den Sport. Am Samstag, dem 26. Februar 1977, trifft sich die SPD-Fraktion mit Vertretern der Sportvereine. Beginn 10 Uhr in der Gaststätte Schmidt, Brenscheder Straße.

In § 1 wird die Zusammensetzung der Redaktion festgelegt. Jeder der drei Ortsvereine entsendet drei Redakteure, außerdem gehört der Anzeigenakquisiteur der Redaktion an. Diese Redaktionsmitglieder wählen den Chefredakteur, der von den Vorständen der drei Ortsvereine bestätigt werden muß. Diese Elfermannschaft bildet die Redaktion.

§ 2 regelt die Entscheidung der Redaktion. Wegen seiner Wichtigkeit sei er hier wörtlich zitiert:

„1) Die herausgebenden Ortsvereine haben die Richtlinienkompetenz. Die Redaktion ist verpflichtet, diese Richtlinien zu beachten.
2) Die Redaktion fällt die Entscheidungen über Art, Formulierung, Länge und Plazierung der Artikel. Sie beschließt mit einfacher Mehrheit. Bei Stimmengleichheit entscheidet die Stimme des verantwortlichen Redakteurs. Die Redaktion ist bei ihren Entscheidungen unabhängig.
3) Der verantwortliche Redakteur ist berechtigt, die Veröffentlichung von Artikeln abzulehnen, die er für presserechtlich bedenklich oder strafbar hält. Er ist verpflichtet, seine Ablehnung zu begründen.
4) Jeder Redakteur hat das Recht, zu verlangen, daß ihm persönlich unzumutbare Artikel vom Autor gezeichnet werden. Ein entsprechender Hinweis ist in das Impressum aufzunehmen."

Diese etwas umständlichen Formulierungen sind die Grundlage für die freie Arbeit der Redaktion. Eine Zensur von Artikeln findet nicht statt. Die bewußt etwas vage formulierte Richtlinienkompetenz der Ortsvereine besteht darin, daß sie die allgemeine Richtung des Blattes festlegen und nach Erscheinen von Artikeln Aussagen für die Zukunft machen können. Bisher ist von dieser Kompetenz noch nie Gebrauch gemacht worden.

Allerdings haben die Ortsvereine gemeinsam mit der Redaktion einen großen Themenkatalog für die QN festgelegt, den die Redaktion nach ihrem Gutdünken ausfüllen kann. Dabei ist ausdrücklich festgehalten worden, daß auch kritische Artikel über die Arbeit der SPD, der Ortsvereine oder einzelner Mandatsträger veröffentlicht werden dürfen. Von dieser Möglichkeit macht die Redaktion oft genug Gebrauch.

Außerdem haben die Ortsvereine das Recht, die QN als „amtlichen Anzeiger" zu benutzen, das heißt, darin Termine anzukündigen und politische Erklärungen abzudrucken.

Doch zurück zum Redaktionsstatut. In weiteren Paragraphen regelt es die Häufigkeit der Redaktionssitzungen, die Rechte der Umbruchredakteure auf Änderung, die Fristen für das Abliefern von Manuskripten für „freie Mitarbeiter".

In diesem Zusammenhang ist eine Passage wichtig: Jedes Mitglied der drei herausgebenden Ortsvereine hat Zugang zu den Redaktionssitzungen und kann eigene Artikel einreichen. Die Redaktion darf diese Artikel allerdings ablehnen oder ohne Rücksprache kürzen. Um aber das „Unterbuttern" einzelner Mitarbeiter zu verhindern, gibt ein besonderer Paragraph jedem Mitarbeiter das Recht, sich an seinen

Ortsvereinsvorstand zu wenden, wenn er meint, ihm sei von der Redaktion Unrecht angetan worden. Dieser Vorstand kann dann beschließen, daß der Artikel des Mitglieds abgedruckt werden muß. Dies ist die einzige direkte Eingriffsmöglichkeit der Parteiorganisation in die Gestaltung der QN. Bisher ist sie noch nie genutzt worden.

Das Redaktionsstatut und der Vertrag über die gemeinsame Herausgabe sind das Ergebnis einer rasanten Aufwärtsentwicklung. Während der neue Anzeigenakquisiteur zielstrebig die finanzielle Basis für die QN legte, änderte sich auch die redaktionelle Arbeit. 1974 war im Ortsverein Steinkuhl ein Journalist Mitglied geworden. Er begann sofort bei den QN mitzuarbeiten. Langsam aber sicher verbesserte sich das äußere Erscheinungsbild der Zeitung. Mit dem Eintritt des dritten Ortsvereins wurde auch die personelle Ausstattung der Redaktion so gut, daß eine verstärkte Arbeit möglich wurde. Die Folgen stellten sich schnell ein: Die Ortsvereine identifizieren sich mit dem Blatt, die Bürger fanden es lesenswert, und dadurch stieg das Interesse der Anzeigenkunden. 1975 standen die QN rundum gut da. Daran hat sich bis heute kaum etwas geändert. Auch die „technischen Daten" sind im wesentlichen gleich geblieben: Die QN erscheinen monatlich mit einer Auflage von 14.000 Exemplaren. So erreichen sie jeden Haushalt im Bereich der drei Ortsvereine. Der Vertrieb erfolgt ehrenamtlich durch die Mitglieder. Die QN haben das „rheinische Format", also ein normales Zeitungsformar. Sie werden im Bleisatz hergestellt (Umrüstung auf Fotosatz steht bevor) und im Rotationshochdruck gedruckt. Der Umfang der QN liegt je nach Anzeigenaufkommen zwischen 6 und 16 Seiten, das Verhältnis von Anzeigen zu Text liegt bei höchstens 1 : 1, meist überwiegt der Textteil.

Der Erfolg der QN ist allerdings nicht vom Himmel gefallen. Ihm ging eine intensive Schulung der Mitarbeiter voraus. Bisher haben etwa zehn Wochenendseminare stattgefunden, in denen Redaktionsmitglieder und Interessenten lernten, wie man Zeitung macht. Sie werden von den QN in Eigenregie durchgeführt. Themen:
Wie recherchiere ich wo was? Welche Artikelformen gibt es? Wie baue ich einen Artikel sinnvoll auf? Welche stilistischen Mittel kann ich dabei einsetzen? Mit welchen Tricks kann ich die Leute zum Lesen bringen? Dazu werden immer wieder Grundlagen des Presserechts gepaukt, müssen sich die Redakteure mit Schriftgraden, Layoutbögen und Typometern herumschlagen, diskutieren sie über Themenschwerpunkte ihrer Zeitung. Abgerundet werden die Seminare durch Rollenspiele und Gruppenarbeit. Da werden Pressekonferenzen fingiert und Recherchiertricks ausprobiert. Willkommener Nebeneffekt: Auch persönlich kommen sich die Redaktionsmitglieder näher, die gemeinsamen Seminar-Späße verbinden auch bei der Arbeit.

Die Lehre der Seminare, daß Zeitung-Machen Spaß macht, sollte auch auf die Verteiler der QN übertragen werden. So ließ sich die Redaktion einiges einfallen. Mit einem Erbsensuppenessen begann sie ihre Sympathiewerbung. Dort erzählten die Redakteure von ihrer Arbeit und ihren Problemen. Seitdem die Verteiler wissen, wieviel Aufwand hinter einer QN-Ausgabe steckt, verschwinden nur noch selten Zeitungen in Kellern oder Müllcontainern. Inzwischen garantieren die QN eine Verteilung binnen 24 Stunden nach Erscheinen. Das überzeugt natürlich auch die Anzeigenkunden.

Die Motivation für die Verteiler, die vom ersten Erbsensuppenessen ausging, hatte eine regelmäßige Kette von Veranstaltungen zur Folge. Amateurfilme über die Herstellung „unserer Zeitung" wurden gedreht und vorgeführt, eine Tonbildschau mit Dias entstand, es gibt Gedichte auf die QN und schließlich gar den QN-Fußball-Pokal, um den jährlich ein Turnier ausgetragen wird.

Das alles ist natürlich nur möglich, weil die QN von den drei Ortsvereinen getragen werden. Das Erscheinungsgebiet begünstigt diese Arbeit. Die Ortsvereine Querenburg (etwa 350 Mitglieder) und Steinkuhl (280 Mitglieder) umfassen die Universitäts-Rahmenstadt mit dem Einkaufszentrum „uni-center". Beide wurden erst vor wenigen Jahren aus dem Boden gestampft. Der Ortsverein Wiemelshausen (rund 400 Mitglieder) liegt in einem gewachsenen Stadtteil mit dem Geschäftszentrum „Kirchviertel". So ist das Erscheinungsgebiet geographisch klar zu umreißen, es hat „natürliche Grenzen". Die Konzentration der Geschäfte erleichtert die Anzeigenwerbung. Daß beide Einkaufsviertel in gesunder Konkurrenz zueinander stehen, erhöht die Chancen der QN.

Auch im redaktionellen Teil konzentrieren sich die QN auf ihr Erscheinungsgebiet. Vorneweg rangiert die kommunalpolitische Berichterstattung. Alle Redaktionsmitglieder sind auch in ihren Ortsvereinen aktiv (meist im Vorstand). Die Sitzungen des Bezirksparlamentes liefern weitere Nachrichten, wo die QN ständig vertreten sind. Natürlich wird auch über die Kommunalpolitik der Gesamtstadt berichtet und wesentliche Themen der Parteitage des SPD-Unterbezirks erscheinen ebenfalls im Blatt.

Zweiter Themenschwerpunkt sind die Aktivitäten der Bürger im Bochumer Süden. Die Vereine kennen die QN als Anlaufstelle: Regelmäßig wird über große und kleine Feste, Vorstandswahlen, Fußballsiege und Kegelturniere berichtet. Auch den Bürgerinitiativen des Bochumer Südens – etwa gegen den Bau der Autobahn DüBoDo – wird viel Platz eingeräumt, selbst mit Argumenten gegen die SPD. Regelmäßig, allerdings bewußt in geringem Umfang, wird auch von der Universität berichtet.

Beliebt bei den Lesern sind auch die Serien in den QN: Eine Interviewserie mit den Spielern des Bundesligisten VfL Bochum, eine Serie über Wander- und Spazierwege im Bochumer Süden, eine Serie mit alten und neuen Fotos unter dem Titel „Querenburg wie es war – wie es ist" (inzwischen als Buch erschienen), eine Serie unter dem Titel „Bürgerkompaß" mit Informationen über Sozialrecht, Mietfragen, Bebauungspläne usw.

Natürlich wollen die QN auch unterhalten. Deshalb veröffentlichen sie Porträts von interessanten Mitbürgern, Basteltips, Buchbesprechungen, Gedichte, Kindergeschichten, Kreuzworträtsel oder Begebenheiten aus der Lokalgeschichte. All dies erscheint in lockerer Folge.

„Ganz nebenbei" will das Blatt auch Meinung bilden. Doch dazu wendet es nicht die Dampfhammer-Methode an. Kommentare und Glossen erscheinen nur sparsam. Und wenn, dann zu hautnahen Themen. Der Redaktion ist das Abholzen von zehn alten Buchen im Stadtbezirk eher eine Spalte wert als eine Revolution im Iran. Kurz: „Stadtteilzeitung" ist die oberste Maxime. Das schließt allerdings nicht aus, daß ausführlich über Bildungspolitik oder Mitbestimmung geschrieben wird. Schließlich steht um die Ecke eine Gesamtschule, arbeiten Tausende der QN-Leser am Fließband bei Opel.

Das Ganze soll in ständigem Kontakt mit dem Leser stattfinden. Die Verteiler beginnen damit an der Haustür. Die Redakteure setzen es am Telefon fort. Die Leser honorieren das: Sie rufen an oder schreiben. Sie wissen, daß sich das lohnt. Denn die QN garantieren: Jeder Leserbrief wird abgedruckt. Zusätzlich erleichtert wird der Kontakt mit den Lesern durch zwei Ortsvereinsbüros – eins davon als große Bürgerbegegnungsstätte eingerichtet – die fast ständig besetzt sind. Ab und zu dürfen Außenstehende auch an Redaktionssitzungen teilnehmen. Kürzlich war gar eine ganze Schulklasse samt Eltern zum Besuch da.

Trotz allem: Die QN sind nicht der Himmel auf Erden. Sie haben mit handfesten Problemen zu kämpfen. Die Hauptlast der Arbeit ruht auf den elf Redakteuren. Aus der SPD kommen die Informationen nur zögernd. Immer wieder wandern gute Leute ab, neue müssen angelernt werden. Und Konkurrenz hat sich eingestellt: In den ersten Jahren ihrer Existenz stießen die QN in eine Marktlücke. Der Bochumer Süden als neuer Stadtteil Bochums wurde von den lokalen Tageszeitungen schlicht und einfach übersehen. So waren die QN die einzige Zeitung mit lokalen Informationen in nennenswertem Umfang. (1) Entsprechend war die Attraktivität für Anzeigenkunden. Es gab Jahre, da erschien im Lokalteil des Zeitungsriesen WAZ nicht eine einzige Anzeige aus dem Bochumer Süden. Das hat sich inzwischen geändert. Alle 14 Tage bringt die WAZ nun eine Beilage „Bochumer Süden" heraus. Erklärtes Ziel: Konkurrenz zu QN. Das hat die QN viel Geld gekostet. Das Anzeigengeschäft ist härter geworden. Dennoch läuft es leidlich. Die QN sind weiterhin finanziell gesund.

Die zweite Konkurrenz kommt von der CDU. Sie bringt nun ebenfalls eine Zeitung heraus. Redaktionell ist sie kaum ein Gegner, der Ruf von sieben Jahren QN ist so schnell nicht zu gefährden, außerdem handelt es sich mehr um ein Kampfblatt einiger Studenten in der CDU als um eine Stadtteilzeitung. Aber auf dem Anzeigenmarkt wird es dadurch noch enger. Geschäftsleute werden „der Ausgewogenheit wegen" aufgefordert, in beiden Blättern zu inserieren. Leider lassen sie es dann oft ganz.

Die Konkurrenz zwingt die QN zu Gegenmaßnahmen. Leider müssen nun ab und zu „PR-Artikel" ins Blatt genommen werden. Das geschieht allerdings nur in geringem Ausmaß und ohne Lobhudelei.

Als Erfolg hat sich die Präsentationsbroschüre der QN herausgestellt, die alle Anzeigenkunden erhalten. Das ist ein achtseitiges Hochglanzheftchen, das die QN vorstellt. Inhalt: Arbeit von Redaktion und Vertrieb, Adressen, Konzept der QN, Themenschwerpunkte, technische Daten, Anzeigenpreisliste und Karte des Verbreitungsgebietes. Die Broschüre ist Ende 1978 mit einer Auflage von 1.000 Stück erschienen.

Die QN sind die älteste Stadtteilzeitung in Bochum. Lange waren sie die einzige. Doch inzwischen sind sie nur noch eine unter vielen. Der Erfolg der „Zeitung am Sonntag" (ZaS) – die QN-Redaktion behauptet nicht zu Unrecht, Idee und Initiatoren stammten aus ihren Reihen – hat jedoch eine Welle von Stadtteilzeitungen ausgelöst. Leise Regungen hatte es schon 1975 im Landtagswahlkampf gegeben, als der Bochumer SPD-Unterbezirk eine Zeitung unter dem Titel „Bochum-report" dreimal herausgab, davon einmal als aktuelle Tageszeitung(2).

Nach ZaS ging es dann in großem Maßstab weiter. Die Bochumer Bürgerzeitungen (BBZ) entstanden. In dieses Projekt haben sich die QN integriert. Es sei hier nur kurz vorgestellt:

Die BBZ haben eine Auflage von 170.000 Exemplaren und erreichen jeden Haushalt in Bochum. Sie erscheinen vierteljährlich im selben Format wie die QN ebenfalls im Rotationshochdruck. Herausgeber ist der SPD-Unterbezirk. Die BBZ haben einen Umfang von acht bis zwölf Seiten. Drei Seiten (Seite 1, 3, 4) werden siebenmal gewechselt. Sie stehen den sieben Stadtteilredaktionen der SPD zur Verfügung. So erscheinen die BBZ unter sieben verschiedenen Namen: „Bochum-report" in der Stadtmitte (Auflage ca. 55.000), „WAT-aktuell" im Stadtbezirk Wattenscheid (Auflage ca. 35.000), „Blickpunkt Nord" im Bochumer Norden (Auflage ca. 17.000), „Forum-Bochum-Ost" im Stadtbezirk Bochum-Ost (Auflage ca. 25.000), „Stiepeler Nachrichten" im Stadtteil Stiepel (Auflage 5.700), „Südwest-Echo" im Bochumer Südwesten (Auflage 22.000) und natürlich „Querenburger Nachrichten".

Die QN erscheinen also viermal im Jahr zusammen mit den anderen sechs Stadtteilzeitungen. Die Verteilung findet dann sonntagsvormittags statt. Dazu sind rund 1.000 Bochumer Sozialdemokraten auf den Beinen.

Die sieben Stadtteilredaktionen arbeiten unabhängig, aus technischen und finanziellen Gründen wird ihnen das Layout jedoch einheitlich vorgeschrieben. Eine der drei Wechselseiten steht ihnen für Anzeigen zur Verfügung.

Die restlichen Seiten der BBZ werden von einer Zentralredaktion mit städtischen, Landes-, Bundes- und Unterhaltungsthemen gefüllt. Parallel dazu werden für den Zentralteil Anzeigen geworben. Der Umbruch erfolgt zentral, ebenso die technische Vorbereitung aller Manuskripte, Fotos und Anzeigen. Die Auslieferung der gedruckten Zeitungen wird ebenfalls zentral vorgenommen, die einzelnen Ortsvereine holen sich ihr Kontingent ab und organisieren den Vertrieb.

Die Finanzierung der BBZ erfolgt durch Anzeigen, die Buchhaltung wird zentral beim Unterbezirk vorgenommen.

Im Wahlkampf erscheinen die BBZ häufiger. Zu den Europa- und Kommunalwahlen 1979 sind jeweils am Sonntag vor der Wahl und am Wahltag selbst aktuelle „Bochumer Bürgerzeitungen am Sonntag" erschienen.

Anmerkungen

1) In Bochum-Stadt erscheint die „Westdeutsche Allgemeine Zeitung" mit einer Auflage von 82.100 Exemplaren; die Ausgabe Wattenscheid der WAZ hat 17.300 Exemplare. Die „Ruhr-Nachrichten", die ebenfalls im Kreis Bochum vertreten sind, verfügen über eine Auflage von 10.800 Exemplaten. (Beide Angaben aus: Rolf-Michael Kühne: Zeitungsmarkt 1978, Köln 1978)
2) Vgl. dazu den Beitrag von Hermann Reuke in diesem Band, S. 151–161

IV. Handreichungen und Konzeptionen

Laien-Journalisten brauchen, wenn sie sich zu „Experten des Alltags" entwickeln sollen, Hilfestellungen für ihre publizistische Tätigkeit. Das „Zeitungsmachen" ist zwar dank preiswerter und leicht anwendbarer Offset-Drucktechnik einfach, aber um ein kontinuierliches Erscheinen zu ermöglichen, bedarf es technischen Wissens: Über die Organisation der Redaktion bis hin zu den Finanzen.

Im folgenden Kapitel wird auf die wichtigsten praktischen Handreichungen, die das nötige Basiswissen vermitteln können, aufmerksam gemacht. Und es werden einige Erfahrungen geschildert, die im Rahmen einer Erwachsenenbildungsveranstaltung bei der Ausbildung von „Laien-Journalisten" gemacht wurden: Benötigt der publizistische Laie für seine Tätigkeit im überschaubaren lokalen Raum überhaupt bestimmte journalistische Standards?

Redaktionelle oder technische Kooperation bei Orts- und Stadtteilzeitungen ist heute eher die Ausnahme als die Regel. Dennoch sind überall – besonders im Bereich der lokalen Parteipublizistik – Bestrebungen zu mehr Kooperation erkennbar. Die von einigen sozialdemokratischen Landesverbänden in den vergangenen Jahren anläßlich von Kommunal- oder Landtagswahlen herausgegebene „Zeitung am Sonntag" (ZaS) stellt den vorläufigen Endpunkt einer derartigen Entwicklung dar. Die Idee für diese Wahlzeitung entstand in Bochum, wo lokale Parteizeitungen bereits seit längerem in einem „Verbundsystem" herausgegeben werden (1).

1) Vergleiche dazu den Beitrag von Christoph Meer-Leyh, S. 98–105.

Hans Heinz Fabris

Laien-Journalisten: Experten des Alltags

Beruflicher oder kommunikativer Zugang zur Öffentlichkeit?

Vor noch nicht allzulanger Zeit waren Lesen und Schreiben – wie heute noch in vielen Teilen der Erde – weitgehend geheime „Künste": Adel und Klerus übten über diese „Kulturtechniken" ein Monopol aus, der Zugang zur Öffentlichkeit war auf die Mitglieder der jeweiligen Macht-Eliten beschränkt.

Betrachtet man die seither stattgefundene Entwicklung, sollte dies ein Grund für die – gemäßigt optimistische – Erwartung sein, daß in absehbarer Zeit weitere, heute noch exklusive Kulturtechniken im Umgang mit der Herstellung von Öffentlichkeit allgemeine Verbreitung finden werden. Und daß derart öffentliche Kommunikation bis in das Alltagsleben – etwa auf Gemeindeebene – *demokratisiert* werden könnte.

Stellen nun die Gruppen der „nebenberuflichen", der sogenannten „freien" und der vor allem in den neuen *lokalen* und *„alternativen"* Medien tätigen „Laien-Journalisten" bereits ein Indiz für einen solchen Demokratisierungsprozeß dar? Oder handelt es sich dabei um eine Rand- oder gar Rückzugserscheinung in einem irreversiblen Prozeß, den die Sozialwissenschaftler als *Verberuflichung* und *Professionalisierung* von – in diesem Fall kommunikativen – Tätigkeiten beschreiben?

Eine Beantwortung dieser Frage ist nicht für die davon unmittelbar betroffenen Gruppen von Bedeutung. Ob nämlich in Zukunft *lokale Öffentlichkeit* von einer einzigen Zeitung und deren professionellen Journalisten *monopolistisch* beherrscht wird, ob „kommunikative Kompetenz" über medienpädagogischen Unterricht und die Eröffnung praktischer Zugangsmöglichkeiten vermittelt oder aber blockiert wird, ob nur die *Groß-Medien* oder auch *Klein-Medien* gefördert werden, nur die hauptberuflichen, nicht aber nebenberufliche Journalisten ausgebildet werden, das alles sind Entscheidungen, die sowohl kultur- wie kommunikations-, sozial- und bildungspolitische Aspekte berühren. Die Qualität der Meinungs- und Willensbildungsprozesse in der Gesellschaft – beispielsweise auf Gemeindeebene – kann dadurch ganz entscheidend beeinflußt werden.

Von zentraler – nicht zuletzt *demokratie-praktischer* – Bedeutung ist in diesem Zusammenhang vor allem die Frage, ob der kommunikative Zugang zur Öffentlichkeit, der ja ein *„Jedermannsrecht"* ist, faktisch auf die Eigentümer und Verfügenden der Medienunternehmen und auf die hauptberuflichen journalistischen Berufsträger eingeschränkt werden kann – und darf. Die Beschäftigung mit der Geschichte der Kommunikationsberufe, die Diskussion verschiedener Professionalismus-Konzeptionen und vor allem Erfahrungen mit verschiedenen neuen Formen eines – wie immer gearteten – „alternativen" Journalismus sollten es erleichtern, darauf Antworten zu finden, um in Zukunft möglicherweise andere Wege zu gehen.

Zur Geschichte der Kommunikationsberufe

Historisch gesehen ist es sicherlich richtig, daß kommunikative Tätigkeiten zunehmend hauptberuflich ausgeübt werden. Auch gegenwärtig entstehen – etwa in der Öffentlichkeitsarbeit oder der Medienpädagogik – noch ständig neue Kommunikationsberufe. Die Kommunikationswissenschaftler sprechen in diesem Zusammenhang von einem *offenen,* ständig in Entwicklung befindlichen Berufs-Feld und diskutieren Strategien einer „aktiven Professionalisierung" weiterer Tätigkeiten.

Auf dem Hintergrund der gesamtgesellschaftlichen Entwicklung haben sich nach Langenbucher aus verschiedenen Elementen der Kommunikation wie dem Sprechen, dem Hören, dem Übertragungskanal, dem Code oder Zeichensystem und der übertragenen Information drei kommunikative Grundrollen herausgebildet, die in steigendem Maße beruflich betrieben werden: Sprechen, Hören und Weitertragen(1). Oder – in der Sprache der Kommunikationswissenschaft – die Rollen des Kommunikators, des Mediators und Rezipienten. Zwei dieser Rollen – die in der Berufsrealität allerdings selten sauber voneinander zu trennen sind – können als die eigentlich journalistischen Berufsrollen bezeichnet werden: Mediator und Kommunikator.

So läßt sich die Mediator-, Boten- oder Mittler-Rolle bis auf die in vielen Gesellschaften anzutreffenden Erscheinungen der Spielleute und Pilger, Soldaten, Kaufleute, Fuhrleute, Schiffer u.ä. in der Rolle des Informationsträgers zurückverfolgen(2). Später, in der Zeit des expandierenden Handelsbürgertums mit seinem wachsenden Bedarf an Informationen über neue Waren und Märkte, sind eigene „Korrespondenten" mit dem Sammeln und Weitergeben solcher – und anderer – Informationen befaßt gewesen. Diese Korrespondenten waren die Vorläufer der ersten berufsmäßigen Journalisten.

Aber noch weit bis ins vergangene Jahrhundert ist Journalismus vornehmlich nebenberuflich ausgeübt worden. Das galt zum Beispiel für die „gelehrten Zeitschriften": „Vielfach war der Gelehrte und Redakteur eine Person, die Zeitungen und Zeitschriften wurden entsprechend ihrer Aufgabe, als Bildungs- und Wissensinstrument zu dienen, großenteils von Hochschulprofessoren, Theologen, Juristen, Rektoren usw. im Nebenamt redigiert, herausgegeben oder mit regelmäßigen Beiträgen versehen." (3) Dies änderte sich erst mit der Durchsetzung der Massenpresse als einer auf zwei sich ausdehnenden Märkten, dem der Leser und dem der Anzeigenkunden, angebotenen Ware und der allgemeinen Entwicklung der Medien- und Kommunikationsindustrie. Journalisten wurden jetzt zu hauptberuflich in den Presseunternehmen tätigen Angestellten. Geschäftlich-verlegerische und journalistisch-redaktionelle Aufgaben wurden getrennt.

Auch die Kommunikator-Rolle hat erhebliche Veränderungen erfahren. *Sprachkompetenz* beispielsweise ist zwar auch in der Vergangenheit nie gleichmäßig verteilt gewesen, sondern war immer an die Privilegien sozialer Herkunft und gesellschaftlicher Position geknüpft. Mit dem Entstehen der modernen Massenmedien hat sich die Kluft zwischen den über sie faktisch Verfügenden — zu denen neben den Medieneignern und Inhabern journalistischer Leitungspositionen auch Politiker, Unternehmer, Prominente usw. zu zählen wären — und den auf ihre Empfängerrolle beschränkten Teilen der Bevölkerung jedoch entscheidend vergrößert. Diese Entwicklung ist sowohl durch ökonomische wie politisch-administrative Determinanten bestimmt worden.

Heute, da der faktische Zugang zu den Medien mit einem derart hohen Kapitalaufwand verbunden ist, daß schon dadurch 99 Prozent der Bevölkerung ausgeschaltet sind, müßten daher *neue* Möglichkeiten des *kommunikativen Zugangs* — vor allem im lokalen Bereich — gefunden werden, sollen die kommunikativen Grundrechte nicht noch stärker ausgehöhlt werden, als dies gegenwärtig bereits der Fall ist. Rolf Richter: „Angesichts der geringen Reichweite und folglich mangelhaften Wirkungschance einer nicht-medialen Meinungsäußerung einerseits, angesichts der — im Hinblick auf die damit verbundenen erheblichen Kosten und die faktische materielle Ungleichheit der Individuen — fehlenden gleichen Zugangschancen zum öffentlichen Medienmarkt läuft ein lediglich als Freiheit der Zeitungsgründung und des Zeitungsbetriebes verstandenes Grundrecht für die überwiegende Mehrheit des Volkes leer. Da aber die Selbstverwirklichung im gesellschaftlichen Zeitgespräch als Ausfluß der Verfassungsprinzipien der Menschenwürde und Gleichheit ein j e d e r m a n n zustehendes Recht ist, muß Pressefreiheit im Sinne einer Teilhabegarantie als mediale Kommunikationsfreiheit die gleiche Zugangschance eines jeden Bürgers mit seinem Gesprächsbeitrag zum öffentlichen Meinungsmarkt sichern. Das impliziert — im Hinblick auf die zeitliche beziehungsweise räumliche Beschränkung des medialen Darstellungsraumes — nicht das subjektive öffentliche und einklagbare Recht, mit jedem Artikel oder Leserbrief in jedem gewünschten Programm der Medien zu erscheinen, wohl aber den Anspruch, mit der eigenen, meist gruppenspezifischen Überzeugung auf dem Forum des sozialen Zeitgesprächs repräsentiert zu sein." (4)

Langenbucher unterscheidet in diesem Zusammenhang folgerichtig zwischen dem beruflichen und dem allgemeinen kommunikativen Zugang. Er unterstreicht mit Recht, daß sich aus einem beruflichen Zugangsprivileg kein Sonderrecht ableiten läßt: „Der für die . . . Medien und die in ihnen Tätigen spezifische rechtliche Schutz . . . bezieht sich nicht auf ihre Kommunikatorrolle, sondern ausschließlich auf ihre Berufsrolle als Mediatoren." (5) Berufsjournalisten wären somit lediglich als eine zwar mit einigen Sonderrechten, aber auch mit besonderen Verpflichtungen ausgestattete Gruppe innerhalb eines „Meeres" an Laien-Journalisten zu begreifen.

Dies betrifft natürlich ganz generell die Frage nach der Einschätzung des gesamten Professionalisierungsprozesses: Wird dadurch die „Qualität" – auch als Verwirklichungsmöglichkeit kommunikativer Grundrechte verstanden – der öffentlichen gesellschaftlichen Kommunikation verbessert oder aber eingeschränkt?

Diskussion des Professionalisierungskonzeptes

Traditionelle Professionalisierungskonzepte orientieren sich zumeist an so honorigen Berufen wie Ärzten, Rechtsanwälten und deren für die soziale Ober- und Mittelschicht typischen Verhaltensmustern. Kritik an diesem Konzept wird sowohl von links wie von rechts geübt: Sehen die einen in jeder Regelung, beispielsweise der Ausbildung oder des Berufszuganges, nur eine Einschränkung ihrer (unternehmerischen) Freiheit, wird andererseits vor der Gefahr der Entwicklung zu einem elitären Berufsstand (mit Recht) gewarnt: „Professionalisierung wird durch veränderten Problemdruck in der Gesellschaft notwendig; sie beinhaltet die Verbesserung von Qualifikationen durch Spezialisierung, vermehrtes Wissen über Berufe und Regelung der Ausbildung. Berufsständische Orientierungen in Professionalisierungskonzepten, die sich an traditionellen „freien Berufen" wie Ärzten oder Juristen messen, sind jedoch zu kritisieren. Sie entsprechen schon der gegenwärtigen Berufswirklichkeit nicht. Überdies ist zu erwarten, daß durch Veränderungen des Berufsfeldes aufgrund kommunikationstechnologischer Entwicklungen die Kluft zwischen Berufsrealität und einem Anspruch, der sich an berufsständischen Konzepten wie etwa Autonomie etc. orientiert, noch erheblich vergrößert wird."(6)

Tatsächlich ist in der Folge der gerade in Gang befindlichen „schwarzen Revolution" im Druck- und Zeitungsgewerbe weitaus wahrscheinlicher als eine Entwicklung analog zur Ärztekaste ein Prozeß in Richtung ständiger *De-Qualifizierung* der journalistischen Arbeitskraft, zum „Redaktroniker" und kleinem Rädchen in einem zunehmend automatisierten Betrieb der Zeitungsherstellung zu erwarten (7). Spezialisierung, Arbeitsteilung, Entfremdung, Distanz zum Publikum werden in Zukunft noch erheblich stärker spürbarer, die Zeitungsprodukte werden zunehmend standardisiert und eintöniger werden. Schon heute ist deshalb – das gilt in besonderem Maße für die USA – die Tendenz feststellbar, daß professionelle Medienarbeiter „ausbrechen" und zusammen „mit Laien" an alternativen Medienprojekten zu arbeiten beginnen. Ein diese künftige Entwicklung berücksichtigendes Konzept für kommunikative Tätigkeiten sollte deshalb eine breite Palette von nicht bis halb verberuflichten Tätigkeiten innerhalb wie außerhalb der traditionellen Medien der Massenkommunikation umfassen, um nicht einem längst überholten und falschen Professionalisierungskonzept aufzusitzen.

Die Herstellung neuer Öffentlichkeiten, vor allem im kommunalen Bereich, aber auch in den Betrieben, der Gemeinwesenarbeit, der Medienpädagogik, der Bildungsarbeit usw. bedarf allerdings der theoretischen wie praktischen Aufarbeitung des

Zusammenhangs zwischen gesellschaftlicher Entwicklung, Berufsgeschichte, subjektiven wie objektiven Erfahrungen und Interessen der im Sektor der öffentlichen Kommunikation tätigen Personen, Gruppen und Institutionen.

Thesen zur künftigen Entwicklung von Kommunikationsberufen

1.
Infolge der Veränderungen der Medientechnologie ist ein „gespaltener Markt" für Kommunikationsberufe zu erwarten, in dem auf der einen Seite (teil)automatisierte Produktionsabläufe für hochstandardisierte Erzeugnisse der Medienindustrie, andererseits ein Sektor vorindustrieller, individualisierter Produktion nebeneinander bestehen dürften. Dies gilt vor allem für die Bereiche lokaler und Gruppenkommunikation.

2.
Die traditionellen Medienorganisationen werden – ebenso wie die traditionellen politischen Organisationen und Institutionen – in Zukunft immer weniger in der Lage sein, die differenzierten Informations-, Artikulations- und Kommunikationsbedürfnisse der Menschen und die Verbindung zwischen „Oben" und „Unten" in der Gesellschaft zu erfüllen. Dies wird im *lokalen* Bereich, in der Umwelt-, Sozial- und Kulturpolitik besonders deutlich. Der Problemdruck hat hier stark zugenommen, die Bürgerinitiativbewegung signalisiert eine zunehmende Tendenz zur Selbstorganisierung von Interessen an der gesellschaftlichen „Basis".

3.
Verstärkt wird diese Kluft zwischen „Oben" und „Unten" im Bereich der öffentlichen Kommunikation dadurch, daß die „veröffentlichten Meinungen" zunehmenvon Abteilungen für Öffentlichkeitsarbeit – in Parteien, Gemeindeverwaltungen, Unternehmensleitungen – bezogen werden, und andererseits Information und Kommunikation als Ware ge- und behandelt werden. Die derart hergestellte „Öffentlichkeit" ist in der Regel eine kommunikative „Einbahnstraße", die einen echten Austausch von Meinungen und die direkte Artikulation vor allem unterprivilegierter, nicht organisierter Interessen nicht zuläßt. Das Entstehen neuer, alternativer und kompensatorischer Formen von Öffentlichkeit ist deshalb als Ausdruck und Reaktion auf diese Situation zu verstehen.

4.
Hauptaufgaben dieser neu entstandenen Formen von „Laien-Journalistik" neben und unterhalb der Massenkommunikations-Ebene sind die Selbstdarstellung von (ansonst unterdrückten) Meinungen, die „Ergänzung" beziehungsweise Korrektur bestehender Informationsmonopole – beispielsweise durch lokale Parteizeitungen –, die Erreichung bestimmter Zielgruppen, deren Organisierung bzw. Festigung sowie die Forums-Funktion für die Aufnahme öffentlicher Diskussion.

5.
Ein Entstehungsgrund für mediale Alternativen, insbesondere im lokalen Bereich, ist aber auch der Umstand, daß überlokale Orientierungen durch das vorhandene Medienangebot abgedeckt, lokale Kommunikationsbedürfnisse aber immer weniger befriedigt werden.

6.
Diese Tendenzen werden sich aufgrund der Entwicklung der allgemeinen Lebens- und Arbeitsverhältnisse der Bevölkerung – mit dem damit verbundenen gestiegenen Bedarf an Information und Kommunikation – auf der einen Seite, der Industrialisierung und Uniformierung der Massenmedien andererseits noch erheblich verstärken. Die breite Partizipationsbewegung in vielen Bereichen der Gesellschaft dokumentiert eine Gegen-Entwicklung, die neue Formen der Produktion und Konsumption auch im Bereich der öffentlichen Kommunikation hervorbringt.

7.
Den „nebenberuflichen" und „Laien-Journalisten käme somit die Funktion zu, einerseits als Katalysator für Artikulationsbedürfnisse der Bevölkerung und gleichzeitig als Ansatz zu einem neuen komplementären oder auch „alternativen" Kommunikationsnetz zu dienen, andererseits Kontrolle und Korrektur der etablierten Massenmedien auszuüben. Da zwischen den professionellen (Fach-)Journalisten und ihrem Publikum eine immer größere Distanz entsteht, sollten sie als „Experten des Alltags" in der Lage sein, diese Lücke aufzufüllen und eine Entwicklung in Richtung zu einem demokratischen Mediengebrauch einzuleiten.

Gibt es dafür empirische Anhaltspunkte?

Nebenberufliche Journalisten: Motivation, soziale Herkunft und Arbeitsweise

Die *Kommunikationswissenschaft,* die sich in den letzten Jahren verstärkt mit der Erforschung des Journalismus beschäftigte, hat gleichzeitig weitgehend ignoriert, daß es neben den hauptberuflich tätigen Journalisten schon seit jeher eine große Zahl nebenberuflicher Mitarbeiter gibt, die in der Rolle des Pauschalisten, Zeilenhonorarabhängigen oder auch nur als gelegentliche Informanten ganz wesentlich zum „normalen" Betrieb der Medienunternehmen beitragen. Nun ist mit den Mitarbeitern in den neuen „alternativen" und komplementären Medien eine zweite Gruppe von Kommunikatoren dazugekommen, die gleichfalls noch kaum untersucht worden ist. Aufgrund der wenigen bisher bekannten Erhebungen wissen wir etwa, daß sich die *traditionellen* „freien" oder besser nebenberuflichen Medienmitarbeiter etwa hinsichtlich ihrer sozialen und beruflichen Herkunft nur wenig von ihren hauptberuflichen Kollegen unterscheiden: Auch bei ihnen kommen die meisten aus der sozialen Ober- und Mittelschicht; Arbeiter, Bauern und selbst kleine Angestellte sind kaum vertreten.

In einer vor mehr als zwanzig Jahren durchgeführten Münsteraner Studie waren rund 34 Prozent der Väter nebenberuflicher Zeitungsmitarbeiter Kaufleute und Unternehmer, 26 Prozent Beamte und Offiziere, 15 Prozent waren freiberuflich tätig und nur 4 Prozent waren Arbeiter (8). Nach einer Erhebung im Kölner Raum ergab sich die folgende Reihenfolge von Berufszugehörigkeiten freier Mitarbeiter: 1. Leitende Beamte, 2. Selbständige, freie intellektuelle Berufe, leitende Angestellte, 3. ausführende, qualifizierte Angestellte, 4. untere und mittlere Beamte, 5. Arbeiter. Lahnstein: „Mitarbeiter sind nicht nur hinsichtlich wirtschaftlicher Situation, Bildungsniveau und Status des Hauptberufes der Spitze der Gesellschaft zuzuordnen. Mitarbeiter der Zeitung empfinden sich auch als zur Spitze gehörig." (9)

Das Einkommen der Mitarbeiter lag wesentlich über dem der Leser. Die wenigen Arbeiter, die als Mitarbeiter registriert wurden, beschränkten sich in ihrer Tätigkeit auf vereinzelte Informationen über ihren unmittelbaren Arbeits- und Lebensbereich, wogegen beispielsweise Angestellte auch heimat- und volkskundliche Beiträge lieferten, leitende Angestellte sogar für den Wissenschaftsteil schrieben und Angehörige selbständiger und freier akademischer Berufe für alle Ressorts tätig wurden: „Mitarbeiter bei Zeitungen können aufgrund objektiver Merkmale der oberen Hälfte der Schichtpyramide zugerechnet werden, sie selbst sind sich dieser Tatsache bewußt und ordnen sich dementsprechend hoch ein." (10)

In einer vor kurzem abgeschlossenen Dissertation an der Universität Salzburg hat Gerhard Kuntschik dieses Bild für die Mitarbeiter lokaler und regionaler Wochenzeitungen in Niederösterreich bestätigt gefunden: 73,6 Prozent waren der Gruppe der Beamten, Lehrer und Gemeindeangestellten zuzurechnen. Mit einem Anteil von über 50 Prozent an Abiturienten lag die Schulbildung weit über dem Durchschnitt. Ähnliches galt für die Höhe der persönlichen Einkommen. Wie fast überall im Medienbereich überrascht es auch kaum, daß die überwiegende Mehrzahl der freien Mitarbeiter Männer sind (11).

Wodurch werden nebenberufliche Mitarbeiter traditioneller Medien nun zur Mitarbeit motiviert? Nach Kuntschik fühlte sich jeder dritte in erster Linie als „Schreiber", als „Kommunikator", der erwartete, durch seine publizistische Aktivität an sozialem Ansehen zu gewinnen: „Zwei Drittel sind der Auffassung, daß sich ihr Verhältnis zu lokaler Prominenz durch die Mitarbeiter-Tätigkeit nicht geändert hat. Aber ebensoviele meinen, daß sie die öffentliche Meinung in ihrer Gemeinde mitgestalten . . ." (12) Als Vertreter einer „Leser-Rolle wollte sich hingegen lediglich ein Fünftel der Befragten verstanden wissen.

Ein Hauptmotiv der Mitarbeit für diese Gruppe scheint somit in der Erwartung sozialer Gratifikationen – vor allem in der Form eines gesteigerten sozialen Ansehens in der traditionellen Gemeindehierarchie – und im Bewußtsein der gestiegenen Bedeutung der eigenen Person zu liegen. Eine Motivation als „Anwalt der Leserinteressen" oder auch als Vertreter von Meinungen oder Gruppen, die in den Medien nicht oder unterrepräsentiert sind, läßt sich daraus jedenfalls nicht ablesen.

Ganz anders ist hingegen das Selbstverständnis der in *„alternativen"* Medienprojekten engagierten „nebenberuflichen" oder „Laien"-Journalisten, die sich überwiegend als „Anwälte" von bestimmten Gruppen der Bevölkerung als Vertreter einer *Gegen-Öffentlichkeit* oder auch (nur) als Interessenvertreter in eigener Sache verstehen. Sie übernehmen damit in der Regel die klassische Funktion des Sprechers oder Kommunikators, in direkter Weise dort, wo sie selbst auftreten, indirekt dort, indem sie anderen *Artikulationshilfe* vermitteln oder ein öffentliches Forum organisieren. Nicht das individuelle Räsonnement, sondern die Verbindung mit sozialen Bewegungen – von der amerikanischen Bürgerrechtsbewegung über Studentenrevolte, Minderheitenkonflikte bis zur Bürgerinitiativen- oder Anti-Atom-Bewegung – ist hier die Legitimation für die Wahrnehmung von Kommunikator-Kompetenzen. „Alternativ" – was immer darunter im einzelnen verstanden wird – sind in der Regel vor allem die *Produktionsweise,* aber auch *Vertriebswege* und *Konsumption.* Am deutlichsten sind die alternativen Medien aber sicherlich hinsichtlich ihrer *Inhalte* von den traditionellen Medien zu unterscheiden (13).

Allerdings ergeben sich – dies läßt sich aus einer repräsentativen Erhebung der in alternativen US-amerikanischen Medien journalistisch Tätigen ablesen (14), die dort mit rund 5.900 Personen bereits einen nicht unwesentlichen Anteil am journalistischen Personal ausmachen – hinsichtlich der sozialen Herkunft aus Mittel- und oberen Mittelschicht kaum Unterschiede zu den „mainstream"-Journalisten. „Alternativ" sind hingegen die *geschlechts*spezifische Situation – Frauen sind hier viel häufiger und auch in leitenden Funktionen zu finden –, die *Altersstruktur,* das *politische Verständnis* und auch die *nichtprofessionelle* Einstellung zum Beruf als Journalist. Johnstone und seine Mitarbeiter haben diese „alternativen Journalisten" als Prototypen eines *partizipatorischen* Journalismus mit einer ausgeprägten Orientierung an anwaltschaftlichen und investigativen Aufgaben der Medien, an aktivem und kritischem Engagement für sozialen Wandel beschrieben. Der Freiraum, den sie in den aktiven Medien vorfinden, entschädigt sie für die Vielzahl von Problemen finanzieller und organisatorischer Natur, die sie dort vorfinden. Da sie in der Regel auch nicht die Absicht haben, ihr Leben lang in diesen journalistischen Funktionen zu bleiben, lassen sich diese Schwierigkeiten leichter ertragen. Nur wenige dieser „Laien"-Journalisten haben zuvor bereits journalistische Erfahrungen in einem anderen Bereich gesammelt.

Wenngleich sich diese US-amerikanischen Daten sicher nicht voll auf die Verhältnisse in anderen Ländern übertragen lassen, erscheinen sie doch geeignet, daraus einige durchaus verallgemeinerungsfähige Resultate zu gewinnen. Die Zunahme eines solchen alternativen Journalismus sollte die Möglichkeiten eines demokratischen Mediengebrauchs ganz entscheidend verbessern können – was angesichts der gegenwärtigen Entwicklungen in der Zeitungstechnik, durch die die Medien verstärkt in die Richtung einer bürgerfernen Medienarbeit gedrängt werden, von großer Bedeutung erscheint.

Bevölkerungsnahe Medienarbeit innerhalb wie außerhalb der Massenmedien

Außerhalb der etablierten Medien hat sich in den letzten Jahren mit den Stadtzeitungen, den Video-Gruppen, Zielgruppenmedien verschiedener politischer und kultureller Bewegungen, aber auch mit Erscheinungsformen wie den von Verlegerseite heftig bekämpften „Gratis-Anzeigern" (Anzeigenblätter) eine neue kommunikative Infrastruktur herausgebildet, die in Zukunft durch ein mögliches lokales /regionales Kabelfernsehen und Lokalfunk noch verstärkt werden könnte. In Ländern wie den USA oder auch in Italien mit einigen hundert privaten TV- und inzwischen tausenden Hörfunkstationen hat diese Bewegung einer zumindest in Teilen mit Recht so genannten „Laien-Publizistik" ein recht beachtliches Ausmaß erreicht.

Was unterscheidet diese – prototypischen – Medieninitiativen von den Groß-Medien? (15)

- o Verwendung *einfacher Medientechniken* (Klein-Offset, Video) anstelle der immer komplizierter werdenden Technik in den Groß-Medien.
- o *Nicht-kommerzielle* Zielsetzungen anstelle der Profitmaximierung in den kommerziellen Medienunternehmen.
- o *Nicht-hierarchische* Produktionsformen anstelle der strikt hierarchischen Organisation der traditionellen Medien.
- o Behandlung von *Alltagsthemen* anstelle der an Mittel- und Oberschichtsstandards und -interessen orientierten Produkte vieler Medien.
- o Ein *alternatives journalistisches Selbstverständnis* als animatorischer und anwaltschaftlicher, authentischer und investigativer Journalismus anstelle des „objective reporting" als journalistische Leitideologie.
- o *Prozeßorientierung* anstelle Produktorientierung.
- o *Überschaubarkeit* der Kommunikationsräume und -adressaten.
- o *Partizipation* und Zweiweg-Kommunikation anstelle der Einbahnstraße der traditionellen Massenkommunikation.
- o *Dezentralisierte,* kleine Produktionseinheiten.

Sicher, auch innerhalb der Groß-Medien sind verschiedene Ansätze eines partizipatorischen Journalismus festzustellen. Sie reichen von der Einrichtung eines Leser-Ombudsmannes über die Organisierung von Publikumsdiskussionen bis zu Sendungen mit aktiver Publikumsbeteiligung, Ansätzen zu einem „offenen Kanal". Alle diese Versuche sind allerdings schon aufgrund struktureller Gegebenheiten in den Groß-Medien nur beschränkt realisierbar, haben häufig einen bloßen Alibi-Charakter und vermögen die Rollentrennung zwischen Kommunikatoren und Rezipienten nicht aufzuheben.

Für ein Nebeneinander von professionellen und Laien-Journalisten

Es wäre zwar vermutlich illusorisch anzunehmen, daß die alternativen Medien und die in ihnen tätigen Laien-Journalisten die Groß-Medien und mit ihnen die journalistischen Professionals gänzlich verdrängen könnten. Auf der anderen

Seite erscheint die Annahme eines „gespaltenen Marktes" und damit eines Nebeneinanders zweier unterschiedlicher Kommunikationssysteme oder -strukturen durchaus plausibel. Wie die Beziehungen zwischen diesen beiden Systemen sich in Zukunft entwickeln werden, hängt allerdings von einer Reihe von Faktoren ab und ist schwer genau vorauszusagen. *Politische Determinanten* sind beispielsweise die von den Behörden gegen politisch „unliebsame" Medienaktivitäten von Stadtzeitungen, Videogruppen usw. verhängten repressiven Maßnahmen, Entscheidungen über die Förderung von Medienzentren, Videoaktivitäten etc., etwa durch die Kulturbudgets der Gemeinden, und allgemeine kommunikationspolitische Entscheidungen, vor allem bezüglich eines künftigen Kabelfernseh-Systems. *Ökonomische* Determinanten, die hier eine Rolle spielen, sind sicherlich die künftigen Produktionsbedingungen für Klein-Medien, die Möglichkeiten zum Aufbau alternativer Vertriebssysteme und auch Folgewirkungen, die sich möglicherweise aufgrund der Veränderungen der Zeitungsherstellung ergeben. Und auch *kulturpolitische* Maßnahmen, beispielsweise verstärkte Anstrengungen bei der Vermittlung von kommunikativer Kompetenz – als der Fähigkeit zum Umgang mit den Medien – über Schulen und Einrichtungen der Erwachsenenbildung, könnten die Zahl jener, die als Laien-Journalisten in Frage kommen und motiviert sind, erheblich vergrößern. Schließlich wird die Entwicklung einer alternativen Kommunikationsstruktur aber auch davon abhängen, wie die Entwicklung in den *Groß-Medien* selbst verläuft, ob diese „Dino-Saurier" immer unbeweglicher, bürokratischer und un-kreativer werden oder ob es ihnen gelingt, durch eine „Öffnung" der Medien nach „außen" und nach „unten", hin zum Publikum, auf veränderte gesellschaftliche Verhältnisse adäquat zu reagieren. Den nebenberuflichen oder Laien-Journalisten käme in einem Konzept für eine demokratiefreundlichere Kommunikationsstruktur jedenfalls eine ganz entscheidende Rolle zu. Sie könnten gewissermaßen als vorverlegte Schaltstellen zwischen Bevölkerung und Institutionen fungieren. Alternative Journalisten müßten gleichzeitig Leser, Schreiber, Mediatoren und Kommunikatoren, Journalisten, Anwälte, Medienpädagogen, Wissenschaftler und Sozialarbeiter in einer Person sein. Orientieren müßte sich ein solches Konzept am allgemeinen *Grundrecht auf Kommunikation*, an der *Öffnung* des in den letzten Jahren immer enger gewordenen *Zugangs* zu den Medien und damit an der Schaffung materialler Voraussetzungen nicht nur für den verbesserten beruflichen, sondern vor allem für den allgemeinen *kommunikativen* Zugang zur Öffentlichkeit, die in Zukunft breiter, geräumiger und auch für die unterdrückten Gruppen und Meinungen in der Bevölkerung erreichbar werden könnte. Laien-Journalisten könnten und sollten in jene Rolle der Alltags-Experten hineinwachsen, von der Walter Benjamin bereits in den zwanziger Jahren meinte, „daß es kaum einen im Arbeitsprozeß stehenden Europäer gibt, der nicht grundsätzlich irgendwo die Gelegenheit zur Publikation einer Arbeitserfahrung, einer Beschwerde, einer Reportage oder dergleichen finden könnte. Damit ist die Unterscheidung zwischen Autor und Publikum im Begriff, ihren grundsätzlichen Charakter zu verlieren. Sie wird eine funktionelle, von Fall zu Fall so oder anders verlaufende. Der Lesende ist jederzeit bereit, ein Schreibender zu werden. Als Sachverständiger, der er wohl oder übel in einem äußerst spezialisierten Arbeitsprozeß werden mußte – sei es auch nur als Sachverständiger einer geringen Verrichtung –, gewinnt er einen Zugang zur Autorschaft." (16)

Anmerkungen

1) Vgl. Wolfgang R. Langenbucher: Kommunikation als Beruf. Ansätze kommunikationswissenschaftlicher Berufsforschung (Unveröffentlichte Phil. Habil. Schrift), München 1973, S. 73 ff.
2) Vgl. ebenda, S. 77
3) Ebenda, S. 79
4) Ebenda, S. 133
5) Ebenda, S. 142
6) Protokoll der Arbeitsgruppe 2 „Aktive Professionalisierung" (Unveröffentlichtes Tagungsprotokoll), Zentrum f. interdisziplinäre Forschung, Universität Bielefeld, Bielefeld 1977
7) Vgl. u.a. Siegfried Weischenberg: Die elektronische Redaktion. Publizistische Folgen der Neuen Technik, München/New York 1978
8) Vgl. Walter Hagemann: Die soziale Lage des deutschen journalistenstandes, Münster 1956
9) Manfred Lahnstein: Untersuchung über den Mitarbeiterstab einer Tageszeitung, Köln 1961
10) Ebenda, S. 81
11) Gerhard Kuntschik: Freie Mitarbeiter bei regionalen und lokalen Wochenzeitungen (Phil. Diss.), Salzburg 1978
12) Ebenda, S. 214
13) Vgl. dazu auch den Beitrag von Otfried Jarren und Albrecht Bregenzer in diesem Band.
14) Vgl. dazu: John Johnstone/Edward Slawski/William Bowman: The News People. A Sociological Portrait of American Journalists and Their Work, Urbana/Chicago/London 1977, insbesondere S. 157 ff.
15) Vgl. Hans Heinz Fabris: Journalismus und bürgernahe Medienarbeit. Formen und Bedingungen der Teilhabe an gesellschaftlicher Kommunikation, Salzburg 1979
16) Walter Benjamin: Das Kunstwerk im Zeitalter seiner technischen Reproduzierbarkeit, Frankfurt 1977 (10. Auflage), S. 29

Franz R. Stuke

Zeitungen selbstgemacht

Orts-, Gruppen- und Stadtteilzeitungen

„Nachbarschaftliche Kommunikation" – das ist der Versuch, die durch menschenfeindliche Expansion zerstörten sozialen Beziehungen wieder zu beleben, das ist aber auch das Bemühen um das Knüpfen eines sozialen Beziehungsgeflechts überhaupt, wie etwa in Neubauvierteln ohne „emotionelle Nachbarschaft".

Hatte es lange Zeit den Anschein, als ob die „kommunikationslose Bedürfnisbefriedigung" (1) den Wunsch nach Geselligkeit, nach der Zugehörigkeit zu einer identifizierbaren Umwelt hinreichend ersetzen könnte, so werden alle diese Kommunikationsnetze immer häufiger vermißt. Ein nicht unwichtiger Grund dafür ist sicherlich auch die Erkenntnis, daß das Fehlen tragfähiger nachbarschaftlicher Kommunikationsgewohnheiten die Widerstandskraft der Bürger gegen die bürokratische Arroganz vieler Verwaltungen und gegen das Profitstreben der wirtschaftlich Mächtigen sehr geschwächt, wenn nicht sogar lahmgelegt hat. Und das wiederum machte deutlich, daß es für jeden Einzelnen in seiner Umgebung Menschen gibt, die ähnliche Interessen haben wie er selbst und die – vor allem für die große Mehrheit der Nicht-Privilegierten! – nur durch solidarisches Handeln durchzusetzen sind.

Gerade an dieser Stelle setzt eine neue Erkenntnis ein: Nachbarschaftliche Kommunikation schafft zwar emotionale Bindung, schafft soziale Nähe, leistet aber den Sprung von der Kommunikation zum Handeln noch nicht, wenn sie nicht öffentlich stattfindet. Das Gespräch über den Zaun, der Tratsch auf der Treppe, ja der Treff in der Kneipe: alles das ist in der Regel auf zwischenmenschliche Kommunikation angelegt und zielt nicht ab auf das Einbeziehen Dritter. Die Fortentwicklung dieser Überlegungen führte zur Einrichtung von Hausgemeinschaften mit Beiräten oder ähnlichen formalisierten Kommunikationsstrukturen, ließ Einrichtungen wie Bürgerversammlungen aus der Funktion der Wählerberuhigung in Wahlzeiten heraustreten und zu häufig effizienten Interessenvertretungen werden. Von solchen Erfolgen ist es dann nicht mehr weit zu einem Informationsaustausch, der nicht mehr von Person zu Person stattfindet, sondern ein eigenes Medium benötigt: eben die „Nachbarschaftszeitung" (im folgenden meistens: Stadtteilzeitung).

Doch ist diese Skizzierung der Notwendigkeit medialer Kommunikation im mittleren sozialen Bereich nur die Ableitung einer einzigen Quelle, allerdings einer typischen. Andere Entstehungsursachen sind zu finden

– im Mitteilungsbedürfnis von Bürgerinitiativen,

Wurfsendung

BOOSTEDTER Einwohnerbrief

HERAUSGEBER SPD-ORTSVEREIN 2351 BOOSTEDT

Ausgabe 53 Juli 1979

Baumschutz? CDU: Unzumutbar!

Daß der Schutz von Bäumen nötig ist, pfeifen die Spatzen aus den Wipfeln der vielen schutzwürdigen Boostedter Bäume.

Am Widerstand der CDU scheiterte jetzt eine bescheidene Initiative des zuständigen Ausschusses für Grünanlagen.

Er hatte (mit den Stimmen einiger CDU-Ausschußmitglieder) empfohlen, diejenigen Bäume unter Schutz zu stellen, deren Eigentümer freiwillig ihr Einverständnis dazu geben.

In der Gemeindevertretungsitzung verdeutlichte die CDU wortreich, daß dieser Eingriff in die Freiheitsrechte der Bürger unzumutbar sei.

In namentlicher Abstimmung verhinderte die gesamte CDU-Fraktion gegen alle Stimmen der SPD und FDP, daß in Boostedt mit dem Baumschutz ein Anfang gemacht wird!

Abwässer: Bald wieder klarer!
Gebühren: Bald wieder höher!

Für 1,5 Millionen DM wird die Boostedter Kläranlage ausgebaut. Die mangelnde Qualität des Abwassers wird dadurch so verbessert, daß auch künftige gesetzliche Anforderungen erfüllt werden können.

Außerdem wird die Durchführung weiterer Baumaßnahmen (Bebauung der Haaseschen Koppel) ermöglicht.

Die SPD - Fraktion wies in diesem Zusammenhang erneut darauf hin, daß das Wachstum der Gemeinde nicht nur Vorteile bringe.

Die Bürger der Gemeinde müssen leider damit rechnen, daß die Abwassergebühren erheblich steigen.
Allerdings werden die Gebühren auch nach der erwarteten Erhöhung immer noch unter denen vergleichbarer Städte und Gemeinden liegen.

Vogelschießen

Bei fröhlichen Wettspielen wurden am 30.6.79 beim Schulvogelschießen folgende Sieger ermittelt:

Klasse 1 a	Birthe Meyer und Thorsten Nagel
1 b	Nina Kerkmann und Horst Steen
2 a	Sandra Kock und Thomas Siedenbiedel
2 b	Coretta Langenohl und Wolfgang Kluge
3 a	Christina Goesch und Olaf Kretschmer
3 b	Bettina Mitgaard und Thomas Krieg
4 a	Martina Kupsch und Andreas Dau
4 b	Monika Renner und Henning Joost
5 a	Manuela Sievertsen und Bernd Lehmann
5 b	Katrin Klein und Andreas Lahann
6 a	Gyda Stender und Jan Schulze
6 b	Frauke Voßbeck und Karsten Brüggen

Der „Boostedter Einwohnerbrief", als ein doppelseitig bedrucktes DIN-A-4-Blatt, erscheint in der Gemeinde Boostedt (Schleswig-Holstein) jeden zweiten Monat in einer Auflage von 1.200 Exemplaren seit Mitte 1976.

- in der bürgernahen Aufklärung durch etablierte politische Organisationen,
- in der internen Information sozialer Gruppen,
- im Wunsch nach Alternativen zu den existierenden Medien lokaler Kommunikation.

Je nach Ziel und je nach Anlaß haben diese Kommunikationsmittel unterschiedliche Erscheinungsformen – sowohl was die äußere Aufmachung betrifft als auch was die Inhalte angeht.

Alternativzeitungen entstehen häufig aus der Erkenntnis von Informationsdefiziten: „Bis vor einiger Zeit gab es in Hagen noch drei Tageszeitungen. Nachdem die Hasper Zeitung von der Westfalenpost aufgekauft und bald darauf eingestellt wurde, ist diese mittlerweile gemeinsam mit der Westfälischen Rundschau im Schoße des WAZ-Konzerns gelandet.' (2) Dies ist der erste Teil der Begründung des Vorhabens „Hagener VolksBlatt" vom Oktober 1976, er findet sich in ähnlicher Form immer wieder: „Nur durch eigene Publikationen können Probleme, die möglicherweise in der Presse einseitig oder unvollständig dargestellt worden sind, korrigiert werden." (3)

Wessen Probleme in der Presse nicht vorkommen und die nun in den alternativen Blättern dargestellt werden sollen, liegt für die meisten Macher solcher Zeitungen auf der Hand: „Das Hagener VolksBlatt will eine Zeitung von unten sein: eine Zeitung aus der Sicht der Arbeiter und Angestellten im Betrieb, aus der Sicht der Bürger im Stadtteil, die sich gegen etwas wehren und für bessere Lebensbedingungen eintreten." (4) Gerade diese einseitige Sicht ist es aber, die alternative von etablierten Medien unterscheidet: Seit Anfang 1978 gibt es im Westdeutschen Fernsehen (WDR III) die Sendereihe „Vor Ort" in der bisherigen Form nicht mehr. Sie „berichtete in den vergangenen vier Jahren ‚einseitig' wie die Kritiker meinten, ‚bewußt parteilich' so die Befürworter, im wesentlichen über Bürgerinitiativen in Nordrhein-Westfalen . . . Daß die Betroffenen zu Wort kommen und sich in ihrer Betroffenheit darstellen können, ohne daß Stadtväter, Parteigrößen und Besitzende ihnen ins Wort fallen, wurde nicht mehr akzeptiert." (5)

Alternativmedien, die mit einem solchen Anspruch auftreten, lassen sich eher mit den etablierten Medien vergleichen (6), als daß sie Vorbilder für Formen medialer Nachbarschafts- oder Gruppenkommunikation sein könnten. Sie brauchen viel mehr Mitarbeiter, um als regionales Informationsmittel zu funktionieren, sie müssen ein viel umfassenderes Spektrum an Themen abdecken, sie brauchen gesicherte Formen kontinuierlicher Finanzierung und sie brauchen nicht zuletzt ein funktionsfähiges Vertriebsnetz.

Doch auch Stadtteil- oder Gruppenzeitungen brauchen mehr als den politischen Willen, soziales Engagement und kommunikationstheoretischen Durchblick: Auch für ein vergleichsweises schlichtes Kommunikationsmittel wird technisches Knowhow benötigt, sind finanzielle Mittel erforderlich und müssen eine Reihe von Freunden, Bekannten, Nachbarn mitmachen. Wenn den drei Bedingungen nicht genügend Gewicht beigemessen wird, ist die Gefahr des Mißerfolgs so gut wie programmiert.

CDU-Aktuell
Bad Bramstedt

Liebe Bad Bramstedter Mitbürger!

Wir wünschen Ihnen allen ein frohes und gesegnetes Weihnachtsfest und Gesundheit und Glück im Neuen Jahr!

Ihre Mitglieder des CDU - Ortsverbandes
Bad Bramstedt

„CDU-Aktuell" erscheint unregelmäßig in der holsteinischen Kleinstadt Bad Bramstedt. Umfang und Aufmachung variieren von Ausgabe zu Ausgabe.

Wenn niemand da ist, der eine Schreibmaschine bearbeiten kann, der Texte strukturiert schreiben und zusammenstellen kann, der etwas von Fotografie und Zeichnen versteht, der einen Hauch Ahnung von rechtlichen Vorschriften bei Veröffentlichungen hat: dann sieht der Start schon schlecht aus. Wer erst dann ans Geld denkt, wenn's ans Bezahlen von Material und Hilfsleistungen geht, der wird mit ziemlicher Sicherheit auf seinen Manuskripten sitzenbleiben. Und wer erst nach einem spontanen Alleingang daran denkt, sich mit anderen Leuten zusammenzutun, um den Inhalt „seines" Blattes sicherzustellen: der wird nur auf ein kurzfristiges Erlebnis von Selbstbefriedigung zurückblicken können, die Leistungen für die eigentlich wichtigen Gruppeninteressen bleiben meistens gleich Null. Auf der anderen Seite ist klar, daß ein solches Blatt ohne den Zwang des Verkaufs von Anzeigenraum an anspruchsvolle Inserenten auskommt, daß die Konkurrenz zu den übrigen Medien nicht in der Professionalität der Aufmachung oder in der Perfektion des Drucks und der Qualität des verwendeten Papiers liegt, daß schließlich keine hochqualifizierten Schreiber bezahlt werden müssen, da Schreiber und Leser im Idealfall identisch sind.

Solche eher globalen Empfehlungen mögen für erste Vorüberlegungen durchaus wichtig sein — für die praktische Arbeit werden jedoch konkrete, erprobte Handlungsanweisungen benötigt. Die finden sich in einer Reihe von Handbüchern, die häufig von etablierten Institutionen, aber auch von „Alternativgruppen" herausgegeben werden. Den meisten dieser Handbücher ist gemeinsam, daß sie nicht nur Praxishinweise geben, sondern auch über das Warum und die dahinterstehenden Interessen und Intentionen reflektieren.

Zur Erläuterung der späteren Charakterisierungen hier eine systematische Auflistung der anzusprechenden Fragen mit jeweils ausgewählten Statements aus der Literatur, die sich unter verschiedensten Aspekten mit Problemen alternativer Kommunikation beschäfigt:

Warum eigentlich Stadtteilzeitungen?

Informationsdefizite

„Die Zielsetzung der Diskussionsform ist die rechtzeitige Information der Öffentlichkeit, wodurch erst häufig Öffentlichkeit hergestellt wird; ferner die Schaffung von Äußerungsmöglichkeiten für alle Schichten und Interessen, die allgemeine Verbesserung der Planungen durch Vermittlung von Kritik und Ideen an die Verwaltung." (7)

„Es gibt einen Zusammenhang zwischen ‚emotionalem Ortsbezug' und Kommunikationsbereitschaft." (8)

Kommunikationsdefizite

„Nachbarschaft als Raum ist in der urbanen Gesellschaft nicht mehr selbstverständlicher Kommunikations- und Interaktionsraum — Nachbarschaft ist eine Gemein-

Ons'r Blättle

SPD-Zeitung
für Frickenhausen - Linsenhofen - Tischardt

Nr. 6 - Juli 1979

Aufgespießt

Kinderspielplatz Rosenstraße

Schon lange fürchten Eltern und Anlieger in der Rosenstraße und im Fliederweg, daß am dortigen Spielplatz einmal ein Kind durch einen Verkehrsunfall zu Schaden kommt. Die hohen Büsche rund um den Spielplatz, der an drei Seiten von Straßen umgeben ist, versperren Autofahrern und Kindern die Sicht. Die SPD-Gemeinderatsfraktion hat bereits im September 1978 und November 1978 Anträge mit Vorschlägen zur Verbesserung der Sicherheit eingereicht. Trotz verschiedener Anfragen ist seither nichts geschehen, außer daß im Herbst die Büsche etwas zurückgeschnitten wurden. Auch die Aktion "mit Pinsel und Farbe" der CDU-Gemeinderatsfraktion konnte diesen Spielplatz nicht verkehrssicher machen.
Am Dienstag, dem 2o. Juni 1979, ist nun fast das passiert, was Eltern und SPD beunruhigt: gegen 16.3o Uhr fuhr ein Junge mit seinem Fahrrad vom Fliederweg in die Rosenstraße und stieß dort mit einem in Richtung Ziegeleistraße fahrenden Auto zusammen. Zum Glück gab es nur leichten Blechschaden.
Muß ein Kind erst ernsthaft verletzt werden, bis der Antrag der SPD-Gemeinderatsfraktion angenommen wird und die kindergefährdenden Büsche entfernt werden? Hinter dem Antrag der SPD steht das dringende Anliegen der Eltern, die,wie man sieht, sich nicht zu Unrecht um die Sicherheit der Kinder Sorgen machen.

Irene Hauff

„Ons'r Blättle" erscheint seit Anfang 1978 jeden zweiten Monat (Auflage: 2.400 Exemplare) für die baden-württembergischen Gemeinden Frickenhausen, Linsenhofen und Tischardt.

schaft, die sich in Notzeiten formiert, sich zu normalen Zeiten aber auf distanzierte, formale Interaktionen ... beschränkt." (9)

„Die Zeitung schafft Gemeinsamkeiten und bietet Gesprächsstoff, der eine unverbindlich distanzierte Kontaktaufnahme ermöglicht." (10)

Vermittlungsprobleme

„Daß nicht jeder selbst Sender sein könne in den Massenmedien ist eine ... tief verwurzelte Überzeugung ... Die Schulen kopieren diese Trennung in Kommunikatoren und Rezipienten bedenken- und gedankenlos.' (11)

„Zahlreiche Veranstaltungen glichen Kommunikationsforen, auf denen der Rollentausch von Ausgangs- und Zielpartner ... praktiziert wurde." (12)

„Die einzelnen Mängel bewegen nur Individuen oder Haushalte. Eine Verständigung der Gleichgesinnten kommt nicht zustande. Denn: in der Siedlung erfährt man nichts." (13)

„Dieser Begriff (Operativismus) wurde von Sergej Tretjakow in der Sowjetunion der 20er Jahre geprägt und beschreibt eine in politische Prozesse eingreifende Medienarbeit, deren Wesen ist, zur selbsttätigen Artikulation mit Medien anzuleiten." (14)

Welche Möglichkeiten lokaler Medienkommunikation gibt es denn bislang überhaupt?

theoretisch-systematisch

Primärkommunikation: direkte, ortsbezogene Kommunikation mit anderen (Einzel-)Menschen;
Quasiprimärkommunikation: direkte ortsbezogene Kommunikation mit anderen Menschen in Gruppen (Nachbarschaftsverhältnisse, Arbeitsgruppen);
Sekundärkommunikation: ortsbezogene Kommunikation mittels einfacher technischer Mittel, auch: architektonisch vorgesehene Möglichkeiten: Plätze, Parks
Massenkommunikation: ortsbezogene Kommunikationsinhalte in den Massenmedien. (15)

konkret-medial

Tageszeitungen: „Gerade die Lokalberichterstattung ist es ..., die ... eine besondere Stärke der Zeitung ausmacht." (16)
„Der Lokalteil bietet im Bereich der Nachbarschaft . . keine oder nur sehr geringe Informationsmöglichkeiten." (17)
Community Press: „Die städtische Lokalzeitung ist eine Publikation, die wöchentlich an die Bewohner eines speziellen Gebietes verteilt wird", sie ist „Ersatz für mangelnde menschliche Kontake". (18)
elektronische Medien: Es arbeiten zahlreiche Videogruppen, auch in der Stadtteilarbeit: „Seine [des Mediums Video] medienspezifischen Besonderheiten erlauben

„Unser Farmsen" erscheint bereits seit 1951. Die sozialdemokratische Stadtteilzeitung, die aus Anzeigen finanziert wird, hat durchschnittlich 32 Seiten und erscheint monatlich mit 1.950 Exemplaren.

den Gebrauch des Mediums durch die Betroffenen selbst als Mittel zur kollektiven kooperativen Artikulation ihrer Interessen und Forderungen, . . . und der prozeßhaften Entwicklung des Bewußtseins gesellschaftlicher Zusammenhänge." (19)

Lokale Rundfunksender existieren in der Bundesrepublik weder im Hörfunk- noch im Fernsehbereich (20), aus medienpolitischen und rechtlichen Gründen ist mit ihnen auch nicht zu rechnen.

Kommunales Kino: „Das Kommunale Kino muß die Ausbildung an tragbaren 16mm-Projektionsgeräten fördern, möglichst auch noch deren Ausleihe . . . organisieren." (21)

„Erst mit dem Prinzip der engagierten Sozialdokumentation tritt die Bevölkerung selbst und damit vor allem die Arbeiter in den Mittelpunkt von Filmen." (21)

Wer ist eigentlich am Entstehen von Stadtteilzeitungen interessiert?

„Die Bedeutung der Kommunikation auch für eine kirchliche Gemeinde wird immer klarer erkannt . . . Ein Organ für eine möglichst breite Kommunikation kann das Pfarrblatt sein." (23)

„Die SPD verfügt mit derzeit 1.300 lokalen Parteizeitungen (Stadtteil-, Orts- und Gebietszeitungen) über eine beträchtliche Anzahl dieser Lokalmedien." (24)

„Aufgabe und Funktion [des Anzeigenblattes] sind durchaus identisch mit denen des Anzeigenteils der Tageszeitungen, . . . dem die heimatliche Markttransparenz . . . als Teilfunktion aufgegeben ist." (25)

„Alle die dieses Buch gemacht haben, sind auch in der einen oder anderen Phase der fünfjährigen MVZ-Entwicklung in der Redaktion dieser Berliner Stadtteilzeitung tätig gewesen . . . Sie denken, daß ihre Erfahrungen anderen nützen können, welche die Lösung der Probleme in ihren Wohnvierteln selbst angehen." (26)

„Unsere Arbeiterkorrespondentenbewegung ist die Entprofessionalisierung des Journalisten . . . Wir, die Literaturprofis, müssen zu ihnen gehen als Interviewer, als literarische Sekretäre, und ihnen helfen." (27)

Was ist beim Machen einer Stadtteilzeitung zu bedenken?

Vier große Komplexe lassen sich bei Gründung, regelmäßiger Herausgabe und Verbreitung von Stadtteilzeitungen unterscheiden, die im wesentlichen auch Gegenstand der vorliegenden Handbücher sind, dort jedoch in unterschiedlicher Gewichtung behandelt werden:

– Aus welchem Anlaß entstand die Stadtteilzeitung?
  Welches Selbstverständnis haben ihre Macher?

SCHWABING 22.

Zeitung der SPD Schwabing-Ost im Bezirksausschuß 22

Nr. 7 Juni 1978

Schwabinger Straßen: Beichstraße, S. 2
CSU-„Neubeginn", S. 3
Tips, Termine und Adressen, S. 4

Prima Idee: Hoffnung für Leopoldpark!

Edith von Welser:

Erste Minuspunkte für Kiesl

Im allgemeinen wird einem neuen „Regierungschef" eine Schonfrist von 100 Tagen gewährt, aber Münchens neuer OB Erich Kiesl sammelt vom ersten Tag an so viele Minuspunkte, daß man über diesen schlechten Start nicht wohlwollend hinwegsehen kann:

Wer erwartet hat, daß das neue Stadtoberhaupt wie die Vorgänger bei seiner Antrittsrede darlegen würde, was er in den nächsten sechs Jahren für München tun möchte, wurde enttäuscht. Mehr als die Floskel, daß München gemütlich bleiben müsse, war nicht zu hören.

Vor der Wahl hatte Kiesl eine „Zusammenarbeit mit allen großen demokratischen Kräften" angekündigt – nach der Wahl kam die kleinste Koalition der deutschen Parlamentsgeschichte heraus: mit der Ein-Mann-Partei von Bürgermeister Helmut Gittel (SRB).

Auch die erste Amtshandlung der CSU-Mehrheit im Stadtrat galt nicht den Bürgern, sondern den Bürgermeistern: ihre Spitzengehälter wurden um weitere 1500,- DM erhöht. Kurz darauf forderte Kiesl die Schaffung eines Superreferats, das den Bürgermeistern einen erheblichen Teil ihrer Arbeit abnehmen soll – mehr Geld für weniger Arbeit also!

Vor der Wahl hatte Kiesl versprochen, die Bezirksausschüsse zu stärken – nach der Wahl wurden sie verkleinert. Bei uns in Schwabing-Freimann fast um ein Drittel! (Selbst die örtliche CSU protestierte gegen diese Dezimierung des Stadtteilparlaments)

Die nächste „Reform": Der Stadtrat bekommt die Vorlagen und Vorstellungen der Verwaltung erst nach einer Vorzensur durch Erich Kiesl zu Gesicht. Freude hat diese Neuregelung allerdings Kiesl bisher selbst auch nicht gebracht: Wichtige Themen werden immer wieder im letzten Moment von der Tagesordnung des Stadtrats abgesetzt, weil Kiesl nicht nachkommt ...

Viele hatten die Freihaltung des Leopoldparks schon abgeschrieben, jetzt hat die SPD-Fraktion im Bezirksausschuß einen neuen Vorstoß gemacht.

Als vor einiger Zeit bekannt wurde, daß die Winterthur-Versicherung ihr Gebäude gegenüber dem Leopoldpark verkaufen will, wurde SPD-Bezirksausschußmitglied Dr. Eberhard Büssem hellhörig: „Das Haus hat über 15 000 qm Nutzfläche. Wenn der Freistaat Bayern es aufkauft, könnte man den Leopoldpark weitgehend freihalten. Die Studenten können durch die U-Bahn-Unterführung Giselastraße ungefährdet in die Mensa gelangen."

Die Auskunft, die SPD-Stadträtin Edith von Welser bei der Direktion der Versicherung bekam, war ebenso verblüffend wie skandalös: Die Winterthur hatte dem Freistaat das Gebäude bereits zum Kauf angeboten und der hatte – ohne Verhandlungen über den Preis, ohne Besichtigung des Gebäudes, kurzerhand abgewinkt.

Danach freilich erscheinen die Beteuerungen der Universität im jahrelangen Kampf gegen die Uniausdehnung in einem recht fragwürdigen Licht. Wer mag da noch an den guten Willen glauben oder daran, daß die Uni nunmal keine anderen Möglichkeiten gefunden hat, um ihren Raumbedarf zu befriedigen! Stadträtin von Welser forderte Kultusminister Hans Maier auf, diesen Vorgang schleunigst überprüfen zu lassen und gleichzeitig zu untersuchen, ob nicht durch eine Zusammenlegung von Instituten in das Winterthur-Gebäude Wohnungen in Schwabing und der Max-Vorstadt freigegeben werden können. Auch SPD-Landtagsabgeordneter Joachim Schmolcke, Hochschulexperte und jahrelanger Vorkämpfer für eine Freihaltung des Leopoldparks ist nicht bereit, eine derart leichtfertige Entscheidung hinzunehmen und forderte im Landtag die Staatsregierung auf, das Gebäude aufzukaufen.

Denn das „Krebsgeschwür Universität" frißt sich seit Jahren immer weiter in die Wohnviertel der Maxvorstadt und Schwabings hinein. So sehr Bürgerinitiativen, Bezirksausschüsse, Landtagsabgeordnete und Stadträte dagegen zu Felde zogen, so hartnäckig meldete der Freistaat Bayern seinen angeblich unabweisbaren Bedarf an. Zahlreiche Uni-Institute sind in ehemaligen Wohnungen untergebracht und weitere sollen folgen. Allein von einem Antrag des Freistaats auf Zweckentfremdung, um den seit 6 Jahren vor Gericht gestritten wird, sind 60 Wohnungen betroffen! Die Bauabsichten im Leopoldpark wurden zwar reduziert, aber von seiner Rettung kann noch immer nicht gesprochen werden. Die Schwabinger hoffen jetzt, daß die Staatsregierung endlich reagiert und Taten folgen läßt.

So soll der Leopoldpark bleiben! Auch im östlichen Teil Grün statt Beton!

Die Winterthur-Versicherung genau gegenüber dem Leopoldpark. In diesem Gebäude und den Rückgebäuden könnten die Institute und Arbeitsräume mit insgesamt 15.000 qm untergebracht werden.

Lesen Sie auf Seite 3
„Kein Platz für unsere Kinder?"

Bürgerversammlung in Schwabing

22. 6. 78 um 20.00 Uhr im Schwabinger Bräu (Feilitzschstr. 2) Es geht dabei um folgende Themen:
Münchner Freiheit, Nutzung der Seidl-Villa, Wettbewerb Berliner Straße, Begrünung im 22. Stadtbezirk, Verkehrsberuhigung. Jeder Bürger hat das Rederecht und kann Anträge stellen!

„Schwabing 22." ist eine von 25 sozialdemokratischen Stadtteilzeitungen in München. Das Blatt erscheint seit 1976 dreimal jährlich in einer Auflage von jeweils 6.000 Exemplaren.

– Wie arbeitet die „Redaktion"?
  Wie sind alle Bewohner eines Stadtviertels bzw. alle Mitglieder einer Gruppe in diese Arbeit integriert?
  Wie weit ist die „Redaktion" von Institutionen abhängig (Kirchenvorständen, Parteigremien, Bürgerinitiativ-Ausschüssen, Vollversammlungen o.ä.)?
– Welche Technik der Textproduktion und der Gesamtherstellung wurde gewählt?
  Wie sind die Produktionsabläufe?
  Wie ist die Finanzierung geregelt?
– Auf welchen Wegen wird die Zeitung verteilt?

Die folgende Diskussion der Handbücher orientiert sich an diesen genannten Punkten und versucht dabei die zuvor angeführten programmatischen Aussagen als Kriterien anzuwenden. Dabei werden die Handbücher aus Gründen der Lesbarkeit nach ihrer jeweiligen Herausgeberschaft bzw. ihren Zielgruppen formal zugeordnet:
– Handbücher von Bürgerinitiativen, informellen politischen Gruppen, „Alternativorganisationen";
– Handbücher der Parteien;
– Handbücher aus dem kirchlichen Bereich;
– Materialsammlungen für die pädagogische Verwendung.

Die Benutzbarkeit der aufgelisteten Handbücher wird durch diese Bindungen in der Regel wenig beeinflußt. Brauchbare Hilfen abzulehnen, ist nie ein Zeichen von Kompetenz, sondern stets von Ignoranz. Und so wie sich CDU und FDP nicht gescheut haben Tausende von Exemplaren des SPD-Zeitungshandbuchs aufzukaufen und an ihre Unterorganisation weiterzugeben (28), so sollte z.B. keine Jugendinitiative aus lauter Schamhaftigkeit und Berührungsangst die wertvollen Hinweise dieses Handbuchs ausschlagen. Vielleicht ergibt sich sogar die Gelegenheit zu unterstützender Zusammenarbeit. Denn nach den gemachten Erfahrungen haben gerade die Unterorganisationen der SPD wichtige Arbeit für die Basis von Stadtteilzeitungen geleistet, den Start erleichtert, die Kontinuität gesichert und das Vertrauen noch Außenstehender mit gewinnen helfen.

Handbücher von Initiativgruppen

Stadtteilzeitung – MVZ-Autorengruppe, 1974

Dies ist ein Report (29) über die Entstehung eines neuen Stadtteils, über die Probleme von Menschen in technokratisch geplanten Wohnghettos, über Bemühungen und Scheitern von Sozialarbeit, über – sehr persönliche – Erfolgserlebnisse und Frustrationen der Zeitungsmacher, über ihre Arbeit mit den Bewohnern des Berliner „Märkischen Viertels", ihre Auseinandersetzung mit Bezirksämtern, Baugesellschaften und etablierter Presse. Was jedoch die Identität von Zeitungsmachern und Lesern angeht: Die Leser kommen in Form von Leserbriefen, von zahlreichen wörtlichen Statements zu Worte; aber sie konnten nur in unterschiedlichen Organisationsformen am Selektionsprozeß der vermittelten Inhalte teilnehmen. Das ist allerdings eine nicht unwichtige Erfahrung für Gruppen, die meinen, sich mit altruistischem Sozialengagement für ihre Mitbürger mit ihren Mitbürgern einzusetzen. Die Gefahr der Majorisierung entweder durch etablierte politische Gruppen oder durch (erfolglose) Agitationsgruppen, die mit Hilfe einer Stadtteilzeitung zum Zuge zu kommen hoffen und das mit verschleierndem Gerede von Basisdemokratie zu erreichen versuchten, um aus einer Interessenartikulation betroffener Bürger das „Organ" des „Zentralkomitees" irgendeiner Splittergruppe zu machen, ist groß.

Und noch eines ist bei der Lektüre der Dokumente zu beachten: Es handelte sich bei der MVZ nicht um die Eigeninitiative der Betroffenen, sondern um ein „Projekt", das ausgedacht, initiiert und weitgehend durchgeführt wurde von Studenten und Hochschullehrern (30).

Die Bedeutung dieser Dokumentation liegt in der Beschreibung einer Arbeit, die gekennzeichnet ist von Betroffenheit und Engagement, weniger durch Erfahrungen im Machen von Stadtteilzeitungen. Und so spielen die Aspekte Technik und Vertrieb auch nur am Rande eine Rolle. Trotzdem enthält der Band eine Fülle von Anregungen für die Gestaltung, vor allem was den Mut zu schlichten Darstellungen (selbstgemachten Comics usw.) betrifft.

„Wie denn? Wo denn? Was denn?", 1975

Aus der Arbeit des sozialistischen Jugendmagazins „elan" ist dieses „Handbuch für Lehrlinge, junge Arbeiter und Schüler" entstanden. Es enthält drei Kapitel zum Thema Stadtteilzeitung:

- So werden unsere Zeitungen besser.
- So machen wir ein Pressefest.
- Wir drucken unsere Plakate selbst.

In den kurzen, systematisch klar gegliederten Anregungen geht es weniger um die Organisation redaktioneller Arbeit – sie scheint bereits vorausgesetzt –, auch nicht um einen Exkurs in Technik, als vielmehr um eine intensive Beschreibung des Zwecks solcher Zeitungen und die dabei erforderlichen formalen und inhaltlichen Ziele. Ähnlich wird bei der Organisation von Pressefesten vorgegangen, jedoch steht im Plakat-Kapitel die Technik im Vordergrund.

„Die Chance der Bürgerinitiativen", 1976

Der Wert dieses ‚Handbuches' liegt weniger in praktikablen Arbeitsanleitungen für Medienmacher als vielmehr in der Schilderung der Anlässe und Aktivitäten von Bürgerinitiaven. Es lassen sich also die Verbindungen zwischen den Machern einer Stadtteilzeitung und Oppositionsaktionen betroffener Bürger herausarbeiten. Doch scheint die Notwendigkeit eigener medialer Kommunikation für die Verfasser dieser Übersicht nur ein Randproblem zu sein; sie verlassen sich da eher auf den Einfluß auf und durch die vorhandenen Medien und auf Formen nichtmedialer Kommunikation wie Infostände, Versammlungen usw.

„Völker setzt die Signale", 76/77

Die Mediengruppe Köln gibt ein Handbuch heraus, das auf 126 Seiten zu zahlreichen Elementen des Medienmachens ausführliche Beschreibungen liefert – von „Kamera, Fotografie" bis „Buchbinden", ergänzt durch eine Adressensammlung und ein umfangreiches Stichwortverzeichnis, was die Benutzung des Buches verbessert. Was jedoch in dem Buch zu finden ist, erregt stellenweise erhebliche Verwunderung: Sicherlich ist es ganz schön, wenn nicht nur über Absichten geschrieben wird, sondern auch über das Machen. Es ist auch sinnvoll, nicht nur plattes Erfahrungswissen weiterzugeben, sondern auch auf technische Abläufe hinzuweisen (z.B. auf den Zusammenhang von Blende und Belichtungszeit beim Fotografieren) – doch scheint hier manchmal vom Guten etwas zu viel eingeflossen zu sein, so z.B. wenn auf mehreren Seiten eine „Kegelkunde" beim Bleisatz ausgebreitet wird.

Über Intentionen von eigener Medienarbeit finden sich vereinzelt eher assoziative Hinweise, die aber als Vorteil der „flotten Schreibe" das ganze Buch durchziehen; über Formen der Redaktionsarbeit und der Distribution wird ebenfalls andeutungsweise informiert, ebenso über die Möglichkeiten anderer Medien wie Video.

Das Dilemma der Verfasser: Sie wollen nicht als „linker Dienstleistungsbetrieb in Sachen Medien" mißverstanden werden – die Benutzergruppen ihres Handbuchs aber werden kaum darumherkommen, sie als einen solchen zu betrachten. Denn diese detaillierte Sachkenntnis eignet sich ein Laie nur sehr schwer an, es ist eben eine technische Anleitung für technisch bereits Kundige, die hier noch eine Fülle weiterer Anregungen finden. Den Mitarbeiter mit dem hier zusammengetragenen Fachwissen über technische Schwierigkeiten beim Zeitungsmachen dürfte es kaum geben. Deshalb sollte die Existenz solcher Spezialisten gerade im alternativen Bereich nicht so einfach vorausgesetzt werden.

„AG SPAK", 1976

Aus Medienseminaren verschiedener Mitarbeiter von Jugendzentren entstand das „Handbuch zur praktischen Medienarbeit in Initiativgruppen", herausgegeben von der „Arbeitsgemeinschaft sozialpolitischer Arbeitskreise".

Auf diesen Veranstaltungen wurden „praktische Übungen" durchgeführt, an denen sowohl Mitarbeiter in Jugendzentren als auch Jugendliche teilnahmen, um Produktionserfahrungen zu sammeln. Auch hier ergibt sich aus dem Anlaß der Arbeit ein „theorieloses" Buch – da auf diesen Veranstaltungen keine Probleme aufgearbeitet zu werden brauchten; dieser Erkenntnisstand bildete vielmehr die Folie, auf dem Praxis geübt wurde – ein sinnvolles Verfahren!

Ein weiterer Vorteil: In lesbarem – und nachvollziehbarem! – Stil werden Verfahren geschildert und Techniken beschrieben, mit denen es sich ohne Spezialwissen arbeiten läßt.

Ein Nachteil: Trotz einer klaren Gliederung wäre ein Stichwortverzeichnis für den Zweck dieses Buches nützlich gewesen.

„Stattbuch", 1978

Aus der Zusammenarbeit von Leuten, „die Erfahrung gesammelt hatten in der Arbeit mit Bürgerinitiativen, mit politischen Organisationen" entstand das Stattbuch" (31). Es sollte eine Unterstützung werden für gegenseitige Kontaktaufnahme, solidarisches Handeln und Kooperation. Sei es in der Bewältigung von Tagesaufgaben oder bei der Durchsetzung politischer Forderungen gegenüber der öffentlichen Verwaltung oder gegenüber politischen Entscheidungsträgern. Zusammenarbeit statt Isolation: STATTBUCH. (32)

Und so ist dieses Buch, in dem ausschließlich West-Berlin berücksichtigt wird, zunächst ein Adreßbuch. Auf 571 Seiten finden sich 20 Themenbereiche (von „Alte Menschen" bis „Wo man sich trifft"), einem zusätzlichen Adressenanhang sowie einem Register und Namensverzeichnis. Auf nahezu 100 Seiten ist der Bereich „Gegenöffentlichkeit" abgehandelt; das geht über die Stichworte Buchhandel, Dokumentationen, Fotos, GegenDruck, Kinoszene, Kunst, Medienwerkstätten, Musik, Theater, Verlage, Vertriebe, Video und Zeitungen mit Abschnitten wie alternative Buchläden, Ausbildungsmöglichkeiten, Filmverleihe, Videokurse usw.

Dem Buch entsprechend handelt es sich also weniger um konkrete, direkt umsetzbare Information als vielmehr um eine Orientierung im gesamten Bereich. Eine Reihe der aufgeführten Gruppen und Organisationen sind mit einer Selbstdarstellung vertreten, so daß sich der Leser einigermaßen zurechtfinden kann. Was sich wohl nicht ändern läßt: Es ist ein Buch für Berlin – ein ähnliches, zumindest für den hier anstehenden Bereich „Zeitungmachen", für andere Städte wäre sicherlich wünschenswert.

„Gegen-Öffentlichkeit", 1978

Dieses „Medienhandbuch für Bürgerinitiativen, Gruppen, Schülerzeitungen u.a." will auf keinen Fall als „Rezeptheft" mißverstanden werden. Es will vielmehr bei Fragen Anregungen vermitteln und die „Phantasie" anregen. Das ist zwar lobenswert, doch lassen sich mit solchen Sätzen natürlich auch Schwächen eines Handbuchs scheinbar vernünftig begründen, obwohl es in Wirklichkeit an der Substanz fehlt.

So wird eine Erklärung der Frage „Warum Öffentlichkeitsarbeit?" auf zehn kurzen Zeilen gegeben. („Filme können, wenn jemand Erfahrung damit hat, selbst gedreht wrden." (33) – Wer hätte das gedacht?!)

Gut dagegen sind Hinweise auf die Kombination unterschiedlicher „Medien" wie die Ergänzung von Infoständen durch Video. Schließlich geht es um die Medien Flugblatt, Plakate, Zeitungen – allerdings mit der merkwürdigen Begründung: „Mehrere Flugblätter geben eine Broschüre, mehrere Plakate eine halbe Ausstellung." (34)

Dem Anspruch gemäß beschäftigt sich das Handbuch dann bei den „selbstgemachten Zeitungen" nicht nur mit der Herstellung, sondern geht eher enzyklopädisch vor. Zwei Akzentuierungen fallen dabei auf: Die Aufgabe von Alternativzeitungen wird im „Informieren" und der „Bürgernähe" gesehen – von der Artikulation Betroffener ist nicht die Rede; zur Herstellung sollte ein „Redaktionsteam und ein Grafikteam" gebildet werden – statt Aufhebung tradierter Rollen also die Wiedergeburt bei der Alternativzeitung!

Zum weiteren Inhalt des Buches läßt sich summarisch feststellen, daß zwar eine Reihe von Fragen angetippt wird, daß die Antworten jedoch entweder von bereits Informierten als Anregung verstanden werden können oder von Anfängern zu Fehleinschätzungen führen müssen („Für das Lay out schaut man am besten nach, wie Tageszeitungen auf- und eingeteilt sind" (35).) Der nützlichste Hinweis: „Zum Thema Zeitungmachen hat die SPD eine 2-teilige Broschüre herausgebracht, die die organisatorischen, grafischen und drucktechnischen Probleme gut verständlich behandelt." (36)

Medienzentrum Kreuzberg, 1974

Ähnlich wie in jüngerer Zeit hat vor einigen Jahren bereits das Medienzentrum Kreuzberg seine Erfahrungen beim Einsatz von Medien zusammengestellt und dabei auch ein Kapitel der „Zeitung" gewidmet. In sehr kurzer Form werden diese Erfahrungen referiert und durch Beispiele dokumentiert. Ein für 1974 erforderlicher Anstoß; doch sollte man jetzt erwarten, daß das meiste des dort Aufgelisteten bei Zeitungmachern mittlerweile wohlbekannt ist und in revidierter Form praktiziert wird.

Handbücher politischer Parteien

„Zeitung machen", SPD

„Nur selten erfahren Bürger unkommentiert und unverkürzt, was Sozialdemokraten wirklich wollen, wirklich beschlossen haben, wirklich sagen." (37) Der Überwindung dieser „Medien-Barriere" sollen die von der SPD unterstützten „Betriebs-Orts- und Stadtteilzeitungen" dienen. Da es mittlerweile an die 1.500 dieser Zeitungen gibt, ist es erforderlich, das nötige Know-how zu verbreiten, was die SPD zum einen mit dem vorliegenden zweiteiligen Handbuch leistet, wozu sie jedoch auch spezielle Seminare durchführt (38).

Und so enthält das Handbuch auch eine Reihe von Vorschlägen, die für informelle Gruppen ohne den background einer großen Organisation mit funktionierenden Untergruppierungen kaum durchführbar sind. Dieser Vorteil des organisatorischen Hintergrunds bringt aber auch Nachteile mit sich, die sich im Handbuch durchaus feststellen lassen: Formalkriterien werden sehr stark in den Vordergrund gestellt, ökonomische Interessen müssen berücksichtigt werden, bestehende Machtstrukturen sind zu berücksichtigen (man denke an Städte mit sozialdemokratischen Mehrheiten!), die Firmierung wird manchen Bürger von der aktiven Beteiligung abhalten.

Dieser letzte Punkt scheint, in Kombination mit anderen Bedenken, der am schwersten wiegende Nachteil zu sein: Es ist kaum denkbar, daß in einer Parteizeitung die handschriftliche Story eines „Ureinwohners" aus der Frühzeit eines Stadtviertels nachgedruckt wird oder daß sich eine mehrseitige wortgetreue Wiedergabe z.B. einer Lehrlingsdiskussion dort findet.

Andererseits – wenn die Arbeit der Zeitungmacher von den Gremien nicht behindert und gelenkt wird – hat die Ortszeitung den Vorteil des Zugangs zu etablierten Nachrichtenquellen wie z.B. der Stadtverwaltung. Gerade diese fehlenden Quellen sind es häufig, die andere Stadtteilzeitungen über den allgemeinen Austausch hinaus so ineffektiv machen: Denn wie sollen Bürger beispielsweise Eingriffe in ihre Wohngebiete verhindern, wenn sie erst mit dem Erscheinen der Planierraupen davon „erfahren"? (Über die Misere der offiziellen Bekanntgabe von Bebauungsplänen und ihrer Unverständlichkeit soll hier nicht gesprochen werden.)

Über diese grundsätzlichen Anmerkungen hinaus, die in ihren Auswirkungen jedoch auch vom Bewußtsein der Zeitungmacher revidierbar sind, ist es jedoch unübersehbar, daß mit dem Handbuch „Zeitung machen" ein Nachschlagewerk vorliegt, das vollständig, verständlich, übersichtlich und praxisorientiert informiert. Wer eine Stadtteilzeitung machen will, kommt ohne dieses Buch nicht aus!

„CDU-Zeitung", 1977

Im Gegensatz zur SPD kommt die CDU mit ihrem Handbuch erst einige Jahre später auf den „Markt" und dann auch noch in erheblich geringerem Umfang, mit erheblich weniger Informationen. Das ist sicherlich so unverständlich nicht, denn wenn auch die Leistung der Lokalzeitungen für den einzelnen Stadtteil zwar nicht optimal sind (39), so stimmt die „politische Linie" bei den meisten Zeitungen doch mit dieser Partei überein (40).

Für den Leser des Handbuchs der CDU ist es interessant, zum Teil kleine, aber doch symptomatische Unterschiede zwischen den Handbüchern der beiden großen Parteien festzustellen: So besteht die CDU auf der Herausgabe solcher Zeitungen durch „den Vorstand" der jeweiligen Parteiorganisation, während das bei der SPD auch „ein Mitglied des Vorstands" sein kann. Auch findet sich ein solcher Satz nicht im SPD-Handbuch: „Warum brauchen wir CDU-Zeitungen? – . . . Weil CDU-Zeitungen auch ein hervorragendes Mittel im Wahlkampf sind." (41)

Der Aufbau des „Regiebuches" ist für die Benutzer deshalb nützlich, geht er doch recht chronologisch vor, beginnend mit der Suche nach einem Titel, endend mit Fragen der Verteilung; und gibt er – unbeabsichtigt – Einblicke in das Selbstverständnis der Partei.

FDP-Fachkunde, 1979

Um es kurz zu sagen: im FDP-Acht-Seiten-Überblick finden sich die Stichworte („Die Überschrift oder auch Titelzeile muß als ‚Angelhaken' das Interesse für unser Anliegen wecken"), – wer Näheres erfahren möchte, muß das entweder alles schon wissen oder er wendet sich einem anderen Handbuch zu.

DKP-Handbuch, 1977

Vergleichbar mit der SPD-Handreichung „Zeitung machen" ist das „Handbuch für die Betriebszeitungen, Wohngebiets- und Hochschulzeitungen der DKP", das allerdings noch eindeutiger am klassischen Verständnis vom Zeitungmachen orientiert ist. Kommunikationstheoretische Überlegungen finden nicht statt, es geht eindeutig um die Produktion und den Vertrieb kommunistischer Blätter, die von Parteimitgliedern für die Öffentlichkeit gemacht werden.

Daß es der DKP in der Bundesrepublik mehr als den anderen Parteien darum gehen muß, ein Gegengewicht zu den etablierten Medien zu schaffen, liegt auf der Hand. Daß es dazu einer sorgfältigen Arbeit in kleinen Blättern bedarf, ist ebenfalls einsichtig. Deshalb wird in dem Handbuch auch besonders über die Auswahl und die Darbietung von Informationen gehandelt; das ist auch sehr lehrreich für Sonntagsredner über die Arbeitsweise der bürgerlichen Presse! statt Agitation Verbreitung verschütteter Wahrheiten: Ist das der Weg von Lenin zur DKP?

Über diese Handlungsanweisungen hinaus liegt mit dem DKP-Handbuch ein hervorragend aufgemachtes Werk vor dem Benutzer, mit einer ziemlich umfassenden Behandlung der beim Zeitungmachen anfallenden Arbeiten und ihrer Bewältigung.

Handreichungen katholischer Institutionen

Die „Kirchliche Zentralstelle für Medien" fördert in ihrer Schriftenreihe „medienpraxis" die „aktive Medienarbeit" (42). Die Mehrzahl der Arbeitshilfen „Pfarrblatt", „Wie schreibe ich eine Nachricht?", „Plakate selbermachen" – haben es mit modifizierten Formen traditioneller Medienkommunikation zu tun. Gerade der letztgenannte Titel allerdings ist auch für Zeitungmacher gut verwertbar, weil er Druckverfahren beschreibt, die nicht nur beim Drucken von Plakaten anwendbar sind.

Über die Aufgaben von „Pfarrblättern" informieren die Hinweise für die Bistümer Essen, Fulda, Köln und Rottenburg (43). Der Katalog nennt „Nachrichten aus der Gemeinde. Meinungsbildung. Überpfarrliche Themen sowie Zwischenmenschliche Beziehungen". Vor allem wird in dem Beitrag jedoch wert gelegt auf die Anbindung des Pfarrblattes an die Gemeindeleitung, an den Pfarrgemeinderat, den Kirchenvorstand sowie an nicht-organisierte Gruppen der Pfarrgemeinde. Auf dieser Ebene wird dann auch die Arbeit der „Redaktion" gesehen, die sich vor allem um einen engen Kontakt zu den genannten Institutionen bemühen sollte.

Diese Verhaltensmaßregeln sind sicherlich erprobt, weisen aber darauf hin, daß es im Rahmen der katholischen Kirche nicht darum geht, ein Forum auch für nicht-kirchentreue Bürger zu schaffen; dazu ist die Aufgabenstellung zu eng. (44)

Handbücher für Schülerzeitungen

Zwei Schriften informieren Schüler über das „Wie?" einer Schülerzeitung. Das ist zum einen eine kleine Broschüre aus dem Jugendpresse-Verlag in Itzehoe von 1966, in dem die Formen des „klassischen Zeitungsjournalismus" für Schüler erklärt werden. Was sonst alles noch zu bedenken ist, wenn eine Schülergruppe sich veröffentlichen will, kommt dort nicht vor.

Orientiert am SPD-Handbuch „Zeitung machen" vermittelt das „Handbuch für die Arbeit der Jungsozialisten – Schülerzeitungen" dazu erheblich mehr an Informationen. Aufgrund dieser Analogie erübrigt sich ein weiteres Eingehen auf die Broschüre, doch ist besonders hervorzuheben die Sammlung rechtlicher Vorschriften für die Herausgabe von Schülerzeitungen in den einzelnen Bundesländern.

Handbücher zur Öffentlichkeitsarbeit

Wer keine eigene Zeitung machen will, aber weiß, daß er seine Interessen nur dann durchsetzen kann, wenn sie „veröffentlicht" sind, der kann zu einer Reihe von Anleitungen greifen:

- Techniken der Öffentlichkeitsarbeit und
- Öffentlichkeitsarbeit der Pfarrgemeinde, herausgegeben von der Deutschen Bischofskonferenz;
- „Pressearbeit", herausgegeben von der SPD;
- „Pressearbeit", herausgegeben von der CDU;
- „Öffentlichkeitsarbeit im BDKJ", herausgegeben vom Bund der Deutschen Katholischen Jugend im Erzbistum Köln.

In diesen Heften geht es schlicht gesagt um die Manipulation der etablierten Medien: Wie kann man seine Nachrichten in die Presse lancieren? Wie pflegt man mit Journalisten Kontakt? Wie schreibt man Leserbriefe?

Da alle genannten Publikationen aus Institutionen stammen, die auf eine lange Erfahrung im Umgang mit den vorhandenen Medien zurückblicken können und zumindest die drei erstgenannten von ausgebufften Profis zusammengestellt wurden, sollte man seine eigenen Pressekampagnen ruhig an den vorliegenden Tips orientieren. Zwei Fehler sollten nicht begangen werden:

- Man sollte Journalisten nicht mit ihren Verlegern gleichsetzen und
- man sollte nicht meinen, auf die Dauer hemmungslosen Aktionismus statt transparenter Information betreiben zu können.

Sonstige Handreichungen

„Zeitungsfibel", 1975

Den Produzenten dieses „Bastelbuches" geht es weniger um das Erstellen eigener Zeitungen als vielmehr um die Reflexion über das Massenmedium Tageszeitung. Aus einer Zusammenstellung von Bildern, Texten und Überschriften läßt sich eine eigene „Süddeutsche Zeitung" komponieren, und die jeweiligen Vorgänge werden dadurch reflektierbar.

Sicherlich ein interessantes medienpädagogisches Unterfangen, doch stellen sich die Fragen, ob die Anleitung zur Arbeit mit eigenem Material nicht besser wäre und ob bei einer solchen Arbeit auch tatsächlich die „Rituale im Gebrauch der Zeitung" (45) erkennbar werden.

„Wir machen unsere Comics selber", 1974

Wer in einer Stadtteilzeitung schon einmal Comics eingestreut hat und erfuhr, wie viele Leute Ideen für Comics mit sich herumtragen und wer somit auch erkannt hat, daß sich zahlreiche Probleme in Bildergeschichten darstellen lassen, der wird sich auch über eine medienpädagogische Broschüre zu diesem Thema freuen. Zumal dann, wenn es keine historische Abhandlung oder eine „kritische Analyse" ist, sondern die Beschreibung eines Versuchs, Comics mit Schülern zu produzieren.

„Plakat und Wandzeitung", 1973

In zahlreichen der vorgestellten Handbücher wird auch auf die Produktion von Wandzeitungen und Plakaten verwiesen. Eine umfassende Darstellung der Funktion dieser Medien und ihrer Herstellung – vor allem für den Bereich Schule – finden sich in diesem Handbuch aus der DDR. Wer zwischen „bildkünstlerischer Agitation" (46) und dem „Erlernen von Interessenvertretung" unterscheiden kann, der wird auch die dort angebotenen Verfahren entsprechend einordnen können. Die verschiedenen Techniken werden jeweils unter den Aspekten „Material und Werkzeug. Technik und Gestaltung. Gestaltungsbeispiele" vorgestellt.

Die vorhandene Fülle von Anregungen zur Gestaltung von Stadtteilzeitungen zwingt zu einer Auswahl, wenn diese Handbücher als Unterstützung für die eigene Arbeit genutzt werden sollen. In der vorstehenden Auflistung finden sich dazu einige Hinweise, die möglicherweise auch bei der Auswahl helfen können.

Über die genannten Formalkriterien hinaus sollten sich Stadtteilzeitungmacher jedoch immer wieder die Fragen beantworten: Was unterscheidet unsere Zeitung von der Tageszeitung, vom Anzeigenblatt? Sind in ihm die Bürger nicht nur ausreichend repräsentiert – was immerhin auch schon ein Fortschritt wäre –, sondern: Können sich die Bürger in diesem Blatt selbst präsentieren und tun sie es?!

Anmerkungen

1) Beide Termini von Alexander Mitscherlich: Die Unwirtlichkeit unserer Städte, Frankfurt 1978 (14. Aufl.), S. 26
2) So in: „Hagener Volks Blatt", Nullnummer (Oktober) 1976
3) Florian Maderspacher / Harald Winzen: Gegen-Öffentlichkeit. Medienhandbuch für Bürgerinitiativen, Gruppen Schülerzeitungen u.a., Hamburg 1978, S. 3
4) Siehe Anmerkung (2)
5) o. Verf.: Vor Ort und die Folgen, in: Die Feder, Jg. 27, Heft 6, 1978, S. 15
6) Vgl. dazu den Beitrag „Stadtteilöffentlichkeit" des Verfassers in: Wolfgang R. Langenbucher (Hrsg.) Lokale Kommunikation und ihre Medien, München 1980 (geplant) (=Schriftenreihe der Deutschen Gesellschaft für Publizistik und Kommunikationswissenschaft, Band 5)
7) Hans-Günther Naumann: Formen und Möglichkeiten der Bürgerbeteiligung am gemeindlichen Entscheidungsprozeß, in: Heinz Rausch / Theo Stammen (Hrsg.) Aspekte und Probleme der Kommunalpolitik, München 1973, S. 231–245
8) Petra Dorsch / Wolfgang R. Langenbucher: Städtische Öffentlichkeit – Verfall oder Entfaltung?, München 1969, S. 60 (= Schriftenreihe der Neuen Heimat Bayern und der Neuen Heimat Baden-Württemberg)
9) Ebenda
10) Ebenda, S. 61
11) Reent Schwarz: Schulinterne Fernsehanlagen als Kommunikationsmedium für Schüler, in: Hilmar Hoffmann (Hrsg.) Perspektiven der kommunalen Kulturpolitik – Beschreibungen und Entwürfe, Frankfurt 1974, S. 350 f.
12) Petra Dorsch: Eine neue Heimat in Perlach, München 1972, S. 107
13) Katrin Zapf / Karolus Heil / Justus Rudolph: Stadt am Stadtrand. Eine vergleichende Untersuchung in vier Münchner Neubausiedlungen, Frankfurt 1969, S. 335
14) Hartmut Horst / Wolfgang Lohding: Operatives Video, Berlin 1977 (2. Auflage), S. 2
15) nach: Horst Reimann: Kommunikations-Systeme. Umrisse einer Soziologie der Vermittlungs- und Mitteilungsprozesse, Tübingen 1968
16) Walther von La Roche: Einführung in den praktischen Journalismus, München 1978 (4. Auflage), S. 27
17) Petra Dorsch / Wolfgang R. Langenbucher, a.a.O., S. 55
18) Ebenda, S. 57
19) aus: „Vorbemerkung", in: Claus-Dieter Rath: Gesichtspunkte zur alternativen Medienarbeit mit Video als ein Moment tätiger Erkenntnis und kooperativer Kommunikation (Diplomarbeit am Psychologischen Institut der Freien Universität Berlin), Berlin 1976
20) Ausnahmen wie z.B. Messesendungen, die vom „Hessischen Rundfunk" zusätzlich zu den drei Hörfunkprogrammen im Frankfurter Stadtgebiet vom 5. bis 8.3.1979 jeweils von 8.15 Uhr bis 10.00 ausgestrahlt wurden sowie das Projekt „Radio Kurpfalz-Radio" haben in der derzeitigen medienpolitischen Situation nicht einmal Pilotfunktion. Klaus Morgenstern: Sollen Hunde abends beleuchtet werden? Lokaler Hörfunk in Frankfurt, in: „Frankfurter Rundschau" vom 9.3.1979; Gustav Strubel: Nahwelt im Rundfunk – Programmversuch mit „Kurpfalz-Radio", in: Südfunk, Informationen des Süddeutschen Rundfunks Stuttgart, Nr. 5/1979, S. 3
21) Dieter Joachim / Peter Nowotny: Kommunale Kinos in der BRD. Münster/Osnabrück 1978, S. 116
22) Roland Günter / Paul Hofmann / Janne Günter: Das Ruhrgebiet im Film, Oberhausen 1978, S. 86
23) Wilhelm Bettecken / Monika Hüssen (Redaktion) Hinweise. Welttag der Kommunikation 1974. Massenmedien und Verkündigung; darin: Das Pfarrblatt – bedrucktes Papier oder mehr?, Essen 1974, S. 10

24) Otfried Jarren: Kommunikation organisieren: Zum Konzept Bürgerzeitung, in: Die Neue Gesellschaft, Jg. 25, Heft 11, 1978, S. 941
25) Henning von der Osten: Zur Problematik der Gratis-Anzeiger, München 1957 (Diss.), S. 46 (nach Petra Dorsch / Wolfgang R. Langenbucher, a.a.O., S. 52)
26) Autorengruppe Märkische Viertel Zeitung: Stadtteilzeitung. Dokumente und Analysen zur Stadtteilarbeit, Reinbek 1974, S. 9
27) Tretjakow (nach: Hartmut Horst / Wolfgang Lohding, a.a.O., S. 20)
28) Nach einer Mitteilung des zuständigen Referenten beim SPD-Parteivorstand, Werner Herminghaus.
29) Im Text werden jeweils nur Kurztitel genannt; zur weiteren Information siehe die ausführlichen Angaben im „Verzeichnis der Handbücher", S. 139 ff
30) Daß die Autoren auf eine breite akademische Auseinandersetzung über die Prinzipien der Handlungsforschung verzichtet haben, ist ihnen hoch anzurechnen!
31) „Völker setzt die Signale", „AG SPAK" und „Stattbuch" legen ihre eigene Kalkulation offen.
32) Aus dem Vorwort des „Stattbuch".
33) Florian Maderspacher / Harald Winzen, a.a.O., S. 2.1.
34) Ebenda
35) Ebenda, S. 2.4.
36) Ebenda
37) Ebenda, S. 6
38) Vgl. dazu: Otfried Jarren / Peter Leudts: Erfahrungen mit Zeitungmachen – „Zeitung machen" als Erfahrung. Erfahrungsbericht über eine dreiteilige Seminarreihe der Friedrich-Ebert-Stiftung, in: Christliche Presse Akademie (Hrsg.): Rundbrief, Frankfurt 1980 (im Druck); Ursula Clauditz u.a. (Hrsg.): Zeitung machen – Arbeitsergebnisse eines Seminars für Redakteure von Stadtteilzeitungen, Hamburg 1977 (Seminarzeitung)
39) Siehe Anmerkung (17)
40) Vgl. dazu: Klaus Schönbach: Trennung von Nachricht und Meinung – Empirische Untersuchung eines journalistischen Qualitätskriteriums, Freiburg/München 1977
42) Für die exakte Titelangabe siehe „Verzeichnis der Handbücher", S. 139 ff
43) Siehe Anmerkung (23)
44) Siehe auch Walter Ludin: Aufgaben der Pfarreiblätter in der kirchlichen Kommunikation. Versuch einer Konzeption katholischer Pfarreiblätter in der Deutschen Schweiz, Luzern 1976 (Manuskript). In dieser Übersicht wird deutlich, daß es sich bei der Diskussion um Kommunikation innerhalb des katholischen Bereichs stets um das Entwickeln „innerkirchlicher Kommunikation" handelt, nicht um das Erweitern der allgemeinen gesellschaftlichen Kommunikationsmöglichkeiten.
45) Friedhelm Klein / Peter Müller-Egloff: Zeitungsfibel oder: Ich mach' mir meine Zeitung selbst, Weinheim/Basel 1975, Begleittext S. 1
46) So heißt es im Untertitel des Buches.

Verzeichnis der Handbücher

In dies Verzeichnis sind alle Handbücher in der Reihenfolge ihrer Erwähnung aufgenommen:

Autorengruppe Märkische Viertel Zeitung
Stadtteilzeitung
Dokumente und Analysen zur Stadtteilarbeit
Reinbek bei Hamburg 1974 (rororo 6888)

Peter Bubenberger / Hans-Jörg Hennecke
Wie denn? Wo denn? Was denn?
Handbuch für Lehrlinge, junge Arbeiter und Schüler
Dortmund 1975 (Weltkreis-Verlag)

Hanspeter Knirsch / Friedhelm Nickolmann
Die Chance der Bürgerinitiativen
Ein Handbuch
Wuppertal 1976, 2. Aufl. (Peter Hammer Verlag)

Mediengruppe Köln
Völker setzt die Signale
Medienhandbuch
Frankfurt am Main 1977, 2. Auflage (Verlag Jugend und Politik)

Arbeitsgemeinschaft Sozialpolitischer Arbeitskreise (AG SPAK)
Handbuch zur praktischen Medienarbeit in Initiativgruppen
M 26: Was man mit Farbe und Papier so alles machen kann
Berlin 1976

Arbeitsgruppe West-Berliner Stattbuch
WestBerliner Stattbuch 1
Berlin 1978 2. Aufl. (Rotation Verlag)

Florian Maderspacher / Harald Winzen
Gegen-Öffentlichkeit
Medienhandbuch für Bürgerinitiativen, Gruppen, Schülerzeitungen u.a.
Hamburg 1978 (VSA)

Medienzentrum Kreuzberg
Medien im Jugendfreizeitbereich
Video – Theater – Super 8 – Foto – Zeitung
Berlin 1974

Vorstand der SPD (Hrsg.)
Zeitung machen
Handbuch für Arbeit mit sozialdemokratischen Betriebs-, Orts- und Stadtteilzeitungen
Teil 1: Organisation, Redaktion, Finanzen und Recht
Teil 2: Technik
Bonn o.J. (1977) 2. Aufl.

Bundesgeschäftsstelle der CDU (Hrsg.)
CDU-Zeitung
Regiebuch 10
Bonn 1977

FDP-Bundesgeschäftsstelle
Vom Entwurf bis zur fertigen Drucksache
Kleine Fachkunde zum Umgang mit Satz und Druck
Bonn o.J. (1979)

Autorenkollektiv Fritz Noll u.a.
Handbuch für die Betriebszeitungen, Wohngebiets- und Hochschulzeitungen der DKP
Text – Umbruch – Karikatur – Druck
Neuß 1977 (Verlag Plambeck & Co.)

Kirchliche Zentralstelle für Medien (bei der Deutschen Bischofskonferenz)
Referat Kommunikationspädagogik (Hrsg.)
Reihe „medienpraxis"
Praktische Medienarbeit 2: Pfarrblatt
Praktische Medienarbeit 4: Wie schreibe ich eine Nachricht
Praktische Medienarbeit 7: Plakate selbermachen
Bonn o.J. (ab 1976)

Wilhelm Bettecken / Monika Hüssen (Redaktion)
Hinweise (Welttag der Kommunikation 1974)
Massenmedien und Verkündigung; darin:
Das Pfarrblatt – bedrucktes Papier oder mehr?
Wie sollte dieses Instrument der Kommunikation beschaffen sein?
Essen 1974 (Bischöfliches Generalvikariat)

Volker Hummel
Journalismus für die Jugendzeitschrift
Itzehoe 1976 (Jugendpresseverlag Knut Reim)

Bundesvorstand der Jungsozialisten in der SPD (Hrsg.)
Schülerzeitungen
Handbuch für die Arbeit der Jungsozialisten
Bonn o.J. (vermutlich 1976)

Kirchliche Zentralstelle für Medien (bei der Deutschen Bischofskonferenz)
Referat Kommunikationspädagogik (Hrsg.)
Reihe „Medienpraxis"
Praktische Medienarbeit 3: Techniken der Öffentlichkeitsarbeit
Praktische Medienarbeit 1: Öffentlichkeitsarbeit der Pfarrgemeinde
Bonn, ab 1976

Vorstand der SPD (Hrsg.)
Pressearbeit
Handbuch für die Arbeit in sozialdemokratischen Ortsvereinen
Bonn o. J. (1975)

CDU-Bundesgeschäftsstelle (Hrsg.)
Pressearbeit
Regiebuch 6
Bonn 1975

Bund der Deutschen Katholischen Jugend im Erzbistum Köln (Hrsg.)
Öffentlichkeitsarbeit im BDKJ
Wer – Was – Wann – Wie – Wo – Warum
Köln 1974

Friedhelm Klein / Peter Müller-Egloff
Zeitungsfibel
oder: Ich mach' mir meine Zeitung selbst
Weinheim/Basel 1975 (Beltz-Verlag)

Autorenkollektiv
Wir machen unsere Comics selber
Erfahrungen mit Comics an der Grundschule
Berlin 1974, 1. Aufl. (Basis-Verlag)
Reihe "Basis Unterricht" 3

Autorenkollektiv (Rudolf Kiefert, Red.)
Plakat und Wandzeitung
Bildkünstlerische Agitation in der Schule
Berlin (-O.) 1973, 2. Aufl. (Verlag Volk und Wissen)
Schriften zur Kunsterziehung Band 24

Peter Leudts

„Die Themen liegen auf der Straße, wenn man richtig sehen kann"

Zur medienpädagogischen Arbeit mit „Zeitungsmachern"

Seit einigen Jahren werden von verschiedenen Institutionen Seminare veranstaltet, in denen die Teilnehmer lernen sollen, eine eigene Zeitung zu machen: eine Zeitung für ihren überschaubaren Bereich, für Stadtteile oder kirchliche Gemeinden, für die Mitglieder eines Vereins oder die Schüler einer Schule. Die wichtigsten Träger solcher Seminare sind die politischen Parteien, Kirchen und auch Einrichtungen der außerschulischen Weiterbildung. So verschieden die Veranstalter auch sein mögen, so ähnlich sind doch die bei diesen Seminaren verfolgten Ziele von ihrem Ansatz her. Es werden regelrechte Schulungen durchgeführt, bei denen Laien lernen, wie Artikel zu schreiben sind, wie man ein Lay-Out erstellt, wie man die einzelnen Zeitungsseiten für den Druck vorbereitet und montiert und welche Druckverfahren kostengünstig sind. Es werden also technische und redaktionelle Fertigkeiten eingeübt, aber auch rechtliche und finanzielle Fragen werden beantwortet und organisatorische Probleme der Redaktionsarbeit geklärt. Es werden zahlreiche Hilfestellungen angeboten und in der Folge werden die gemachten Erfahrungen durch weitere Veranstaltungen mit vergleichbarem Charakter vertieft und aktualisiert.

Gemeinsam ist diesen Seminaren, daß sie praxisbezogen angelegt sind. Allerdings wird hier als „Praxis des Zeitungsmachens" oft nur die handwerkliche Seite begriffen. Man ist bestrebt, das technische, organisatorische und finanzielle Know-How zu vermitteln. Wahrscheinlich bezeichnet man diese Veranstaltungen auch richtiger als Kurse, die darauf gerichtet sind, bestimmte Kenntnisse und Fertigkeiten zu vermitteln.

Wegen des erheblichen Leistungsdrucks in diesen Kursen — es werden von Arbeitsgruppen innerhalb eines Tages mehrseitige Zeitungen erstellt — kommt man kaum dazu, die Ziele, die mit dem „Zeitung-Machen" verfolgt werden, zu befragen. Auch eine Diskussion über die Inhalte und darüber, wie Form und Inhalt ineinander verschränkt sind oder sein könnten, muß aus diesen Gründen meist hintenan gestellt werden und kommt zu kurz. Gründe hierfür gibt es einige. Der Veranstalter kann davon ausgehen, daß die Teilnehmer seiner Seminare mit den Zielen des Trägers übereinstimmen. Ein Grundkonsens wird vorausgesetzt und eine Diskussion der eigenen Zielvorstellungen wird an den Rand gedrängt oder scheint sich sogar zu erübrigen. Besonders bei den etablierten Organisationen, wie den Parteien, den Gewerkschaften und den Kirchen ist festzustellen, daß hier Zeitungen auf ‚lokaler' Ebene produziert werden, um die Organisation, ihre Absichten und ihre Arbeit, darzustellen. Da gilt es „ein publizistisches Loch zu stopfen" (1), da leistet man Öffentlichkeitsarbeit mit Stadtteilzeitungen, da verlangt die „Präsenz der SPD und die Vertretung in der Öffentlichkeit auf der Ebene von Ortsvereinen" auch „den gezielten Einsatz von Stadtteilzeitungen" (2) oder da gelten eigene Zeitungen als vorzügliches Mittel, „die Bürger über die Politik der CDU zu informieren". (3)

Organisationen mit verfestigten Strukturen, eingefahrenen Machtverhältnissen und eingeübten Selbstdarstellungsmethoden verspielen damit aber die Möglichkeit, Kommunikationsdefizite im lokalen Raum, die in der Nichtbeteiligung der Bevölkerung an politischen Entscheidungen offen zu Tage treten, zu vermindern. Dies gilt besonders für die Parteien. Beispielsweise beklagen Redakteure von Stadtteilzeitungen in SPD-Ortsvereinen, daß ihre Zeitungen bloße Verlautbarungsorgane der Ortsvereinsspitze oder der führenden sozialdemokratischen Kommunalpolitiker sind, zu sehr an Inhalten aus der ‚großen Politik' orientiert und oft nur an kurzfristigen Mobilisierungseffekten vor Wahlen interessiert sind. Probleme, mit denen auch die Basis anderer Parteien konfrontiert wird.

Im folgenden soll nun ein Seminarmodell entworfen werden, das eine zu starke Betonung der technischen (handwerklichen) Seite vermeidet. Demgegenüber liegt der Schwerpunkt bei dem Bemühen der Teilnehmer, sich über ihre grundsätzlichen Einstellungen zur politischen Funktion von Stadtteilzeitungen Klarheit zu verschaffen. Eingeflossen in diese Überlegungen sind Erfahrungen und Anregungen einer im Jahre 1977 konzipierten und durchgeführten dreistufigen Seminarreihe, deren Träger die Friedrich-Ebert-Stiftung war. Adressaten und Teilnehmer waren Redakteure von Orts- und Stadtteilzeitungen aus Nordrhein-Westfalen, die überwiegend der SPD angehörten.

Zielsetzung und methodische Prämissen

Die folgenden (medien-)pädagogischen Vorstellungen liegen dem Konzept zugrunde und prägen Stil, Inhalt und Ablauf des Seminars.

Es besteht ein strikter und unaufgebbarer Zusammenhang zwischen dem Ziel und den jeweils zur Verwirklichung des Zieles verwendbaren Mitteln. Denn das Ziel verlangt Mittel, die mit ihm vereinbar sind. Wird eine solche Vereinbarkeit nicht erreicht, besteht die Gefahr, daß die verwandten Mittel das Ziel zerstören und selbst an die Stelle des Zieles treten. So ist zum Beispiel bei einigen Stadtteilzeitungen, die von Gliederungen politischer Parteien herausgegeben werden, zu beobachten, daß dort über die angestrengten Bemühungen, die von den lokalen und regionalen Tageszeitungen geprägten („äußerlichen") Standards zu erreichen, die eigentlichen wichtigeren Inhalte in den Hintergrund treten. Die grundsätzliche Ausgangsstellung – die Vereinbarkeit von Ziel und Mittel – wird nicht dadurch aufgehoben, daß immer wieder Mittel aufgezwungen werden, die den gefundenen Grundsätzen nicht entsprechen.

Ferner liegt der Konzeption die pädagogische Vorstellung zugrunde, die Bedürfnisse der Beteiligten – bezogen auf Stadtteilzeitungsarbeit und darüber auch hinausgehend –

seien nicht nur zureichend zu thematisieren, so daß sie Priorität im Seminar hätten, sondern dies müsse auch durch die Seminarteilnehmer selbst geschehen. Dies hat übrigens zur Folge, daß die Teilnehmer notwendigerweise wesentlich nach dem Model selbstleitender Gruppen agieren (4). Man könnte diesen Ansatz auch einen „emanzipatorischen" nennen: Nicht nur Mitbestimmung, sondern Selbstbestimmung der Beteiligten, anknüpfend an deren konkreten Interessen, befähigen zur Veränderung. Demnach ist die Struktur des Seminars zumindestens im ersten Teil inhaltlich offen zu halten. Einzige Vorgabe sollte lediglich das Bemühen sein, sich mit der Möglichkeit und Notwendigkeit von selbstproduzierten Zeitungen am Ort, mit der kritischen Medienarbeit bei einer Gebiets-, Orts- oder Stadtteilzeitung gemeinsam, auseinanderzusetzen.

Primär steht also nicht die Vermittlung ‚wertfreier' Fähigkeiten, etwa der Umbruch einer Zeitungsseite oder das exakte Lay-Outen im Vordergrund, sondern das demokratische Handeln mit Hilfe einer Zeitung, mit der eine eigene Öffentlichkeit, Anhängerschaft und eine Veränderung angezielt wird.

Anforderungen an die Teamer und die Teilnehmer

Ein nach diesen Prinzipien durchgeführtes Seminar ist natürlich mit Schwierigkeiten verbunden. Die Teamer müssen mit Anforderungen rechnen, die das normale Maß übersteigen. Teamer sind hier alle, die das Seminar vorbereiten und planen und während des Seminars organisatorische, leitende und vor allem betreuende Funktionen übernehmen, also Lernschritte initiieren und beobachten. Sie müssen sich inhaltlich auf eine breite Themenpalette vorbereiten und in ihrer Seminarbetreuung flexibel sein. Sie sollten die Teilnehmer anleiten, ohne Führung zu übernehmen. Um das Engagement der Teilnehmer zu steigern, ist unter Umständen das eigene Engagement zurückzunehmen. Obgleich das Team in den seltensten Fällen homogen ist – es können beispielsweise Unterschiede in den Auffassungen über die pädagogischen Verfahren bestehen – bilden sie gegenüber der Teilnehmergruppe eine festgefügte Instanz. Es besteht auch die Gefahr, daß Konflikte im Team nicht offen ausgetragen werden. Nichteingeweihte haben dann immer das Problem, zu verstehen, ob es sich um einen Konflikt handelt, der aus einer Sachkontroverse hervorgeht oder aus der unnötigen Statusverteidigung. Die Mitglieder des Teams sind eben nicht Referenten in einem inhaltlich strukturierten Seminar. Sie müssen das Konzept mit dem Akzent auf ‚Selbstlernen' ebenso wie die Teilnehmer erst akzeptieren und sich in die ungewohnte Seminarrolle erst eingewöhnen. Sofern Gruppen gebildet werden übernehmen die Teammitglieder dort die Funktion der sachkundigen Informanten. Im Plenum nehmen Teamer (in Abwechslung mit einzelnen Teilnehmern) die Aufgabe des Moderators, die in der ‚Hitze der Diskussion' oft genug vergessen wird.

Die Seminarteilnehmer haben meistens eine ‚normale' Erwartungshaltung, die geprägt ist von anderen Seminarerfahrungen: Sie nehmen daher oft eine Konsumptionshaltun ein und erwarten, daß Themen detailliert vorgegeben und Referate gehalten werden.

Helfen kann es daher, wenn die Teilnehmer schon in der Seminareinladung ausführlich mit dem Konzept vertraut gemacht werden. Trotzdem wird man registrieren müssen, daß das Angebot, sich selbst und die eigenen Interessen einzubringen und damit den Ablauf wesentlich mitzuentscheiden, zumeist erst nach mehreren Anläufen angenommen wird.

Seminarvoraussetzungen

Die Seminare für ‚Stadtteilzeitungsmacher' fangen nicht beim Punkt Null an. Die Teilnehmer arbeiten bereits bei den sogenannten sublokalen Medien mit oder wollen sich zur Mitarbeit oder Neugründung anregen lassen. Parteien und Kirchen versuchen mit Hilfe von Seminaren potentielle Zeitungsmacher unter ihren Mitgliedern für diese Arbeit zu interessieren. Sie geben Anstöße und initiieren die Herausgabe lokaler Parteizeitungen und Gemeindeblätter praktisch seit deren Existenz. Es müßte Aufgabe der Einrichtungen der Erwachsenenbildung, der politischen Akademien, Jugendbildungsstätten und vor allem der Volkshochschulen sein, den Kreis der Interessenten anzusprechen, der außerhalb der etablierten gesellschaftlichen Kräfte das Ziel hat, seine als gemeinsam erkannten Interessen zu vertreten und durchzusetzen (z. B. Jugend- und Bürgerinitiativen). „Wollen sich die Institutionen der Erwachsenenbildung neuen Teilnehmerkreisen öffnen, wollen sie zu einer neuen Qualität sich auf gemeinsame Erfahrungen berufenden Lernens kommen, ist Kooperation mit solchen Gruppen vorrangig zu realisieren." (5)

Eduard Bungter stellt wohl zutreffend fest, daß die „Medienpädagogik als Teil politischer Bildung und Sozialisation im Bewußtsein der Träger und Mitwirkenden noch nicht den ihr gebührenden Platz gefunden" (6) hat. Und da, wo Einrichtungen der Erwachsenenbildung die medienpädagogische Arbeit zu einem Arbeitsschwerpunkt erklärt haben, verfolgt man vor allem das Ziel, die Bürger zum kritischen Konsum der vorhandenen Massenmedien zu erziehen. Darüberhinaus sollten sie aber handlungsorientiert versuchen, kommunikative Verhaltensweisen einzuüben und die Möglichkeit der Organisierung einer ‚Gegenöffentlichkeit', beispielsweise in Form selbstproduzierter Zeitungen, zu diskutieren.

Einstieg

Der Anfang eines Seminars ist besonders schwierig. Nicht nur sollen sich die Teilnehmer kennenlernen, sondern auch ihre Erwartungen sollen sie abklären und Zugang zum Gegenstand des Seminars gewinnen. Es findet sich eine Ansammlung von Menschen zusammen, die in der Regel zwar einer Zielgruppe angehört, manchmal zusammen an der selben Zeitung arbeiten oder eine Stadtteilzeitung planen, aber sonst wenig Gemeinsamkeiten aufweist. Entscheidend ist daher die Methodik der Einstiegsphase. Hier wird bereits angelegt, ob und wie die Teilnehmer in einer Gruppe in der Lage sind, Probleme zu bearbeiten.

Vorstellungsrunden (Abfragen) haben sich als zu oberflächlich erwiesen und werden von vielen Teilnehmern – direkt zu Beginn eines Seminars – gescheut. Möglich ist es dagegen, daß sich die Anwesenden in Zweiergruppen gegenseitig befragen. Jeder kann dann seinen Gesprächspartner vorstellen (z.B. Name, Beruf, Alter, Interesse am Seminar, Hobbys . . .). Über den Nachbarn kann man leichter reden als über sich selbst. Die Methode, Wünsche und Interessen schriftlich zu äußern (auf Wandzeitungen oder Kärtchen), hat sich zu Anfang eines Seminars als nicht praktikabel erwiesen.

Möglich ist auch die Aufteilung in kleine Zufallsgruppen. Hier kann das erste Kennenlernen in einem überschaubaren Rahmen beginnen. Durch verschiedene Zufallsgruppenbildungen wird ein hoher Bekanntheitsgrad der Teilnehmer untereinander erreicht. Eine Einstiegsphase kann dann als gelungen bezeichnet werden, wenn die Anonymität der Teilnehmer aufgebrochen wurde. „Dahinter steht die Annahme, daß Lernen durch die Einbeziehung der subjektiv-emotionalen Faktoren effektiver und effizienter wird." (7)

Die Arbeit mit Einzelzetteln sowie die Anfertigung von Wandzeitungen sind im weiteren Seminarablauf nützlich. Sie können die Ergebnisse der Arbeitsgruppen sichern und gewährleisten, daß die Arbeitsergebnisse optisch sichtbar in die Plenumsarbeit eingebracht und miteinander in Beziehung gebracht werden. Zudem erspart man sich, wenn alle an den Wandzeitungen mitarbeiten, die Suche nach einem Teilnehmer, der Protokoll führt und auch die technisch nicht immer mögliche Vervielfältigung.

Das Feststellen und Aussprechen der eigenen Bedürfnisse und Interessen bleibt keineswegs nur der Einstiegsphase vorbehalten, sondern ist ein Prozeß, der sich über die gesamte Seminardauer hinzieht. Auszugehen ist davon, daß die Seminarteilnehmer, ebenso wie die Teamer, über ein eingeübtes und eingefahrenes Kommunikationsverhalten verfügen, das die politische Arbeit und die Arbeit mit Stadtteilzeitungen prägt. Gerade um dieses Verhalten stärker bewußt werden zu lassen, gleichzeitig aber auch neue Formen des Umgangs auszuprobieren, wird ja soviel Wert auf diese Methode gelegt. Denn die Diskussion über die Situation, in der sich viele Menschen in Bezug auf ihr Kommunikationsverhalten befinden, über die Notwendigkeit von Gegeninformationen zu den vorhandenen Tageszeitungen ist u.a. deshalb so schwer, weil hier Kommunikation im weitesten Sinne, zugleich Medium und Absicht, Weg und Ziel der politischen Bildung ist.

Die unterschiedlichen Erfahrungen (Familie, Freundeskreis, Nachbarschaft, Arbeitsstelle, Vereine, Gewerkschaft, Kirche, Wohnort etc.) und die Tatsache, daß einige Teilnehmer bereits eine eigene Zeitung machen und andere dagegen noch nicht, prägen die unterschiedlichsten Erwartungshaltungen. Bei Seminaren, die von örtlichen Trägern der Erwachsenenbildung – etwa den Volkshochschulen – durchgeführt werden, ist wenigstens ein Teil der Erfahrungswelt identisch: Man erfährt (-leidet) dieselbe Kommunalpolitik, liest die oft einzige Tageszeitung am Ort und ist mit den Wohn und Lebensbedingungen vertraut. Wenn es dann noch gelingt,

Gruppen anzusprechen, deren Mitglieder gemeinsame Interessen haben und zusammen eine Zeitung herstellen (wollen), etwa Schüler eine Schülerzeitung oder Bewohner eines Wohngebietes eine Stadtteilzeitung, erleichtert dies den Seminarablauf. Einrichtungen der Weiterbildung auf überörtlicher Ebene (Heimvolkshochschulen, Akademien) müssen immer damit rechnen, daß die Teilnehmer ihrer Seminare aus sehr unterschiedlich strukturierten Gebieten kommen.

Einige immer wieder geäußerte Erwartungen seien hier angeführt: Man möchte Anregungen inhaltlicher Art für die Zeitungsarbeit erhalten oder man will sich über mögliche und tatsächliche Ziele von ‚Zeitungsmachern' unterhalten. Andere wollen Erfahrungen austauschen und insbesondere die Teilnehmer ohne oder mit wenig Praxis beim ‚Zeitungsmachen' wollen konkrete technische Fragen (Lay-out, Presserecht, Finanzierung, Drucktechniken und -möglichkeiten) beantwortet haben. Eine Möglichkeit, den zuletzt genannten Bedürfnissen zu entsprechen, bietet sich immer dann an, wenn bei der Beschäftigung mit den Gründen für das eigene Engagement, mit den Zielen, Bedingungen und Chancen der eigenen Medienarbeit, technische Probleme mit angeschnitten werden. Allerdings sollte man überlegen, ob nicht für diesen Teilnehmerkreis ergänzend spezielle Kurse zur Technik des Zeitungsmachens veranstaltet werden können.

Arbeitsgruppen und Plenumsarbeit

Die Arbeit des Seminars sollte in kleinen Arbeitsgruppen und im Plenum stattfinden. Hierfür müssen die Wünsche und Interessen, von den Teamern mitprotokolliert, andiskutiert werden. In dieser Diskussion sollte geklärt werden, welche Themenbereiche in Arbeitsgruppen behandelt werden (Kriterien können Häufigkeit, Wichtigkeit und Teilnehmeraufteilung sein), was im Plenum angesprochen werden muß, und zu welchen Punkten die Teamer in kleinen Informationsblöcken Stellung nehmen sollten. Derartige Informationsteile, die durch vervielfältigte Materialien, durch Dias oder Filme „aufgelockert" werden können, kommen den Wünschen der Teilnehmer entgegen.

Anbieten kann man auch ‚Meckerecken' und Büchertische. Die Meckerecken in Form von Wandzeitungen stehen für Unmutsäußerungen, Kritik und spontane Bemerkungen – wenn sie nicht mündlich eingebracht werden können – zur Verfügung. Ein Tisch mit Schriften und Büchern zum Thema wird schnell zur Seminarbibliothek: Wer Lust hat, liest in den Pausen oder nimmt ein Buch mit auf's Zimmer. Allerdings sollte diese Basisinformation inhaltlich aufbereitet werden.

Die Gruppenarbeit sollte gründlich vorbereitet sein, denn es hat sich als ungenügend erwiesen, die Teilnehmer nur mit einem Stichwort versehen in die Gruppendiskussion zu entlassen. Arbeitsaufgaben, vom Plenum formuliert, sollten so konkret wie möglich sein. Dazu kommt der Auftrag an die Gruppe, sich über die Vermittlung der Arbeitsergebnisse Gedanken zu machen (Wandzeitung, Thesenpapier, mündliche Zusammenfassung, Rollenspiele etc.).

Da die Arbeitsgruppen ebenfalls nach dem Modell selbstleitender Gruppen agieren, sollen sich die Teamer zu deren Verfügung bereithalten. Vorher sollte natürlich geklärt sein, auf welchen Gebieten sich die einzelnen Teammitglieder inhaltlich vorbereitet haben. Es bietet sich an, daß dann die Teamer nach Bedarf von einer zur anderen Gruppe ‚wandern'. Je nach dem Bedürfnis der Teilnehmer können kurze Plenumsphasen eingebaut werden. Es ist wichtig, daß Teamer und Teilnehmer sich von Fall zu Fall über den Stand ihres Unternehmens und über seinen Fortgang verständigen.

Praktische Arbeit mit Fallbeispielen oder durch Vor-Ort-Recherche

Bei vielen Seminarteilnehmern besteht das Bedürfnis, am Ende des Seminars ein greifbares Seminarergebnis „mit nach Hause zu nehmen". Sie wollen die Veranstaltung mit dem Gefühl, etwas gewonnen zu haben, verlassen. Verstärkt wird dieser Wunsch noch durch das handlungsorientierte Seminarkonzept, denn die im Laufe des Seminars gewonnenen Kenntnisse und entwickelten Strategien sollen ja umgesetzt werden. Gefordert ist also die gelungene Mischung von Theorie und Praxis. Vielfach sind daher Seminare für Zeitungsmacher von Anfang an produktorientiert. „Die Erstellung von Schülerzeitungen als Hauptarbeitsform eines Wochenendseminars ermöglicht in geradezu beispielhafter Weise die Einlösung didaktischer Ziele für außerschulische Jugendbildung (Produktorientierung, Selbsttätigkeit, exemplarisches Lernen, Gruppenarbeit)." (8) Es zeigt sich, daß oft sogar die Praxis in den Mittelpunkt gerückt wird.

Die Gefahren sind jedoch nicht zu übersehen. Wieder ein Beispiel aus dem Bereich Schülerzeitungen: „Eine grundsätzliche Gefahr dieser ‚Ernstfallprojekte' scheint überhaupt zu sein, daß es Schülern und Lehrern letztlich nicht so sehr auf die Lern- und Bewußtseinsprozesse in den einzelnen Gestaltungsphasen ankommt, sondern auf das „Endprodukt"." (9) Eine zu starke Produktorientierung, d.h. auch, eine Konzentration auf technische und gestalterische Probleme, ist wenig sinnvoll. Technische Fragen sollten im Zusammenhang mit den inhaltlichen Problemen diskutiert und gelöst werden. Am exemplarischen Fall wird sich zeigen, ob die Glaubwürdigkeit eines Produktes durch die bewährte (gewohnte) Form erhöht wird oder ob Informationen nicht akzeptiert werden, wenn sie in ‚neuer' Form verpackt angeboten werden.

Bei den beiden im folgenden zu beschreibenden Beispielen können die Teilnehmer, die noch über keine praktischen Erfahrungen verfügen, bei der Gruppenarbeit gleichwertig mit anderen agieren. Zu den Problemen, mit denen sich erfahrene Zeitungsmacher wie auch Anfänger immer wieder auseinandersetzen müssen, gehören die redaktionelle Arbeitsweise, das oben angedeutete Verhältnis von Form und Inhalt, die Themenfindung. Prinzipiell kann jedoch gelten: „Zitate der Realität werden von denen gemacht, die die Realität kennen und nicht von denen, die das Herstellen von Zitaten gelernt haben." (10)

Werden also praktische Übungen von den Teilnehmern verlangt, so bieten sich folgende Möglichkeiten an: Mit Hilfe von vorbereiteten *Fallbeispielen* (z.B. zur Wohnsituation, zu Verkehrsproblemen, zur Stadtsanierung), die den Teilnehmern in Form von Arbeitsmaterialien zur Verfügung gestellt werden, kann „Zeitungspraxis" geübt werden. Die Arbeitsmaterialien können z.B. beim „Fall" Stadtsanierung aus Basisinformationen zur Infrastruktur, Bausituation, Finanzlage der Gemeinde, Zahlen zur Verkehrssituation, aus gestellten oder echten Zeitungsberichten, -interviews und Leserbriefen der örtlichen Tageszeitung, aus den Planungskonzepten der Gemeindeverwaltung und der Ratsfraktionen, ferner aus dem Flächennutzungsplan und aus gestellten Interviews, für die die Teamer (als betroffene Bürger, Verbandssprecher etc.) zur Verfügung stehen, bestehen. Ideal wäre es natürlich, wenn es sich nicht um einen konkreten Fall, sondern um ein Beispiel handelt, das im Wohnbereich der Teilnehmer ‚stattfindet'. Ohne eine ganze Zeitungsseite druckfertig produziert zu haben könnte die Arbeitsgruppe an Hand des eigenen Diskussions- und Arbeitsprozesses feststellen, wie schwierig es ist, die vorher formulierten Ansprüche und Lösungsstrategien umzusetzen. Andererseits gibt diese simulierte Redaktionssituation vielleicht Anstöße, wie man zu Hause die eingefahrene Zeitungsarbeit kreativ überwinden kann.

Dem Plenum sollte beschrieben werden, wie das Thema angegangen wurde, welche ‚Stimmen' warum eingefangen wurden und es sollten die gewählten Schwerpunkte begründet werden. Gemeinsam können dann die Probleme – bei allen Arbeitsgruppen werden wohl vergleichbare Schwierigkeiten auftreten – diskutiert werden.

Eine zweite Möglichkeit, die „theoretischen" Erkenntnisse in praktische Arbeit einfließen zu lassen, ist die *Recherche ‚vor Ort'.* Die verschiedenen Arbeitsgruppen recherchieren einen halben oder ganzen Tag am Seminarort nach Themen, über die es nach ihrer Meinung zu berichten lohnt. Relativ einfach ist dies, wenn Seminarort und Wohnort der Teilnehmer identisch sind. Da können sie Probleme aus ihrem Alltag aufgreifen und diese aus der Sicht von Beteiligten oder direkt Betroffenen beschreiben. Sie geraten nicht in die Gefahr, im Stile eines Zeitungsreporters unbeteiligt *über* etwas zu schreiben.

Im anderen Fall – den Teilnehmern ist der Ort der Recherche kaum bekannt – ist eine intensive Vorbereitung der Teilnehmer erforderlich. Basisinformationen über den Ort sollten bereitliegen. Vielleicht können auch vorher Bewohner der betreffenden Gemeinde oder vorhandene Initiativgruppen angesprochen werden, die das Seminar unterstützen, die schriftlichen Informationen ergänzen und veranschaulichen und als orts- und sachkundige Führer zur Verfügung stehen sowie auf „heiße Eisen" aufmerksam machen. Inhaltliche Vorgaben können also durchaus gemacht werden.

Probleme der Recherche (Wie komme ich an die Informationen? Wen muß ich berücksichtigen? Wie komme ich an betroffene Bürger heran? Wie spricht man Bewohner des Ortes an der Haustür oder auf der Straße an? u.a.m.) müssen ebenso selbständig bewältigt werden wie Schwierigkeiten der Produktion (Wie soll der Artikel aussehen? An wen soll er sich wenden? Wie soll er abgefaßt werden? An welcher Stelle der Zeitung soll er auftauchen?). Auch diese Vorgehensweise braucht nicht unbedingt zu einem fertigen Produkt führen. Wichtig sind vielmehr das „Praxiserlebnis" und die anschließende Diskussion über die Arbeitsschritte. Es ist leicht, einzusehen, daß ein Seminar, so wie es hier konzipiert wurde, kaum an einem Wochenende durchgeführt werden kann. Vielmehr sollte es mehrteilig, als Seminarreihe, angelegt sein.

Selbstproduzierte Zeitungen können zweierlei sein: Mittel der Öffentlichkeitsarbeit und der Selbstdarstellung von Personen oder Gruppen oder ein Instrument, das im Zusammenhang mit politischer Aktion hilft, überkommende Kommunikationsstrukturen zu überwinden und sprachlose Bürger wieder redend zu machen. Dazwischen liegt ein weiter Weg. Wenn es gelingt, die Teilnehmer zu motivieren, über den Seminarrahmen hinaus sich mit einigen Fragestellungen weiter zu beschäftigen und untereinander in Kontakt zu bleiben, so ist viel erreicht.

Will man ein – zugegebenermaßen recht allgemeines Seminarziel formulieren, so läßt sich das mit dem Satz „Guck mal genauer hin" umschreiben. Wenn sich alle Seminarteilnehmer für bestimmte Probleme und Ereignisse in ihrer direkten Umwelt sensibler machen würden, und das auch in ihrer Zeitung in der Sprache des Bürgers und aus der eigenen Betroffenheit heraus beschreiben könnten, dann ist ein erster Schritt zur Veränderung von Kommunikationsstrukturen erreicht.

Anmerkungen

1) Werner Herminghaus: SPD-Betriebszeitungen, in: Neue Gesellschaft, Jg. 23, Heft 7, 1976, S. 568
2) Klaus Lang: Probleme der Ortsvereinsarbeit in Großstädten, in: Neue Gesellschaft, Jg. 23, Heft 12, 1976, S. 981
3) Regiebuch 6. Pressearbeit. Hrsg. von der CDU-Bundesgeschäftsstelle. Abteilung Öffentlichkeitsarbeit, Bonn o. J., S. 17
4) Vgl. hierzu Franz Josef E. Becker: Politische Bildung mit Arbeiterfamilien. Auswertung eines Modells zum Bildungsurlaub, hrsg. v. Bundeszentrale für politische Bildung, Bonn, 2. unveränderte Auflage, Bonn 1977, S. 12 ff.
5) Werner Ruzicka: Medienkunde als Medienpraxis. Medienproduktion als gesellschaftlicher Lernprozeß, in: Peter von Rüden / Wilfried Schmid (Hrsg.): Medienpädagogik, München 1978, S. 215
6) Eduard Bungter: Massenmedien, die noch immer unbekannten Wesen (I), in: Materialien zur politischen Bildung, Heft 2 1978, S. 103
7) Sigfrid Schneider-Grube: Ein guter Einstieg ist – fast – alles. Der Einsatz unerwarteter Kommunikationsformen – Erfahrungen aus der Praxis, in: Materialien zur Politischen Bildung, Heft 4, 1978, S. 11
8) Joachim Jofmann-Göttig: Wie schule ich Schülerzeitungsredakteure? in: Neue Gesellschaft, Jg. 26, Heft 3, 1979, S. 242
9) Gabriele Pommerin / Gernot Röder: Wir machen eine Zeitung. Hrsg. von der Kommission Medienpädagogik der Landeszentralen und der Bundeszentrale für politische Bildung (Praxis der Medienpädagogik 1), Bonn 1978, S. 18
10) Werner Ruzicka: Medienkunde als Medienpraxis . . . a.a.O., S. 214

Hermann Reuke

Die „Zeitung am Sonntag" (Zas)

Ein Sonntagsblatt für den Bundestagswahlkampf 1976

„Ein großer Teil dessen, was durch Massenmedien verbreitet wird, ist zielorientiert. Mit den Aussagen, die durch Medien veröffentlicht werden, sollen bestimmte Ziele erreicht werden." (1) Mit dieser Aussage leitet Maletzke ein Kapitel über das Strategiedenken der intentionalen Massenkommunikation ein. Wesentliche Elemente strategisch-intentionaler Massenkommunikation sind publizistische Kampagnen, also „zeitlich begrenzte Kommunikationsaktivitäten mit klar definierten Zielen" (2), die im Bereich politischer Kommunikation besonders in Wahlkampfzeiten deutlich zunehmen. Nun kennen wir in der Bundesrepublik zahlreiche Formen ebensolcher Kampagnen, angefangen bei Flugblattaktionen bis hin zur Hörfunk- und Fernsehwerbung politischer Parteien. Dabei beherrschen die Annäherung der Werbepraktiken unter den Parteien sowie die wachsende Einbeziehung werbepsychologischer Erkenntnisse die Entwicklung in den letzten zwanzig Jahren. (3)

Mit dem Projekt „Zeitung am Sonntag" betrat die SPD im Bundestagswahlkampf 1976 parteipublizistisches Neuland. In den Ballungsräumen Nordrhein-Westfalens wurde sie Träger einer publizistischen Kampagne, die – so zeigen die folgenden Jahre(4) – zum Vorläufer eines neuen Typs parteipublizistischen Engagements wurde. Neu waren sowohl die Produktion des Blatts als auch der Vertrieb. Endlich wieder gab es ein Wahlkampfprojekt, das nicht auf das Konto einer Werbeagentur ging, sondern seine Realisierung vor allem den Initiativen einer Gruppe von Parteimitgliedern verdankte, die aus lokalen Erfahrungen ein Zeitungsprojekt starten wollten. Es sollte einen regionalen Wahlkampf ermöglichen, dessen Stärke in einer raschen argumentativen Auseinandersetzung liegen könnte.

Mit der Gründung des Dortmunder Verlags Rhein-Ruhr-Press GmbH am 28. Mai 1976 schloß die lange Phase der Vorüberlegungen, besonders der organisatorischen und technischen Aspekte. Die betroffenen Parteigremien im zukünftigen Verbreitungsgebiet waren informiert und namhafte Gesellschafter für den herausgebenden Verlag gefunden – unter ihnen der damalige SPD-Landesvorsitzende Werner Figgen, der nordrhein-westfälische Kultusminister Jürgen Girgensohn und der Bundestagsabgeordnete Adolf Schmidt, Vorsitzender der IG Bergbau und Energie. Nun konnte mit dem endgültigen Aufbau des Sonntagsblattes begonnen werden. (5)

In den folgenden Wochen installierte der Verlag die Redaktionsbüros, schloß Druckverträge ab und stellte Redakteure ein. Ende Juli legten der Geschäftsführer der Rhein-Ruhr-Press, Roland Ermrich, und der Chef vom Dienst, Christoph Meer-Leyh, zwei Nullnummern der „ZaS" vor. Am 23. August stellten Chefredakteur Conrad Ahlers, MdB, ehemaliger Regierungssprecher und der verantwortliche Redakteur, Peter Martens, hauptberuflich stellvertretender Chefredakteur des DGB-Jugendmagazins „ran" – für die Mitarbeit an der „ZaS" beurlaubt –, die SPD-Zeitung auf der Düsseldorfer Landespressekonferenz vor.

Sofort nach dem Bekanntwerden des Projekts regte sich Widerstand. CDU/CSU, der Axel-Springer-Verlag und der Bundesverband Deutscher Zeitungsverleger (BDZV) protestierten gegen das Sonntagsblatt. Mit dem BDZV und dem Springer-Verlag, der gerichtliche Schritte gegen die Herausgeber der „Zeitung am Sonntag" erwog, führte die Rhein-Ruhr-Press Verhandlungen, die die vorgebrachten Bedenken ausräumen sollten. Die Einwände des Springer-Verlags betrafen vor allem die kostenlose Verteilung der „ZaS", durch die der Verlag einen Verstoß gegen den Wettbewerb sah, sowie den geplanten Zusatz „am Sonntag" im Titel des Blatts, womit die „Parallele zu den Namen unserer eingeführten Sonntagszeitungen gesucht" würde. (6) Außerdem nahm der Verlag Anstoß an der blauen Zusatzfarbe im Kopf der Zeitung, durch die er eine unzulässige Nähe zur „Welt am Sonntag" sah. Ebenso wie der Axel-Springer-Verlag äußerte auch der BDZV Bedenken gegen die „ZaS". Neben den Einwendungen gegen eine Gratisverteilung kritisierte er besonders die Anzeigenakquisition, die dem BDZV zufolge eine „Beeinträchtigung der unverzichtbaren Einnahmequelle" (7) der Tageszeitungen darstellte. Damit widerspreche die Absicht, die „ZaS" herausgeben, „dem erklärten Willen aller politischen Gruppierungen, zur Sicherung der Zeitungsvielfalt beizutragen". (8)

Eine Vereinbarung zwischen der Rhein-Ruhr-Press und dem Springer-Verlag war das Ergebnis einer Verhandlung, durch die eine gerichtliche Auseinandersetzung vermieden wurde. In dieser Vereinbarung verzichtete die Rhein-Ruhr-Press auf den ursprünglichen Titel „Zeitung am Sonntag", ersetzte ihn durch „ZaS" und machte durch den Zusatz „Sozialdemokraten zur Wahl '76" den Charakter einer ‚Wahlzeitung' deutlich. Außerdem ließ der Verlag den Slogan „Eine Zeitung für die ganze Familie" weg und versicherte weiter, den entgeltlichen Vertrieb der „Welt am Sonntag" und „Bild am Sonntag" nicht zu behindern. (9) Neben den Verhandlungen führten die Herausgeber aber auch Gespräche mit dem BDZV, als deren Ergebnis der Verlegerverband in einer Stellungnahme erklärte, seine Bedenken seien zwar nicht ausgeräumt, aber gemindert.

Am 5. September 1976 erschien schließlich die erste Ausgabe der „ZaS". Die Redaktion war in vier ressortähnliche Teams untergliedert: Etwa zwanzig Redakteure besorgten die überregionale Berichterstattung, fünf davon waren für die Sportberichterstattung zuständig und arbeiteten völlig selbständig. Beide Gruppen arbeiteten jeweils an den Wochenenden in der „ZaS"-Redaktion. Ebenfalls zwanzig Redakteure waren für die Betreuung der Lokalausgaben verantwortlich; sie blieben die ganze Woche in der Redaktion. Vor Ort recherchierten bis zu 100 Mitarbeiter für die Lokalausgaben. Während alle in der Dortmunder Zentrale arbeitenden Redakteure Berufsjournalisten waren, handelte es sich bei den Mitarbeitern in den einzelnen Städten und Kreisen des Verbreitungsgebiets überwiegend um publizistische Laien, die vielfach über Erfahrungen mit lokalen Parteizeitungen verfügten und von einigen Lokalredakteuren in ihrer Arbeit unterstützt wurden. (10)

In einem vierseitigen Merkblatt, das der Verlag an die SPD-Gliederungen verteilte, verwiesen die Herausgeber zur Begründung des Erscheinens der „ZaS" auf die zunehmende Pressekonzentration: „Fast regelmäßig sterben Zeitungen zugunsten weniger Zeitungsmonopole. Das gefährdet die Meinungsvielfalt." (11) „Und was den ‚Zeitungsmarkt' am Sonntag angeht: da kann von Meinungsvielfalt nicht mehr die Rede sein, Hier herrscht allein der Zeitungsriese, der für unsere politischen Gegener Sonntag für Sonntag kostenlos Reklame macht. Es wird Zeit, daß wir Sozialdemokraten diesem Treiben wenigstens zu Wahlkampfzeiten ein Ende machen." (12) Das redaktionelle Angebot der „ZaS" beschrieb der Verlag so:
„Zeitung am Sonntag bietet:
– Aktuelles aus Politik, Wirtschaft, Kultur und Sport,
– Meinungen und Kommentare zu den Ereignissen des Tages,
– Lokales Geschehen und Reportagen,
– Unterhaltung für alle Altersgruppen." (13)

Wesentlicher Bestandteil der Berichterstattung war der Sportteil und dort vor allem die Berichte der Fußball-Bundesliga.

Weiterhin betonte die Rhein-Ruhr-Press, daß die „ZaS" keine „regierungsamtliche Wahlkampfzeitung" sein wollte, daß sie von „Sozialdemokraten und ihren Freunden" (14) gemacht würde und kostenlos an die Haushalte des Verbreitungsgebiets, in Gaststätten, vor Kirchen, in Krankenhäusern, vor Bahnhöfen sowie bei Sport- und Vereinsveranstaltungen verteilt werden sollte.

Die Vorstellungen der Rhein-Ruhr-Press und der Chefredaktion lassen sich in drei Schwerpunkten zusammenfassen:

1. Die „ZaS" sollte versuchen, den Sonntagszeitungen vor allem des Springer-Verlags eine eigene Zeitung entgegenzusetzen, da die Herausgeber in diesen Sonntagsblättern Organe sahen, die der SPD zumindest skeptisch, wenn nicht ablehnend gegenüberstanden. Weiterhin ist die „ZaS" aber auch als Reaktion auf die allgemeine Wahlkampfberichterstattung seitens der Presse zu verstehen. Der „ZaS" kam es auf die unmittelbare Darstellung ihrer Vorstellungen und Aussagen an.
2. Mit der erklärten Absicht, von den üblichen Wahlkampfmitteln Abstand zu nehmen, wollte die SPD jene Wähler erreichen, die sich noch nicht für die SPD entschieden hatten und solche, von denen sie glaubte, daß sie durch die Flut der Broschüren und Flugblätter nicht zu erreichen waren und keine Wahlkampfveranstaltungen der SPD besuchen würden.
3. Und schließlich hatte die Herausgabe der „ZaS" das Ziel, die eigenen Parteimitglieder und Sympathisanten der SPD im Wahlkampf zu mobilisieren. Dafür spricht sowohl die Beteiligung der publizistischen Laien als auch besonders die Einbeziehung der über 10.000 Mitglieder in den Vertrieb des Blattes.

Um die rund 100 Mitarbeiter der Lokalausgaben mit dem „ZaS"-Projekt vertraut zu machen und sie auf die lokale Berichterstattung vorzubereiten, führte der Verlag zusammen mit der Chefredaktion zwei Seminare durch. (15) Neben zahlreichen organisatorischen und technischen Angelegenheiten wurden vor allem redaktionelle Fragen erörtert. Ergebnis dieser Seminare war eine umfangreiche Themenliste, die den Teilnehmern als Anregung und Hilfestellung dienen sollte. Nach Sachgebieten geordnet sah die Strukturierung dieser Themen für die Lokalteile so aus:

- Lokale Nachrichten,
- Aktuelle Hintergrundberichte über kommunale Planungen,
- Reportagen aus dem lokalen Bereich,
- Berichte über Vereine (Terminankündigungen, Veröffentlichungen über Veranstaltungen etc.),
- Servicethemen.

Explizit auf den Wahlkampf bezogen sollte über verschiedene Wahlkampfaktivitäten der SPD-Kandidaten berichtet werden sowie Porträts dieser Kandidaten veröffentlicht werden.

Wenngleich die Aufmachung des Blatts dem Gesicht einer Boulevardzeitung glich, so hatte die „ZaS" dennoch auch in der Form der Darbietung deutliche Unterschiede zu den bestehenden Sonntagszeitungen – soweit sie der Boulevardpresse zuzurechnen sind – aufzuweisen. Dazu gehörte einmal eine starre Aufteilung der Seiten nach Sachgebieten. Die drei Sachgebiete allgemein-politische Berichterstattung, Sport und Buntes waren im redaktionellen Mantel der „ZaS" vertreten. Davon nahmen die ersten drei Seiten die allgemein-politische Berichterstattung auf. Der Sport nahm vier Seiten in Anspruch. In den Lokalteilen ist eine Unterscheidung nach Sachgebieten nur innerhalb der Seiten möglich. Die Lokalberichterstattung insgesamt bildete ein Novum in der Landschaft der Sonntagszeitungen. Die etablierten Blätter kennen eine solche Lokalisierung nicht.

Bevor aber auf die Berichterstattung auf lokaler Ebene eingegangen wird, soll kurz die Struktur des redaktionellen Mantels dargestellt werden.(16) Ausgangspunkt dieser Deskription sind die Seiten der allgemein-politischen Berichterstattung. Die Aufteilung der Beiträge auf die einzelnen Spezifikationen im Sachgebiet Politik zeigt, wo die Redaktion Schwerpunkte setzte. Die Verteilung der Beiträge auf die Bereiche Außen-/außerdeutsche Politik, Innenpolitik, Bundestagswahl und Kommunalpolitik belegt einen deutlichen Schwerpunkt auf Themen, die einen expliziten Bezug zur Bundestagswahl haben. Die Hälfte der Beiträge und fast zwei Drittel des Umfangs der ‚politischen' Seiten haben Themen zum Gegenstand, die auf die Wahl Bezug nehmen. Aber auch eine Erfassung der für die Berichterstattung benutzten Quellen macht den Charakter der „Zeitung am Sonntag" deutlich: Gerade im Sachgebiet „Politik" ist der Anteil eigener Beiträge hoch. Der Spitzenwert redaktioneller Eigenleistung ist hierbei unter der Rubrik „Bundestagswahl" zu finden. Etwa drei Viertel aller politischen Beiträge wurden hier verschlüsselt. Die statistische Erfassung der Handlungsträger in den politischen Beiträgen macht besonders den Charakter einer auf Wahlkampf ausgerichteten Zeitung deutlich. Nicht einmal 40 Prozent der Handlungsträger gehören keiner politischen Partei an.(17) Unter den der SPD zuzuordnenden Handlungsträgern halten die Bundestagskandidaten die größten Anteile. Insgesamt zeichnete sich die politische Berichterstattung durch eine von Nachrichtenagenturen weitgehend gelöste thematische Gestaltung aus. Aber auch die Funktion der offensiven, raschen Auseinandersetzung mit dem politischen Gegner wurde deutlich. Ein Beispiel dafür ist die sog. Filzokratie-Debatte, in der der nordrhein-westfälische CDU-Politiker Biedenkopf der SPD vorwarf, in politisch untunlicher Weise mit den Gewerkschaften „verfilzt" zu sein. Nahezu ein Viertel aller auf die Wahl bezogenen Beiträge griff dieses Thema auf.

Die Berichterstattung in den Lokalteilen unterschied sich in einigen Punkten vom redaktionellen Mantel. Feste Ressorts – innerhalb der Lokalredaktionen ohnehin nicht üblich – ließen sich nicht feststellen. Der Anteil politischer Beiträge ist im Lokalteil hoch, er betrug zwei Drittel aller lokalen Beiträge. Die Wahlkampfberichterstattung nahm in den Lokalteilen etwa die Hälfte der Beiträge ein. Die Ermittlung der Handlungsträger ergab folgendes Bild: Ebenfalls 50 Prozent der zentral am Ereignis beteiligten Personen oder Gruppen gehörten der SPD an. Bemerkenswert ist dabei, daß die Bundestagskandidaten in diesem Zusammenhang eine untergeordnete Rolle spielten. Auffallend hoch war die Konzentration auf SPD-Mitglieder und -Gruppen, die lokalen Parteigremien angehörten. Damit wird die Vermutung, die Partei habe die in der „ZaS" liegende Möglichkeit zur intensiven lokalen politischen Berichterstattung aus ihrer Sicht genutzt, gestützt. Das unterstreicht aber auch der 95prozentige Anteil eigener Beiträge in den Lokalteilen. Sehr viele dieser Artikel behandelten SPD-Wahlversammlungen und -aktionen.

Eine weitere Möglichkeit der Charakterisierung des „ZaS"-Projektes ist die Beschreibung der Auflagen und Verbreitungsschwerpunkte. Im Raum Ruhrgebiet/Westfalen erschienen 18 Ausgaben mit einer Gesamtauflage von 1,3 Millionen Exemplaren, im Rheinland zuletzt 22 Ausgaben mit einer Auflage von rund 800.000 Exemplaren. Wesentlich ist, daß sich die Auflagen nicht – wie bei Zeitungen – an Verkaufszahlen, sondern an Festlegungen der Parteigremien orientierten. Bemerkenswert an der Verteilung der Auflagenhöhe ist, daß jene Städte, die in nordrhein-westfälischen Ballungsräumen bisher vier und mehr lokale Parteizeitungen herausgaben, unter den „ZaS"-Ausgaben zu finden sind, die die höchste Auflage hatten. Dort, wo also publizistisches Engagement seit längerem besteht, ist die redaktionelle Kapazität und die Bereitschaft, hohe Auflagen zu verteilen, groß.

Unter Berücksichtigung der statistischen Erfassung der gesamten Berichtserstattungsstruktur kann gesagt werden, daß die nordrhein-westfälische SPD mit einer Zeitung an die Öffentlichkeit getreten ist, die der Aufmachung einer Boulevardzeitung ähnlich war, aber im Gegensatz zu diesem Zeitungstyp einen hohen Anteil exklusiver sich auf Politik und hier vor allem auf den Wahlkampf bezogenen Berichterstattung aufwies. Dem redaktionellen Konzept, nach dem der „SPD die Möglichkeit eingeräumt werden sollte, Sachverhalte aus ihrer Sicht zu kommentieren, die Bürger zu informieren und am Sonntag Meinungsvielfalt herzustellen" (18) entsprach ein im redaktionellen Mantel und im Lokalteil mehr als sechzigprozentiger Anteil der politischen an der Gesamtberichterstattung. Die Möglichkeit der „flexiblen Argumentation" (19) im Wahlkampf bekam dabei ein großes Gewicht. Von den angestrebten Themen, über die die „ZaS" mit Vorrang berichten wollte, wurde die Frage der Sicherheit der Renten und der „falschen Entspannungspolitik" (2) umgesetzt. Die Absicht, Beiträge in die „ZaS" aufzunehmen, die sich besonders an Frauen richteten, wurde durch eine ‚Frauenseite' verwirklicht.

Das Ziel muß darin gesehen werden, vielen Lesern den Weg zur Kaufzeitung zu ersparen, ihnen einen entsprechenden Sportteil anzubieten, der mit dem der „BamS" vergleichbar war. Wie sehr aber auch der Springer-Verlag das Erscheinen der „ZaS" als Konkurrenz auffaßte, mag daran abgelesen werden, daß der Verlag große Anstrengungen unternahm, die Attraktivität seiner Sonntagszeitungen zu erhöhen. Am ersten Erscheinungstag der „ZaS" erschien die „Bild am Sonntag" mit einem Umfang von 80 Seiten und einem verstärkten NRW-Regionalteil, bis zur Wahl wurden zahlreiche Exemplare als Proben verschenkt und an jedem Sonntag, zu dem „ZaS" erschien, Autos verlost.

Die Attraktivität der Boulevardzeitungen bei den Lesern des Ruhrgebiets, die sich die „ZaS" zunutze machte, läßt sich an den für das Ruhrgebiet erhobenen Daten zur Leser-Blatt-Bindung ablesen. In einer Analyse wurde die Einstellung von Abonnenten regionaler Tageszeitungen und die Nutzungsintensität der Zeitungen erhoben. Die in diesem Zusammenhang relevanten Daten lauten: „Nur 7% der befragten Haushalte haben mehr als eine lokale oder regionale Tageszeitung abonniert. 68% der Abonnenten lesen weder regelmäßig noch gelegentlich eine andere als die eine abonnierte Lokal- oder Regionalzeitung. 19% der Bezieher lesen nebenher des öfteren eine überregionale Tageszeitung, mehr als ein Drittel liest gelegentlich oder regelmäßig die ‚Bild-Zeitung'. Über ein Fünftel würde eine thematische Annäherung an ‚Bild' nicht ablehnen." (21)

Diese Daten verdeutlichen, daß die „ZaS" zumindest in der Gestaltung und Aufmachung einer Boulevardzeitung einem größeren Teil der Bevölkerung entgegenkam, also in einen publizistischen Bereich eingedrungen ist, der ihr potentiell eine gewisse Chance der Rezeption ermöglichte. Für Boulevardzeitungen dagegen untypisch war der deutlich auf Politik bezogene Schwerpunkt und die Herausgabe der Lokalteile. Meinungsvielfalt hieß in diesem Fall, die Vorstellung einer am Wahlkampf teilnehmenden Partei in der Öffentlichkeit zu sichern. Sie konnte nicht bedeuten, pluralistische Vielfalt im Sinne einer alle zur Wahl stehenden Parteien-Berücksichtigung bei der Darstellung ihrer politischen Ziele. Den Charakter einer Wahlkampfzeitung unterstrichen auch die Titelseiten, von denen drei durch die Aufmachung sehr deutlich auf die SPD im Wahlkampf verwiesen.

Damit ist aber gleichzeitig die Frage nach der Rolle der „ZaS" in der Wahlkampfberichterstattung gestellt. Grundlage für die Berichterstattung in Wahlkämpfen aller Medien sind einige politische Funktionen, insbesondere die Informationsfunktion sowie die Mitwirkung an der Meinungsbildung und Kontrolle einschließlich Kritik. (22) Ein wichtiges Element in der Beurteilung der Wahrnehmung dieser Funktionen durch die Medien ist die Frage nach den Partizipationschancen der Bevölkerung an der politischen Willensbildung. (23) Eine Voraussetzung für sinnvolle Teilnahme an der Herrschaft ist die Information über politische Probleme und das „Wissen um die Absichten und Ansichten . . . (der) gewählten oder zu wählenden Vertreter" (24), also die Kenntnis politischer Programmatik aller Parteien und deren Handlungszielen. Parteien sind darauf angewiesen, daß ihre Ziele, Anschauungen und Forderungen an die Öffentlichkeit gelangen. Die Bedeutung der Kommunikationsmittel für die Parteien ergibt sich also auch aus deren Abhängigkeit von der Unterstützung durch die Wähler, die wiederum im wesentlichen durch die Medien mit dem politischen Bereich in Berührung kommen. Selbst in Wahlkämpfen, wo die Parteien massiv den Kontakt zur Bevölkerung suchen, dominieren die Massenmedienkontakte als Quelle politischer Information. Für den Bundestagswahlkampf 1976 sei das an einem Beispiel verdeutlicht. In seiner Analyse der Bundestagswahl gibt Kaltefleiter in diesem Zusammenhang folgende Daten an: Rund 83 Prozent der Befragten nannten die Fernsehnachrichten und 68 Prozent die Tageszeitungen als Quellen für politische Informationen in dieser Zeit. (25) So ist es nicht verwunderlich, daß die Parteien den Medien im Wahlkampf besonders große Aufmerksamkeit widmen.

Den politischen Funktionen der Kommunikationsmittel steht eine teils heftige Kritik an der Berichterstattung gegenüber. Das gilt insbesondere für lokale Printmedien. (26) Dabei kommt den Lokalteilen der Tageszeitungen im Wahlkampf besonderes Gewicht zu, da sie zu den am intensivsten genutzen Teilen einer Zeitung gehören. Die Lokalzeitung ist das einzige aktuelle inhaltlich universelle Medium in der Gemeinde und berichtet bei Monopolstellungen konkurrenzlos über das ganze Spektrum parteipolitischer Aktivitäten auf dieser Ebene. Hinzu kommt, daß Wahlversammlungen lokaler Parteigremien ihre ursprüngliche Funktion, nämlich einem größeren Publikum Personen und Programme nahezubringen, heute nur dann erfüllen, wenn über sie berichtet wird. Wahlversammlungen, die heute hauptsächlich Sympathisanten der jeweiligen Parteien ansprechen und mit einem Publikum aus den eigenen Reihen bestritten werden, finden nur eine über Medien vermittelte Resonanz. Gerade die Lokalzeitungen aber sind teilweise heftiger Kritik in der Wahlkampfberichterstattung ausgesetzt. (27)

Während einige empirische Untersuchungen angeben, daß sich die Tageszeitungen insgesamt relativ stark im Wahlkampf engagieren, kann diese These für die Lokalpresse nur mit Einschränkungen gelten. Horn und Kühr stellten in einer Analyse der Essener Lokalzeitungen im Wahlkampf fest, daß bei einigen die Intensität der Wahlberichterstattung mit Annäherung an den Wahltermin abnahm. Andererseits werden deutliche Parteipräferenzen in der Berichterstattung offenbar. (28) Ein weiterer Befund zeigt, daß alle drei Zeitungen den „Ablauf des lokalen Wahlkampfs zwar ausschnitthaft registrieren, ihn aber nur in verschwindend geringem Maße auch kommentierend begleiten". (29) Hier ist also ein Defizit in der Kritikfunktion festzustellen: „Die Abwesenheit von Kritik und der gleichzeitige Verzicht auf explizite, an Sachfragen orientierte Parteinahme machen die lokale Presse zum öffentlichen Umschlagplatz der Parteikonkurrenz." (30) Die Autoren weisen in dem Zusammenhang auf eine Publikationsschwelle der Parteien hin. Es fällt den Parteien schwer, inhaltliche Aussagen und politische Stellungnahmen in der von ihnen gewünschten Anzahl veröffentlicht zu bekommen.

Mit der „ZaS" konnte die SPD einige der Defizite — soweit es sie selbst betraf — auffangen. Sie stellte für die SPD die Möglichkeit dar, auf die Berichterstattung der Lokalpresse zu reagieren.

Das ganze Projekt, von der Vorbereitung bis zur Berichterstattung, stellt ein völlig neues Element in der Wahlkampfführung dar. Wurden bisherige Wahlkampagnen und wahlkampfbezogene Öffentlichkeitsarbeit stets zentral konzipiert und durch Werbeagenturen wesentlich mitgestaltet, so zeigt die Entwicklung der „ZaS" ein von unteren Parteigremien entwickeltes Projekt, das dann auf Landes- und Bundesebene unterstützt wurde, in der gesamten Wahlkampfstrategie aber selbständig und unbeeinflußt von zentralen Werbekampagnen blieb. Aber nicht nur diese Unterschiede kennzeichnen das Projekt. 1968 wurde in der SPD zwar eine Verstärkung der Öffentlichkeitsarbeit gefordert, aber bezüglich der Wahlkämpfe blieb diese Öffentlichkeitsarbeit im wesentlichen auf die Werbeagenturen beschränkt. (31) Im Wahlkampfkonzept für 1976 konnten dagegen manche Bereiche abgedeckt werden, die in früheren Wahlkämpfen nicht zur Geltung gelangten. Dazu gehörte vor allem die bisher kaum verwirklichte Regionalisierung. (32), die durch die Berichterstattung besonders über SPD-Wahlversammlungen in den Lokalteilen 1976 im Verbreitungsgebiet stark in den Vordergrund trat.

Besteht die Funktion professioneller Wahlwerbung hauptsächlich in einer mehr plakativen Pointierung einer Partei, d.h. in dem Aufbau eines Images, das die Partei vordergründig positiv kennzeichnet, so ist die „ZaS" insgesamt — zumindest ansatzweise — durch eine stärker argumentative Komponente gekennzeichnet. Einschränkend muß allerdings auch hinzugefügt werden, daß gerade der Anteil illustrierter Beiträge im Lokalteil (fast 19 Prozent aller Beiträge) als Tendenz zur Personalisierung aufgefaßt werden kann, die allerdings den Wünschen der Bundestagskandidaten nach öffentlicher optischer Präsenz entgegenkommt. Im Zusammenhang mit den verschiedenen Funktionen von Wahlprogrammen und Wahlreden, so scheint es, nahm die publizistische Darstellung der Partei durch die „ZaS" eine Mittelstellung ein.

Den Wahlprogrammen ordnet Schönbach in einer Analyse zur Bundestagswahl 1976 in erster Linie die Funktion der Selbstdarstellung zu, die auf eine Auseinandersetzung mit dem politischen Gegner weitgehend verzichtet. (33) Wahlreden dagegen setzten sich vornehmlich mit den politischen Konkurrenten auseinander. Die Funktion der „ZaS" als Wahlkampfinstrument insgesamt mußte eine Meinungsaktivierung und -stabilisierung zum Ziel haben, wollte sie sich nicht jeder Voraussetzung für einen Einfluß berauben. Der Funktion der Meinungsintensivierung und der damit verbundenen Stabilisierung kann nämlich mit einigem Recht der wahrscheinlichste Effekt einer Einflußnahme durch Massenmedien eingeräumt werden. (34)

Die Einschätzung des „ZaS"-Projekts bliebe unvollständig ohne ihre Einordnung in die sozialdemokratische Parteipresse. Eine wichtige Funktion der Parteipresse liegt in der „Einwirkung und Bestärkung der eigenen Stammwählerschaft und affilierten Organisationen, in der Darstellung und Illustration der offiziellen ‚authentischen' Parteilinie sowie (. . .) der Auseinandersetzung mit dem politischen Konkurrenten". (35) Auf die „ZaS" bezogen heißt das, daß sie im Wahlkampf wesentliche Funktionen der – ansonsten an Zahl und Auflage ständig zurückgegangenen SPD-Presse – übernehmen mußte. Das gilt aber nicht in erster Linie für die Darstellung einer offiziellen Parteilinie. Von einer Funktion eines wie auch immer gearteten Zentralorgans war sie weit weg. Unstrittig ist dagegen die Mobilisierung der Stammwähler als angestrebtes Ziel und die Aufgabe, für eine publizistische Darstellung der Wahlziele nach außen zu sorgen. In der Entwicklung der sozialdemokratischen Presse mußte sie eine Lücke füllen, die eng mit dem Rückgang der SPD-Presse verbunden ist. Ihr Erscheinen wurde auch deshalb nötig, da der Partei eigene – besonders auch regionale Publikationen –, die diese Funktion hätten wahrnehmen können, verloren gegangen waren.

Auch in den fünfziger Jahren gab die SPD ‚Wahlzeitungen' heraus. Ihre anders gelagerte Konzeption war aber evident. Sie glichen heute üblichen Wahlkampfbroschüren. (26) Bestimmten dort eine hohe Konzentration an Personalisierung und eine vom aktuellen Wahlkampfgeschehen losgelösten Darstellung das Bild, so nahm die „ZaS" in sehr starkem Maße eine ereignisbezogene aktuelle Berichterstattung auf. „ZaS" ist jedoch auch eine Reaktion auf die Unzufriedenheit der Partei mit den Druckmedien, während die bis dahin produzierten Wahlblätter nicht als unmittelbare Reaktion verstanden werden können.

Insgesamt gesehen hat die SPD auch heute dem Niedergang ihrer Presse kaum etwas entgegenzusetzen. Auf dem Gebiet der traditionellen Parteipresse hat sich bis heute daran nichts geändert. Dagegen nimmt die Entwicklung einer anderen Form der Parteipresse seit etwa 1974 zu. Die von publizistischen Laien betriebenen lokalen Parteizeitungen sind ein Ausdruck dieser Entwicklung. Im Wahlkampf 1976 erreichten diese Medien einen vorläufigen Höhepunkt in Auflage und Zahl. Durch die Ausnutzung dieser Kapazitäten, verbunden mit einer aus diesen lokalen Parteizeitungen hervorgehenden weiterreichenden Initiative, schuf die SPD nun einen ‚neuen' Typ der Parteipresse, der speziell für den Wahlkampfeinsatz zum Tragen kommt. Die Fortschreibung dieses Projekts deutete auch der Bundesvorstand der SPD nach dem Wahlkampf an. So wurde in einer Wahlkampfanalyse explizit auf den Ausbau dieser Form der Öffentlichkeitsarbeit hingewiesen. (37) Einen besonderen Akzent erhielt das „ZaS"-Projekt durch die Kommunalwahlen 1979 in Nordrhein-Westfalen. Hier arbeiteten alle lokalen Mitarbeiter – auch die professionellen Redakteure – vor Ort. Aber auch im redaktionellen Mantel nahm die lokale Berichterstattung großen Raum ein.

Anmerkungen

1) Gerhard Maletzke: Ziele und Wirkungen der Massenkommunikation, Grundlagen und Probleme einer zielorientierten Mediennutzung, Hamburg 1976, S. 1
2) Ebenda, S. 13
3) Wesentliches Datum für diese Entwicklung ist der Bundestagswahlkampf 1969, in dem die durch Agenturen konzipierte professionelle Wahlwerbung einen bis dahin nicht gekannten Stellenwert erhielt. Vgl. auch: o.V.: Werbegerangel um Wählerstimmen, in: Werben und Verkaufen, Nr. 21, 26.9.1969, S. 8; H. Kerlikowski: Für Waschmittel, Käse und Parteien, in: Frankfurter Allgemeine Zeitung, 13.9.1969; Werner Kaltefleiter: Im Wechselspiel der Koalitionen, Eine Analyse der Bundestagswahl 1969, Köln 1972, S. 99ff.
4) Seit 1976 sind vier weitere SPD-Sonntagsblätter mit dem Titel „Zeitung am Sonntag" erschienen: 1978 für die Landtagswahl in Hessen, 1979 für solche in Rheinland-Pfalz und Schleswig-Holstein und für die nordrhein-westfälischen Kommunalwahlen. Davon enthielten allerdings nur die nordrhein-westfälischen Ausgaben Lokalteile.
5) Vgl. Roland Ermrich: Ein SPD-Zeitungsprojekt in Nordrhein-Westfalen (Als Manuskript gedruckt), Witten 1977, S. 219ff.
6) So in einem Fernschreiben des Springer-Verlags vom 17. August 1976 an den Geschäftsführer der Rhein-Ruhr-Press, Roland Ermrich, Bonn.
7) O.V.: BDZV sprach mit SPD-Vertretern über „Zeitung am Sonntag", in: BDZV-Nachrichten, 24.8.1976
8) Ebenda
9) Ebenda; Vgl. auch L.B.: Die SPD gründet eine Sonntagszeitung in Nordrhein-Westfalen, in: Frankfurter Allgemeine Zeitung, 18.8.1976; H. Lölhöffel: Verlegerverband gegen SPD-Wahlzeitung, in: Süddeutsche Zeitung, 20.8.1976
10) Die Angaben über die journalistische Arbeitsweise in der Dortmunder Zentralredaktion stützen sich auf nicht-standardisierte Interviews des Verfassers mit dem Chef vom Dienst, Christoph Meer-Leyh, am 16.12.1977 in Bochum, mit dem verantworlichen Redakteur Peter Martens am 10.1.1978 in Düsseldorf und dem Redakteur Werner Herminghaus, am 30.1.1978 in Bonn.
11) Rhein-Ruhr-Press GmbH (Hrsg.): Zeitung am Sonntag (Verlagsprospekt), o.O. u. J. (1976), S. 1; In einem Leserbrief unterstrich der Geschäftsführer Ermrich die Absicht, „an den vier Sonntagen die Meinungsvielfalt zu erhöhen". Roland Ermrich: Keine Regierungsanzeigen für die ‚Zeitung am Sonntag', in: Frankfurter Allgemeine Zeitung, 20.8.1976; Ähnlich äußerte sich auch Chefredakteur Ahlers, W.C.: Ahlers ‚bereichert Meinungsvielfalt', in: Westfälische Rundschau, 23.8.1976
12) Rhein-Ruhr-Press GmbH (Hrsg.): Zeitung am Sonntag, a.a.O.
13) Ebenda
14) Ebenda
15) Diese Seminare fanden am 11. Juli 1976 in Herne und am 14. August in Düsseldorf statt.
16) Eine ausführliche Deskription enthält die diesem Beitrag zugrundeliegende Arbeit: Hermann Reuke: Parteipublizistik. Die ‚Zeitung am Sonntag'. Darstellung und Kritik eines publizistischen Projekts (M.A.-Arbeit), Münster 1979, bes. S. 88–120
17) Eine Zuordnung erfolgte nur bei eindeutiger Identifikation einer Parteizugehörigkeit. Die Definition für ‚Handlungsträger' liefert Winfried Schulz: Die Konstruktion von Realität in den Nachrichtenmedien, Eine Analyse der aktuellen Berichterstattung, München 1976, S. 128
18) Roland Ermrich: Ein SPD-Zeitungsprojekt . . . a.a.O., S. 209
19) Conrad Ahlers, zit. nach L.B.: Die SPD gründet eine Sonntagszeitung in Nordrhein-Westfalen, in: Frankfurter Rundschau, 18.8.1976

20) Conrad Ahlers: Gedanken zum Redaktionsprogramm (unveröffentlichtes Manuskript, Kopie beim Verfasser), o.O. o.J. (1976), S. 1

21) Kurt Koszyk / Bernd E. Grobe: Publizistik im Ruhrgebiet. Zeitungsstruktur im Ruhrgebiet (Zusammenfassung), in: Presse und Informationsamt der Bundesregierung (Hrsg.) Kommunikationspolitische und kommunikationswissenschaftliche Forschungsprojekte der Bundesregierung (1974–1978), Bonn 1978, S. 153

22) Für die politischen Funktionen der Kommunikationsmittel sei auf die einschlägige Literatur verwiesen. Einen ersten Überblick gibt: Hermann Meyn: Massenmedien in der Bundesrepublik Deutschland (1968) 4. neubearbeitete Auflage, Berlin 1979

23) Vgl. Michael Buse / Wilfried Nelles / Reinhard Oppermann: Determinanten politischer Partizipation, Meisenheim 1977, S. 46–60

24) Rainer Geißler: Massenmedien, Basiskommunikation und Demokratie, Tübingen 1973, S. 1

25) Vgl. Werner Kaltefleiter: Vorspiel zum Wechsel, Eine Analyse der Bundestagswahl 1976, Berlin 1977, S. 185

26) Vgl. Werner Horn / Herbert Kühr: Kandidaten im Wahlkampf, Kandidatenauslese, Wahlkampf und lokale Presse 1975 in Essen, Meisenheim 1978, S. 195–273

27) Für den Bundestagswahlkampf 1976 belegen zwei Münchner Fallstudien, daß dem lokalen Bundestagswahlkampf nur wenig Bedeutung beigemessen wurde. Vgl. Sofia Dobrzecki. Wahlkampfberichterstattung in einer Allein-Anbieterzeitung, Eine Fallstudie des „Miesbacher Merkurs" im Bundestagswahlkampf 1976 (M.A.-Arbeit), München 1978 und Wolfgang Ettlich: Wahlkampfberichterstattung in einer Allein-Anbieterzeitung, Eine Fallstudie der „Passauer Neuen Presse" im Bundestagswahlkampf 1976 (M.A.-Arbeit), München 1978

28) Vgl. Werner Horn / Herbert Kühr: Kandidaten im Wahlkampf, a.a.O., S. 221–245

29) Ebenda, S. 267

30) Ebenda, S. 274

31) Vgl. Vorstand der SPD (Hrsg.) Jahrbuch der Sozialdemokratischen Partei Deutschlands 1968/1969, Bonn o.J. (1970), S. 32

32) Vgl. ebenda, S. 46

33) Vgl. Klaus Schönbach: Wahlprogramme und Wählermeinung, in: Politische Vierteljahresschrift, 18. Jg., Heft 2/3 1977, S. 364–407

34) Vgl. Gabriele v. Arnim: Der Einfluß der Massenmedien auf politisches Verhalten, Der Stand der Wirkungsforschung in der Massenkommunikationssoziologie (Diss.), Hamburg 1971, S. 153

35) Hans Heinz Fabris: Politik aus zweiter Hand, in: Publizistik, 14. Jg. Heft 3, 1969, S. 270

36) Herausragendes Beispiel ist die 1957 vom SPD-Vorstand herausgegebene „Illus", von der vier Ausgaben erschienen, mit einer Auflage von über neun Millionen Exemplaren. Vgl. auch Hermann Reuke: Parteipublizistik, a.a.O., S. 28f.

37) Vgl. Hans Koschnik / Holger Börner: SPD-Wahlkampf-Analyse, in: Funk Report, Nr. 24, 26.11.1976, S. 10f.

Autorenverzeichnis

Heinz Apelt (56 Jahre), Werbeleiter, seit 1977 verantwortlicher Redakteur der Stadtzeitung „Linnenbauer" (Herford).
Anschrift: Postfach 453, 4900 Herford

Bernhard Brämswig (26 Jahre), Lehrer, ehemaliger Redakteur der Münsteraner Stadtteilzeitung „Aasee-Presse".
Anschrift: Zur Gräfte 12, 4400 Münster

Albrecht Bregenzer (36 Jahre), Journalist, Pressesprecher der SPD Baden-Württemberg.
Anschrift: Friedrichstraße 13, 7000 Stuttgart

Privatdozent Dr. Claus Eurich (29 Jahre), Akademischer Rat am Modellstudiengang „Journalistik" an der PH Ruhr (Dortmund).
Anschrift: Killingstraße 49, 4400 Münster

Universitätsdozent Dr. Hans Heinz Fabris (37 Jahre), Dozent am Institut für Publizistik und Kommunikationstheorie der Universität Salzburg.
Anschrift: Universität Salzburg, IfPuk, Sigmund-Haffner-Gasse 18/III, A-5020 Salzburg, Österreich

Otfried Jarren M.A. (26 Jahre), Wissenschaftlicher Mitarbeiter am Institut für Publizistik der Freien Universität Berlin.
Anschrift: Bosestraße 41, 1000 Berlin 42

Peter Leudts (28 Jahre), Doktorand, 1. Staatsexamen für das Höhere Lehramt.
Anschrift: Kampstraße 27, 4405 Nottuln

Christoph Meer-Leyh (27 Jahre), freier Journalist und Student, Mitarbeiter bei den „Querenburger Nachrichten" der SPD in Bochum und Mitarbeiter der „Zeitung am Sonntag" (ZaS) der SPD.
Anschrift: Markstraße 295, 4630 Bochum

Günter Reisbeck, Diplom-Psychologe, (31 Jahre), Doktorand, seit 1978 zuständiger Koordinator für die SPD-Stadtteilzeitungen in München.
Anschrift: Liebigstraße 19, 8000 München 22

Hermann Reuke M.A. (27 Jahre), Doktorand.
Anschrift: Potthof 28, 4405 Nottuln

Dr. Ulrich Richter (37 Jahre), Mentor der Fernuniversität Hagen und verantwortlicher Redakteur der „Münster Presse".
Anschrift: Dieninckstraße 21, 4400 Münster

Bodo Stratmann (38 Jahre), Industriemeister Chemie bei den Chemischen Werken Hüls AG (Marl), langjähriger Redakteur der Betriebszeitung „Wir bei Hüls", Mitglied des Betriebsrates, Redakteur der Ortszeitung „Ortsgespräch" (Heiden, Kreis Borken).
Anschrift: Jahnstraße 25, 4481 Heiden

Dr. Franz R. Stuke (38 Jahre), Akademischer Oberrat an der Fernuniversität Hagen
Anschrift: Wagnerstraße 11, 4410 Warendorf

FSC
www.fsc.org
MIX
Papier | Fördert
gute Waldnutzung
FSC® C083411

Kolibri 360 GmbH
Ferdinand-Jühlke-Straße 7
99095 Erfurt, Deutschland
produktsicherheit@kolibri360.de